KB095917

_____ 님의

사업발전과 임직원 모두에게

행복한 일터가 되기를 진심으로 기원합니다.

누구나
사람 쓰기 전에는
그럴싸한 계획이 있다

〈최저임금 인상, 최신 개정 노동법 반영〉
스타트업, 벤처기업, 사회적기업 등 창업기업을 위한 임금인사노무관리의 모든 것!

누구나 사람 쓰기 전에는 그럴싸한 계획이 있다

1판 1쇄 인쇄 2019년 2월 20일
1판 1쇄 발행 2019년 2월 25일

지은이 신동명
펴낸이 송준화
펴낸곳 아틀라스북스
등 록 2014년 8월 26일 제399-2017-000017호

기획편집총괄 송준화
마케팅총괄 박진규
디자인 김민정

주소 (12084) 경기도 남양주시 청학로 78 812호(스파빌)
전화 070-8825-6068
팩스 0303-3441-6068
이메일 atlasbooks@naver.com

ISBN 979-11-88194-09-4 (13320)
값 18,000원

이 도서의 국립중앙도서관 출판시도서목록(CIP)은 서지정보유통지원시스템 홈페이지
(http://seoji.nl.go.kr)와 국가자료공동목록시스템(http://www.nl.go.kr/kolisnet)에서
이용하실 수 있습니다.(CIP제어번호 : CIP 2019002815)

누구나
사람 쓰기 전에는
그럴싸한 계획이 있다

—

스타트업, 벤처, 사회적기업 등
창업기업을 위한 임금인사노무관리의 모든 것!

신동명 지음

아틀라스
북스

"대표님! 회사 운영하면서 어떤 점이 가장 어려우세요?"

회사 대표들에게 이런 질문을 하면 다음과 같이 다양한 답변이 돌아 옵니다.

"매출이 안 늘어서 걱정이에요."

"고객이 너무 줄었어요. 앞으로도 좋아지긴 어려울 것 같아서 사업을 계속해야 할지 고민입니다."

"각종 세금이 너무 많이 나와요. 사업해서 나라에만 좋은 일 하는 것 같아요."

"좋은 직원 뽑기가 너무 어렵습니다. 어렵게 뽑아도 자꾸 그만두네 요."

"노동법이 너무 자주 바뀌어서 정신이 없습니다. 회사에게 너무 불리해지는 건 아닌지 걱정입니다."

　회사규모나 환경에 따라 다르겠지만, 회사가 겪는 어려움은 대부분 매출, 세금, 직원과 관련되어 있다고 생각합니다. 이 책은 이 3가지 중에서 '직원'에 대한 어려움에 도움이 되는 이야기를 하려고 합니다. 물론 직원관리에 대한 어려움을 해소하는 방법들은 관련 서적이나 인터넷 등을 통해 많이 소개되어 있습니다. 하지만 그 내용들이 너무 이론적이어서 현실에 적용하기에는 어려운 경우가 많습니다. 특히 대부분 대기업이나 인사관리 시스템이 잘 갖춰진 회사에서나 적용할 수 있는 내용들이어서 실제 중소규모 회사의 직원관리에는 큰 도움이 되지 않는 경우가 많습니다. 또한 창업을 계획하고 있거나, 실제 창업하여 성장하고 있는 기업에서 참고할 만한 자료는 찾아보기 어렵습니다.

　창업기업이 생존에 대한 어려움에서 벗어나 사업이 본궤도에 오르게 되면 그동안 관심을 기울이지 못했던 문제, 즉 '직원관리'에 대해 자의반 타의반으로 관심을 기울이게 됩니다. 하지만 회사가 성장하는 과정에서 형성한 직원과의 관계를 하루아침에 바꾸기는 쉽지 않습니다. 이처럼 직원관리에 있어서도 일종의 '관성'이 존재하기 때문에, 설령 직원과 법적인 문제가 발생하더라도 이를 일시에 해결하기 어려운 경우가 많습니다.

　이런 측면에서 창업을 계획하거나 사업 초기부터 직원관리에 대한 올바른 방향을 설정하는 것은 사업 아이템을 결정하는 일만큼이나 중요합니다. 이 책은 바로 직원관리의 올바른 방향을 설정하는 데 있어서 다음과 같은 도움을 주고 있습니다.

- 직원관리에 대한 명확한 기준 정립
- 직원과 회사가 만족할 만한 인사관리 방향 설정
- 근로기준법 등 노동법에 위배되지 않는 합법적 직원관리 체계 마련
- 기업성장 및 직원증가에 따른 효율적 인사관리 시스템 구축
- 직원과 회사가 상생할 수 있는 협력적 관계 설정

이 책은 위의 사항들을 중심으로 각 장별로 각종 실제 사례들을 통해 현장감 있게 내용을 전달하는 데 초점을 맞췄으며, 실무에 직접 활용할 수 있는 다양한 법 위반 판단사례와 임금 관련 계산사례, 각종 실무서식들을 최대한 포함했습니다.

인사노무관리는 매우 다양한 분야를 포함하고 있습니다. 채용을 어떻게 해야 할지, 효과적인 직원교육 방법은 무엇인지, 임금이나 승진 결정 기준은 어떻게 정하는지, 근로시간과 휴가를 효율적으로 관리하려면 어떻게 해야 하는지 등이 모두 인사노무관리 분야에 해당하는 문제들입니다. 이러한 문제들은 다음과 같이 크게 '합법적 인사관리'와 '효율적 인사관리'로 구분할 수 있습니다.

먼저 창업 초기에는 직원이 많지 않아서 상대적으로 인사관리가 복잡하지 않기 때문에 1차적 인사관리, 즉 '합법적 인사관리'에 중점을 두

어야 합니다. 그리고 사업이 성장해서 직원이 늘고 인사관리가 복잡해지면 '효율적 인사관리'에도 관심을 기울여야 합니다. 다만 효율적 인사관리 방식이 꼭 거창한 인사관리 시스템의 개선 등을 의미하지는 않습니다. 필자의 경험상으로는 '불필요하게 길었던 퇴근시간 30분 줄이기', '차별적 수당 폐지', '상여금 지급시기 변경', '간단한 복리후생제도 도입' 등의 변화만으로도 회사의 생산성과 직원의 만족도가 늘어나는 경우가 많았습니다. 이 책에도 이와 관련한 사례들이 소개되어 있으므로 해당 내용들을 바탕으로 회사에 맞는 효율적 인사관리 방법을 찾을 수 있기를 기대합니다.

필자의 첫 책인 《개인사업자 및 소규모 사업주들을 위한 임금·인사·노무관리》가 나오고 나서 몇 달이 지난 어느 날 둘째 딸이 "아빠는 책 쓰는 거 힘들다면서 왜 책을 썼어?"라고 묻더군요. 그래서 "책 읽고 조금이라도 도움을 받는 사람들이 많아지기를 바라고 썼지"라고 대답했더니, 다시 이런 질문이 돌아왔습니다.

"그럼 앞으로는 더 도움 주기 싫어? 계속 도움주려면 책 계속 써야 하는 거 아냐?"

이 책은 바로 이런 질문에 대한 답입니다. 딸의 질문처럼 이 책의 단 한 문장, 한 구절만이라도 창업기업이 성공하고 성장하는 데 조금이나마 도움이 되기를 기대합니다.

영원히 내 편인 근아, 하연, 윤서와 책의 출간을 도와준 아틀라스북스 관계자 분들께 진심으로 감사드립니다. 마지막으로 시도 때도 없이 찾아가서 오랜 시간 노트북과 씨름했던 필자에게 눈치 한 번 주지 않은 집 앞 카페 관계자 분들께도 감사의 마음을 전합니다.

'창업성공! 결국, 사람입니다!'

신동명

● 차례 ●

※ 이 책에서의 '창업기업'이라는 명칭은 창업을 계획하고 있거나, 창업 후 성장 중인
   기업으로서 중소기업, 벤처기업, 사회적기업, 스타트업 등을 통칭하는 개념입니다.

2장 채용 : 직원관리의 시작

3장 근로계약 관리

4장 4대 보험 관리 : 고용보험, 산재보험, 건강보험, 국민연금

5장 시간관리 : 근무시간 및 휴일, 휴가

7장 징계 및 규정관리

8장 퇴직관리

※ 아틀라스북스 블로그(http://blog.naver.com/atlasbooks)
  에 들어오시면 법조항 등의 개정사항 확인 및 이 책에
  수록된 서식들을 다운로드받으실 수 있습니다.

1장

•

창업기업 직원관리의 시작 :
개념잡기

훌륭한 목수는 좋은 연장을 쓴다.

— 조조 —

■ 체크리스트_ 나는 직원관리에 대해 얼마나 알고 있을까?

☑ 다음 내용을 읽고 '예(Y)'또는 '아니요(N)'에 체크해보세요.

NO	체크리스트	Y	N
1	직원관리에 대한 대표(회사)만의 원칙과 철학이 있다.		
2	동업자 및 사업 초기 동료들과의 관계설정이 잘 되어 있다.		
3	조직 및 사업에 적합한 인재상을 설정하고 있으며, 명확한 채용기준을 갖고 있다.		
4	노동법에 대한 기본적인 개념을 알고 있다.		
5	채용 후 직원과 체결할 근로계약서 등 기본적인 인사서류가 준비되어 있다.		
6	직원에 대한 임금결정 기준이 있으며, 총액인건비 관리에 대한 계획이 있다.		
7	근무시간 및 휴가제도 운영에 대한 법적 기준 및 효율적 운영방안을 생각하고 있다.		
8	4대 사회보험 관리에 대한 기본적인 내용을 알고 있다.		
9	정부의 인건비 지원사업 내용에 대해 알고 있으며 적극적으로 활용할 계획이다.		
10	기업성장(직원증가)에 따른 주요 인사관리 포인트를 알고 있다.		

'예'라고 체크한 항목이 많을수록 직원관리에 대한 준비가 잘 되어 있다고 할 수 있습니다. 물론 '아니요'라고 체크한 항목이 많더라도 걱정할 필요는 없습니다. 이 책을 읽고 있는 이유가 그런 부족한 부분을 채우기 위해서니까요. 이 책의 내용을 읽고 차근차근 준비한다면 기업성공의 밑거름이 되는 직원관리만큼은 확실하게 준비할 수 있으리라 확신합니다.

01

직원관리에 대한 철학과
올바른 기준이 필요합니다

태어날 때부터 경영자인 사람은 없습니다. 누구든 경영을 시작하기 전에 나름의 경험을 하게 됩니다. 학생 신분으로 창업했다면 학생으로서의 경험이, 회사를 다니다가 창업했다면 직장인으로서의 경험이, 재창업이라면 이전의 창업경험이 있을 것입니다. 중요한 사실은 그런 과거의 경험이 경영에 도움이 될 수도 있고, 독이 될 수도 있다는 것이지요. 특히 직원을 고용하여 그들과 소통하며 이끌어나가야 하는 상황에서는 이런 과거의 경험들이 더욱 큰 영향을 미치게 됩니다. 다음은 필자가 한 창업자와 상담하는 과정에서 나눈 대화입니다.

▌의류 쇼핑몰을 창업하여 성장 중인 젊은 대표 사례

필자 : 이른 나이에 회사를 성공궤도에 올려놓다니, 정말 대단하십니다.

대표 : 고맙습니다. 그런데 여전히 신경 쓸 일이 많네요. 지켜야

할 법도 많고요.

필자 : 그렇지요. 그런데 혹시 직원관리는 어떻게 하고 있나요?

대표 : 아직 직원이 3명뿐이라서 특별히 관리하는 것은 없습니다.

필자 : 직원이 3명뿐이라도 기본적으로 필요한 관리사항이 있을 텐데요.

대표 : 사실 재미로 사업을 시작해서 운이 좋아 잘 되고 있을 뿐이에요. 그래서 직원도 뽑았는데, 아직까지는 직원들도 큰 불만이 없어서 그냥 대충 하던 대로 하려고 해요. 좋은 게 좋은 거 잖아요. 솔직히 사업을 언제까지 계속 할지도 모르겠고요.

필자 : …

시종일관 긍정적인 에너지와 일에 대한 열정이 느껴졌던 대표와의 상담은 인상적이었습니다. 사업 센스가 뛰어나고 사업 아이템도 좋아 보여서 회사가 계속 성장할 수 있을 것 같았습니다. 하지만 그에 비해 회사라는 조직의 시스템과 직원을 바라보는 태도는 너무 가볍다는 생각이 들었습니다. 이런 태도를 가진 대표와 함께 일하는 직원들이 미래에 대해 긍정적인 기대를 할 수 있을까요? 회사의 지속적인 성장을 뒷받침하는 요소는 결국 직원인데, 그런 직원을 책임져야 하는 대표의 자세가 부족해보여서 상담 후에 많은 아쉬움이 남았습니다. 이후 오래지 않아 이 회사는 결국 대표의 즉흥적인 의사결정과 원칙 없는 직원관리로 인한 핵심인력 이탈로 인해 폐업하고 말았습니다.

이번에는 철저한 사전준비 작업을 거쳐 창업한 대표와의 상담내용을 살펴보겠습니다.

■ 철저한 준비 후 창업했으나 직원관리에 어려움을 겪는 대표 사례 ■

필자 : 그렇게 오래 준비해서 창업했는데도 직원관리에 어려운 점이 있나요?

대표 : 직원들이 오래 근무하지를 않는데, 도대체 이유를 모르겠어요.

필자 : 혹시 월급이 좀 적은 편인가요?

대표 : 아니요, 오히려 동종업계 다른 회사들에 비해 약간 많은 편이지요.

필자 : 그럼 직원관리는 어떤 기준으로 하고 있나요?

대표 : 제가 창업하기 전에 대기업에서 근무했었는데, 그때 경험한 대로 체계적인 인사관리 시스템을 적용하고 있습니다.

필자 : 직원들이 그런 시스템에 좀 힘들어하지 않나요?

대표 : 그렇기는 한데, 그래도 장기적으로는 현재의 시스템이 맞는다고 생각합니다.

여러분도 사례의 대표 생각에 동의하나요? 그런 생각이 맞을 수도 있고 틀릴 수도 있습니다. 실제로 여러 대표들과 상담하다보면 과거 자신의 경험을 높이 평가하는 경영자일수록 자기주관이 뚜렷한 경우가 많고, 이러한 특성이 직원관리에도 그대로 반영됩니다.

물론 위의 사례처럼 대기업에서의 경험과 체계적인 인사관리 시스템을 소규모 창업회사에 적용하는 방식이 잘못되었다고 할 수는 없습니다. 문제는 이것이 '잘 안 어울리는 옷'일 수 있다는 데 있습니다. 아무리 좋은 명품 옷이라도 상황에 어울리지 않게 입거나, 사이즈도 안 맞는데 억지로 끼워 입으면 입지 않느니만 못한 이치와 같습니다. 따라서 체형이나 날씨, 상황에 따라 옷을 맞추어 입듯, 인사관리 시스템 역시 회사 상황에 맞게 도입해서 효율적으로 개선해나갈 필요가 있습니다. 즉, 직원관리에 대한 경영자 나름의 철학과 소신, 분명한 기준을 적용하되, 상황에 따라 인사관리 시스템을 변경·개선해나가는 유연함도 잃지 말아야 합니다.

02

직원관리의 주요 원칙

직원관리와 관련하여 반드시 가져야 할 원칙이나 기준은 없습니다. 여러 전문가들의 경영 관련 연구와 성공한 경영자들의 경험에 의한 원칙들이 있기는 하지만, 이것들 역시 어떠한 상황에서도 무조건 정답처럼 적용되는 원칙이 될 수는 없습니다. 지금부터 필자가 제시하는 원칙들 역시 직원관리에 대한 정답이라고 할 수는 없습니다. 다만 필자가 다양한 사업현장에서 상담 및 컨설팅한 경험을 토대로 정리한 내용들이라는 점에서, 창업기업의 직원관리 원칙을 세우는 데 도움이 될 수 있을 것입니다.

1. 직원들의 의사를 반영해야 합니다

"내 회사인데 내 마음대로 하면 되는 거 아닌가요?"

"회사가 잘되든 망하든 결국 회사 책임인데 사사건건 직원들 허락이 필요한가요?"

"회사의 원칙은 명확합니다. 직원들은 무조건 따라야 하며, 싫으면 그만두어야 한다는 것입니다."

위의 생각들과 표현은 다르겠지만 '중요한 의사결정은 회사가 하는 것이고 직원들은 따라야 한다'라고 생각하는 경우가 많을 것입니다. 물론 일반적으로 사업을 시작하고, 확장하고, 새로운 사업을 추가하는 등에 관한 중요한 경영의사결정은 회사가 하게 됩니다. 하지만 회사의 의사결정이 직원들의 개인생활 및 임금, 승진 등 근무조건과 밀접하게 관련되어 있다면 직원들의 의사를 반영할 필요가 있습니다.

근로기준법 등 노동법에서도 다음 법조항 사례와 같이 직원들의 근무조건과 관련된 사항에 대해서는 직원들의 의견청취나 동의를 받도록 강제하는 경우가 많습니다. 참고로 근로자(이하 '직원'이라는 용어와 병행하여 사용함)대표의 동의나 합의가 필요한 중요한 법 규정사항에 대해서는 관련 부분에서 상세히 살펴보겠습니다.

관련 법조항

근로기준법 제94조(규칙의 작성, 변경 절차)
① 사용자는 취업규칙의 작성 또는 변경에 관하여 해당 사업 또는 사업장에 근로자의 과반수로 조직된 노동조합이 있는 경우에는 그 노동조합, 근로자의 과반수로 조직된 노동조합이 없는 경우에는 근로자의 과반수의 의견을 들어야 한다. 다만 취업규칙을 근로자에게 불리하게 변경하는 경우에

는 그 동의를 받아야 한다.

→ 위반 시 500만 원 이하의 벌금

> **근로기준법 제62조(유급휴가의 대체)**
> 사용자는 근로자대표와의 서면합의에 따라 제60조에 따른 연차 유급휴가일을 갈음하여 특정한 근로일에 근로자를 휴무시킬 수 있다.

무엇보다 법 규정을 떠나서 회사의 독단적인 의사결정이 지속되면 능력 있는 핵심인재들이 회사를 떠나는 사례가 많다는 사실에 유의해야 합니다.

🎯 다음 중 법적인 문제가 있는 의사결정은 무엇일까요?

① 회사의 경영사정 악화로 인해 임금을 감액하여 지급한 후 직원들에게 양해를 구함

② 신규사업 진출에 따른 자금부족으로 인해 매년 지급하던 상여금을 미지급함

③ 납품기일이 갑자기 당겨져서 퇴근 직전 추가근무를 요구함

④ 직원의 갑작스러운 퇴사로 인한 업무공백을 최소화하기 위해 연차휴가일수를 줄이면서 연차휴가 미사용수당을 지급하지 않기로 직원들과 합의함

①과 ②의 임금의 감액지급과 상여금의 지급중단은 근로조건의 중요

한 변경사항으로서 회사의 대표라 하더라도 일방적으로 시행할 수 없으며 직원의 동의가 필요합니다. 만일 회사가 일방적으로 결정한다면 근로기준법상 임금체불에 해당되어 처벌될 수 있습니다. ③의 연장근무 역시 법적으로 직원들의 동의 없이 실시할 수 없도록 규정하고 있습니다. ④의 경우 직원들과의 합의가 있어서 ①~③에 비해 법 위반 가능성이 낮아 보일 수 있으나, 연차휴가의 경우 직원들의 동의를 얻는다고 해도 해당 법 위반에 해당하므로 역시 법적인 문제가 있는 사례입니다. 참고로 위 사례들과 관련한 자세한 사항들은 이 책의 관련 부분에서 살펴보겠습니다.

결국 위 사례들은 모두 이유를 불문하고 법적으로 문제가 있는 결정들입니다. 이러한 사례들처럼 직원관리에 대한 회사의 '일방적 결정'은 법 위반의 소지가 클 뿐 아니라, 나아가 회사의 핵심인력들이 이탈하거나 조직문화가 파괴되는 등의 악영향을 초래할 수 있습니다. 이러한 사실을 명심하여 직원관리에 있어서는 직원들의 의사를 존중하는 세심한 관리노력이 필요합니다.

2. 직원과의 약속은 반드시 지켜서 신뢰를 얻어야 합니다

회사가 일방적으로 정했든, 직원들의 의견과 동의를 얻어 정했든, 일단 정해진 직원들과의 약속은 지켜야 합니다. 상황이 변했다고 해서 직원과의 약속이나 규정을 쉽게 어기는 모습이 반복되면 당연히 직원들의 신뢰를 잃을 수밖에 없습니다.

상당수의 경영자들이 거래처의 신뢰를 얻기 위해서는 부단히 노력하는 반면, 직원들의 신뢰를 얻기 위한 노력은 소홀한 경우가 많습니다. 하지만 직원의 신뢰를 잃은 회사가 지속적으로 성장하는 사례는 없습니다. 따라서 다음 사례들처럼 직원들과의 약속을 지키지 않아서 신뢰를 잃는 일이 생기지 않도록 해야 하며, 부득이하게 약속을 지키지 못하는 상황이라면 반드시 사전에 직원들에게 양해를 구해야 합니다.

- 사전에 공지된 회사 행사를 대표 개인일정을 이유로 일방적으로 취소하거나 연기하는 경우
- 연초에 매출달성 정도에 따라 인센티브를 지급하기로 약속했는데, 실제 매출목표를 달성하자 신규투자 등 회사의 경영사정을 이유로 약속한 인센티브보다 적게 지급하는 경우
- 프로젝트를 성공시키면 승진을 약속했으나, 조직개편을 이유로 승진을 미루는 경우
- 인사평가 결과가 우수한 직원에게 해외여행 포상을 약속했으나, 이후 매출 감소를 이유로 무기한 연기하거나 취소하는 경우

---

3. 모든 직원을 공평하게 대해야 합니다

읍참마속(泣斬馬謖)이라는 고사성어가 있습니다. '울면서 마속의 목을 벤다'라는 뜻으로, 삼국지에서 제갈량이 자신이 내린 명을 어긴 부하 마속에게 전쟁에서 패한 책임을 물어 아끼는 부하였음에도 불구하고 목을 베었다는 일화에서 비롯된 말입니다. 이 고사성어는 누구에게나 공정하게 적용해야 할 규율을 지키기 위해서라면 중요하고 아끼는 사람이라도

과감히 내칠 수 있어야 한다는 사실을 강조하고 있습니다. 회사에서 직원관리를 할 때도 마찬가지입니다. 즉, 직원들과 약속한 사항은 모든 직원에게 차별 없이 적용되어야 한다는 것이지요. 이와 관련한 사례 하나를 살펴보겠습니다.

■ 같은 잘못을 한 2명의 직원을 다르게 징계한 사례

유통업을 창업한 K 대표는 2명의 신입사원 A, B를 채용했습니다. 그런데 A, B 두 사원은 채용 후 한 달이 지나 본격적인 업무가 시작되자 업무와 근태 측면에서 점점 차이가 생기기 시작했습니다. A는 업무를 스스로 알아서 처리하고, 궂은일도 마다하지 않았으며 근태도 좋았습니다. 반면에 B는 업무집중도가 떨어지고 지각을 빈번하게 하는 등 근태도 좋지 않았습니다. 무엇보다 B는 매사에 부정적인 태도를 보여서 조직분위기를 해치는 경우가 많았습니다.

K 대표는 내심 B가 A처럼 생활해주기를 바라며 기다렸지만 시간이 지나도 B의 태도는 크게 달라지지 않았습니다. 결국 K 대표는 특별한 이유 없이 지각을 반복하는 B에 대해 경고 차원에서 감봉조치를 했습니다. 사실 A도 가끔 지각을 하기는 했지만, 대부분 전날 밤늦게까지 업무처리를 하느라 아침에 늦잠을 자게 된 것이 이유였습니다. K 대표는 A의 상황을 충분히 이해할 수 있었고, 오히려 A가 안쓰럽기까지 했습니다. 이런 경우 K 대표는 A에게도 B와 똑같이 감봉조치를 해야 할까요?

이유가 어떻든 A도 정해진 회사의 규칙을 어겼습니다. 또한 B에게 지각을 이유로 감봉조치를 했다는 점을 고려하면 A에게도 그에 상응하는 징계조치를 하는 것이 맞습니다. 하지만 실제 현장에서는 정해진 규정을 적용하지 않고 대표의 주관적 판단에 따라 징계 여부를 결정하는 경우가 있습니다. 이런 원칙 없는 인사관리가 반복되면 직원들은 점점 회사의 판단을 신뢰하지 않게 되고 인사조치에 불만을 갖게 됩니다. 나아가 회사의 어떠한 결정도 정당하게 받아들이지 않는 상황에 이르는 경우도 많습니다. 따라서 직원들과 약속한 사항이 있다면 직원의 능력이나 태도 등에 따라 차별적으로 적용하는 일이 없어야 합니다.

4. 주인의식을 강요하지 말아야 합니다

"우리 직원들은 말이에요, 주인의식이 없어요!"
"주인의식을 가지고 일하면 내가 충분히 보상해줄 생각인데, 이런
내 마음을 몰라줘서 답답할 때가 많습니다."
"내가 한창 직원으로 일할 때는 주인의식이 강했는데, 요즘 친구들
은 그런 게 전혀 없는 것 같아요."

혹시 여러분도 이런 생각들을 갖고 있습니까? 더 중요한 것은, 과연 이런 생각들이 직원관리에 도움이 될까요? 이런 생각을 갖고 있는 대표들이 운영하는 회사에서 일하는 직원들은 대부분 이런 생각을 하게 됩니다.

"주인 대접을 해주지도 않는데 주인의식이 생길 수 있나요?"

"일한 만큼 충분히 정당한 보상을 해준다면 주인의식이 막 생길 것 같은데요?"

"우리 사장님 또 옛날이야기 하시네요. 시대가 지금 어떻게 변했는 지도 모르시고."

여러 상황에서 회사 대표와 직원들을 상담하는 필자로서는 서로의 입 장에 따라 같은 상황을 다르게 인식하는 것이 놀랍기도 하고 걱정스럽 기도 합니다. 무엇보다 중요한 사실은 이처럼 생각이 서로 다른 경영진 과 직원이 조직 공동의 목표를 위해서 함께 일해야 한다는 것입니다. 따 라서 회사 입장에서 조직목표 달성을 위해 직원들의 주인의식이 필요하 다고 생각한다면 직원들이 주인의식을 가질 수 있도록 인사관리 및 보 상 측면에서 뒷받침해주는 노력을 기울여야 합니다. 그런 노력은 전혀 하지 않으면서 직원들이 자발적으로 주인의식을 갖기를 바라는 것은 마 치 감나무 밑에서 감이 떨어지기를 기대하며 입을 벌리고 있는 것과 같 습니다.

다만 이제 막 사업을 시작하는 창업기업 입장에서는 주인의식을 높이 기 위한 일반적인 조치(교육 강화, 임금인상 및 복지제도 개선 등)들을 적극적으 로 할 여유가 없을 것이므로, 회사의 상황에 맞춰 회사의 비전 설정, 직 원과의 의사소통 강화 등 작은 조치들부터 차근차근 하나씩 해나갈 필 요가 있습니다.

5. 효율성과 합법성을 동시에 고려해야 합니다

회사 입장에서 직원관리와 관련하여 가장 중요하게 생각하는 키워드 중에 하나가 '효율성'일 것입니다. 조직의 목표를 달성하기 위해 인사관리 시스템을 효율적으로 운용해야 한다는 생각은 당연히 옳습니다. 특히 기본적으로 생존이 최우선 과제가 되는 창업기업이라면 더욱 그렇습니다.

문제는 효율성 측면에서 인사관리 시스템을 만들고 상황에 따라 개선하는 과정에서 적법성 여부를 검토하는 과정이 생략되는 경우가 많다는 데 있습니다. 이처럼 효율성 측면에서 도입이 시급하다고 판단되더라도 절대 법에서 정한 기준에서 벗어나는 시스템을 도입해서는 안 됩니다.

"이것저것 따지고 어떻게 사업을 합니까?"

"내가 아는 회사들은 법을 하나도 안 지키던데요."

"20년 동안 사업하면서 이 제도 때문에 문제된 적이 한 번도 없습니다."

상담을 하다보면 이런 말들을 자주 듣지만 법률을 위반하는 제도는 결과적으로 오래 유지될 수 없습니다. 또한 그런 제도로 인해 직원들과의 법률분쟁이 생길 수 있을 뿐만 아니라, 심지어 국가의 감독활동에 의해 적발되어 심각한 경영위기에 처하거나 폐업하는 경우도 많습니다. 특히 창업기업의 경우 사업 초기에 이런 문제들이 발생했을 때 감당할

여력이 부족하다는 현실을 감안하여 더욱 합법적 직원관리에 신경 쓸 필요가 있습니다.

직원관리에 대한 법률적 제한은 '최소한의 기준'을 적용하기 때문에 현실적으로 지키기 어려운 사항은 많지 않습니다. 그런데 안타깝게도 이런 최소한의 기준을 몰라서 법을 위반하는 사례들이 많이 발생하고 있습니다. 예를 들면 근로계약서 작성시기를 몰라서, 4대 보험에 가입해야 하는지 몰라서, 휴일이나 휴가운용 방법을 몰라서, 근무시간 관리 방법을 몰라서, 시간외근무수당 계산방법을 몰라서 등 직원관리에 필요한 최소한의 법적 기준을 몰라서 어려움을 겪는 경우가 많습니다.

이와 관련해 많은 사업주들이 '사업하기도 바쁜데 그 많은 규정을 어떻게 알아보느냐'라고 걱정할 수 있는데, 필자가 이 책을 쓴 이유가 바로 그런 걱정을 덜어주기 위해서입니다. 즉, 이 책의 목적이 선량한 창업기업이 법을 몰라서 위험과 어려움에 처하는 상황을 조금이라도 줄여보자는 데 있으므로, 책에서 설명하는 중요한 법적 사항을 이해하려고 노력한다면 최소한 법을 몰라서 어려움을 겪는 일은 없을 것입니다.

마지막으로 지금까지 설명한 직원관리의 5가지 원칙을 정리해보면 다음과 같습니다.

> • Agreement : 제도를 만들고 운영할 때는 먼저 직원들의 의사를 듣거나 동의를 받아야 합니다.
> • Credibility : 정해진 원칙은 반드시 준수함으로써 신뢰를 지켜야 합니다.

누구나 사람 쓰기 전에는 그럴싸한 계획이 있다

- Equity : 정해진 규칙은 어떤 경우에도 모든 직원에게 공평하게 적용되어야 합니다.
- Ownership : 모든 직원이 주인의식을 갖도록 제도를 설계해야 합니다.
- Legality : 모든 제도는 합법성을 갖춰야 합니다.

03

창업 동료와의 명확한 관계설정이 필요합니다

동업이 어렵다고는 하지만, 현실적으로 스타트업이나 벤처기업, 사회적기업의 경우 창업자의 사회경험과 자본이 부족하기 때문에 대부분 다음 사례와 같이 2명 이상이 공동창업을 하는 경우가 많습니다.

▌의기투합했던 세 동업자의 잘못된 창업 사례

대학교 컴퓨터프로그램개발 동아리에서 만난 A, B, C는 의기투합하여 창업을 결심했습니다. 이들은 A가 선배이고 B와 C는 친구로서 평소 이야기도 잘 통하는 사이여서 순조롭게 프로그램 개발작업을 해나갈 수 있었습니다. 그러다 어느 정도 프로그램의 사업화가 가능해진 시점에 세 사람은 회사설립 절차에 대해 논의했습니다. 이들은 모두 프로그램 개발 자체에 재미를 느껴서 창업을 결심한 만큼 누가 대표를 맡을지, 지분을 어떻게 구성할지 등은 크게 중요하게 생각하지 않았기 때문에 결국 연장자인 A가 대표를 맡아 사업을 시작하기로 했습니다.

다행히 창업 후 얼마 지나지 않아 사업이 성장하고 이익도 생기기 시작했습니다. 그런데 문제는 그 이후에 발생했습니다. 사실 회사의 대표는 A지만, 실질적으로 회사창업과 사업운영은 B가 주도했기 때문에 의사결정 과정에서 둘 사이에 의견충돌이 잦았습니다. 특히 이익배분이나 회사운영과 관련된 결정사항들이 사전에 서류로 정한 원칙과 불일치하는 경우가 많았고, 여기에 서로의 입장 차이까지 얽히다보니 두 사람의 관계가 점차 나빠지게 되었습니다. 이로 인해 회사의 경영상황까지 어려워지자 결국 세 사람은 사업을 정리하고 각자의 길을 가게 되었습니다.

위의 사례와 같이 창업 초기에 동업자관계를 명확히 설정해놓지 않고 사업을 진행하다보면 여러 가지 문제가 발생할 수 있습니다.

투자를 받아 창업하는 경우에도 마찬가지입니다. 사업을 시작할 때 누군가가 아이템 하나만 믿고 투자해주는 것은 고마운 일입니다. 이런 경우 투자자가 전문투자회사라면 큰 문제가 없겠지만, 법률관계가 불분명한 투자자에게 투자를 받는 경우 여러 가지 문제가 발생할 수 있습니다. 예를 들면 '이익분배는 사업이 잘 되면 그때 가서 생각하자' 하는 식으로 투자를 받으면 향후 실제 사업이 성공했을 때 '잘 되고 나니 법원에서 보네' 하는 식으로 관계가 안 좋아지거나, 이로 인해 사업 자체가 어려워질 수도 있습니다.

이처럼 공동창업을 하든 투자를 받든 당장의 사업성장이 중요하다는 생각으로 관련 법률문제를 소홀히 하면 향후에 반드시 여러 가지 문제가 생길 수밖에 없습니다. 사업 초기에는 서로의 입장 차이가 크지 않아서 문제가 없을 수도 있습니다. 하지만 시간이 흘러서 사업이 잘되든지 안 되든지 상황변화가 생기면 각자의 입장에 변화가 생깁니다. 즉, "내가 혼자 이 사업 다 키웠는데, 저 형은 하는 것도 없이 더 가져가네", "그래도 내가 대표로 되어 있는데 사람들 앞에서 날 무시하다니", "자기는 부잣집 아들이어서 이 사업이 망해도 상관없겠지만, 난 반드시 성공해야 해. 공격적인 사업도 정도껏이지 무슨 사업을 게임처럼 하려고 하냐고" 등 각자의 입장에 따라 갈등은 물론 법적인 다툼이 발생할 수도 있습니다.

이러한 분쟁을 예방하고 함께 계속해서 사업을 해나가는 데 있어서 무엇보다 중요한 것이 사업 초기에 서로가 동의한 사항들에 대한 '문서화'입니다. '우리 사이에 무슨 그렇게까지!'라고 생각할 수도 있지만, 문서화를 해도 관계유지가 어려운 현실을 감안하면 문서로서 서로의 관계를 명확히 규정하고 경영방침을 사전에 정하는 것이 매우 중요한 의미를 가집니다.

창업 초기에 기본적으로 문서화해야 하는 내용은 다음과 같습니다.

먼저 사업을 함께하는 동료관계지만 누가 실질적으로 사업을 주도하고 책임질 것인지를 정해서 그 사람이 대표가 되어야 합니다. 이때 나이나 사적인 관계에 의해 대표를 정하는 일은 피해야 합니다.

대표를 정했다면, 나머지 동료들의 역할과 책임, 능력에 따른 직책을 정해야 합니다. 이와 함께 상하관계, 업무협조 관계 등을 정하고 서로의 동의를 거쳐 문서화해야 합니다.

또한 사업이 성공했을 때 창업 초기 구성원만으로는 사업을 계속 이어갈 수 없다고 판단되면 사전에 직원 고용을 전제로 한 조직 시스템을 구상해둘 필요가 있습니다. 이때 대기업이나 글로벌기업처럼 시스템을 거창하게 구성하지 않도록 주의해야 합니다. 서로의 동의하에 사업의 특성과 구성원 특성에 맞는, 간단하지만 명확한 시스템을 구성하는 것만으로도 충분합니다.

마지막으로 사업에 대한 법률적 책임을 명확히 정해둘 필요가 있습니다. 이를 위해 법인의 정관으로 기본적인 사항을 정하고, 상호 간 합의서나 동업계약서 등 다양한 방식으로 서로의 약속을 지킬 수 있는 문서를 작성해야 합니다. 이후 사업상황에 따라 변경할 사항이 있다면 정해진 절차에 따라 변경하고 다시 문서화하는 작업을 해야 합니다. 동업계약서의 경우 작성 후 공증을 받는 것이 좋습니다.

사업을 시작하고 안정화되면 이러한 과정을 당연하게 받아들이게 됩니다. 하지만 사업 초기에는 상대적으로 이런 과정의 중요성을 간과하는 경우가 많아서 원칙과 규정의 불명확성으로 인해 많은 문제가 발생하곤 합니다. 사업을 시작할 때의 초심을 유지하고 동료들과 함께 오래도록 즐겁게 일할 수 있는 토대가 바로 '명확한 관계설정'에 있다는 사실을 잊지 않아야 합니다.

회사의 정관작성, 주주구성 등 복잡한 법률관계를 정할 때는 전문가의 도움을 받되, 형식적으로 맡기지 말고 창업자 스스로 내용을 이해하는 것이 중요합니다. 특히 공동창업이라면 한 사람의 창업자만 관여하기보다는 모든 창업자가 합의된 사항을 확인하는 과정이 필요합니다.

📊 창업기업을 위한 TIP

동업 관련 법률내용은 법제처 사이트 내 다음 경로를 통해 확인할 수 있습니다.

· 생활법령(www.easylaw.go.kr)→창업→동업계약

해당 코너에 동업계약서 작성방법, 동업계약 유형, 수익배분 등 실무적으로 참고할 만한 내용이 잘 정리되어 있으니 창업기업에서 동업관계를 명확히 하는 데 활용해보기 바랍니다.

04

합법적 직원관리를 위한
주요 개념은 이렇습니다

민법, 상법 등 법적 주체 간의 관계를 규율하는 여러 법 중에서 사용자(이하 기업, 회사 또는 사업주, 대표 등으로 칭함)와 직원 간의 근로관계를 규율하는 법을 '노동관계법'이라고 합니다. 노동관계법에는 근로기준법, 최저임금법, 기간제 및 단시간근로자 보호 등에 관한 법률, 남녀고용평등과 일·가정 양립지원에 관한 법률, 근로자퇴직급여보장법 등 개별적 근로관계법이 있습니다. 또한 노동조합 및 노동관계조정법을 중심으로 한 집단적 노사관계법이 있습니다. 다만 집단적 노사관계법은 새롭게 시작하는 기업에 적용되는 경우가 적어서(주로 노동조합이 설립되어 있는 경우에 적용) 이 책에서는 다루지 않았으며, 여기서는 창업기업이 알아야 할 근로기준법을 중심으로 한 개별적 근로관계에 대한 주요 내용들을 주제별로 살펴보겠습니다.

1. 노동법의 해석원리

직원의 신고로 노동분쟁을 경험했거나 고용노동부의 근로감독을 받은 경험이 있는 경영자라면 노동법에 대해 호의적인 감정을 갖기 어려울 것입니다. 그만큼 노동분쟁이나 법적 문제를 해결하는 과정이 생각처럼 간단하지 않고, 해결과정에서 시간과 경제적 손실뿐만 아니라 감정적 소모가 많이 발생하기 때문입니다.

"고용노동부는 직원 편만 드는 것 같아요!"

"노동법 지키다가 회사 망하게 생겼습니다."

"노무사님은 대표인 제 편은 안 들어주고 직원 편만 들어주는 것 같아 기분이 나쁩니다."

대표들과 상담하면서 듣게 되는 불만들입니다. 이런 불만을 자주 접하다보니 상담을 할 때는 먼저 이런 말들로 노동법이 무엇인지부터 설명하곤 합니다.

"고용노동부는 회사와 직원 사이에 분쟁을 주로 해결해주는 곳인데, 이때 적용하는 법이 노동법입니다. 법을 적용하다보면 대표 입장에서 충분히 불만을 느낄 수 있는데, 그건 담당공무원이 직원 편을 들어서가 아니고 노동법 자체가 직원들을 보호하는 성격이 있어서 그렇습니다."

"노동법 지키다 망한 회사는 못 봤지만 노동법 안 지키다가 망한 회사는 많이 봤습니다. 노동법은 최소한의 기준을 정해놓은 법이라서 상황에 따라 안 지켜도 되는 법이 아니라 반드시 지켜야 하는 법입니다."

"저도 대표님 편을 들어드리고 싶지만 법에 그렇게 정해져 있습니다.

법을 지키면서도 회사운영에 지장을 주지 않는 방법을 함께 찾아보시죠."

이런 개념을 염두에 두고 노동분쟁에 적용되는 노동법의 해석기준에 대해 살펴보겠습니다.

1) 상위법 우선의 원칙

직원들의 근로조건을 정하는 데는 여러 가지 방법이 있습니다. 근로계약을 통해 정할 수도 있고, 회사의 규정(취업규칙 등)에 따라 정할 수도 있습니다. 만일 근로계약이나 규정으로 정하지 않은 사항이 있는 경우에는 해당 내용에 대해 규정하고 있는 관련법에 따르게 됩니다.

문제는 근로계약이나 규정에서 정한 사항이 근로기준법 등 관련 노동법에 위반되는 경우입니다. 이런 상황에서 적용되는 원칙이 '상위법 우선의 원칙'입니다. 즉, 다음 순서와 같이 노동관계법규는 회사의 규정이나 근로계약보다 우선 적용되며, 취업규칙은 근로계약보다 우선 적용된다는 원칙을 의미합니다.

• 관련 법규 〉 취업규칙 〉 근로계약

다음 사례를 통해 위와 같은 원칙이 어떻게 적용되는지 살펴보겠습니다.

■ 방학기간 중 온라인 쇼핑몰에서 일하게 된 대학생 사례

대표 : 아직 학생인데 디자인 일을 할 수 있겠어요?

학생 : 부족하지만 배우려고 하는 일이니 열심히 해보고 싶습니다.

대표 : 좋습니다. 그럼 일단 웹 디자인 보조 일부터 해봅시다. 그런데 우리 회사가 창업한 지 얼마 되지 않아서 임금을 많이 주지 못하는데 괜찮겠어요?

학생 : 교통비와 식비 정도만 해결할 수 있으면 충분합니다.

대표 : 그렇게 말해주니 고마워요. 그럼 방학에만 잠시 하는 거니까 월 100만 원으로 정하면 어떨까요? 주 5일 근무이고, 9시에 출근해서 6시에 퇴근하면 됩니다.

학생 : 네, 감사합니다.

쇼핑몰 대표와 학생 간의 합의가 잘 이루어진 것으로 보입니다. 이에 따른 특별한 문제는 없을까요? 얼핏 당사자 사이에서는 특별한 문제가 없어 보일 수 있습니다. 하지만 위의 사례는 근로계약보다 우선하는 최저임금법을 위반하고 있습니다.

사례에서는 1주 40시간 근무제로서 월 100만 원의 임금을 받기로 하고 계약을 체결했는데, 이를 최저임금으로 환산하면 시간급으로 약 4,785원(1,000,000원÷209시간)이 됩니다. (최저임금의 계산방법은 '6장 임금관리' 참조) 이 금액은 현행 최저임금 기준에 한참 못 미치기 때문에 최저임금법을 위반하는 근로계약이 됩니다.

이런 경우 현재의 최저임금 수준으로 임금을 재산정해서 차액을 추가로 지급해야 합니다. 즉, 2019년 기준 최저임금인 시간당 8,350원을 반영한 1,745,150원(8,350원×209시간)을 지급해야 하므로 월 745,150원(1,745,150원-1,000,000원)을 추가로 지급해야 합니다. 뿐만 아니라 이런 경우 최저임금법 위반으로 인해 처벌도 받게 됩니다.

앞서 설명했듯이 근로기준법이나 최저임금법 등의 노동법은 최소한의 법적 기준을 제시하고 있으며, 이 기준을 충족하지 못하면 당사자 간에 합의를 통해 근로계약서를 작성했더라도 효력이 없습니다. 즉, 법이 정한 기준 이하로 합의하더라도 법이 정한 기준이 강제적용된다는 뜻입니다.

관련 법조항

최저임금법 제6조(최저임금의 효력)
③ 최저임금의 적용을 받는 근로자와 사용자 사이의 근로계약 중 최저임금액에 미치지 못하는 금액을 임금으로 정한 부분은 무효로 하며, 이 경우 무효로 된 부분은 이 법으로 정한 최저임금액과 동일한 임금을 지급하기로 한 것으로 본다.

근로기준법 제15조(이 법을 위반한 근로계약)
① 이 법에서 정하는 기준에 미치지 못하는 근로조건을 정한 근로계약은 그 부분에 한하여 무효로 한다.
② 제1항에 따라 무효로 된 부분은 이 법에서 정한 기준에 따른다.

2) 유리한 조건 우선의 원칙

그렇다면 위의 사례와는 반대로 노동법에서 정한 기준보다 직원에게 더 유리한 조건으로 당사자 간 근로계약을 체결했다면 어떻게 될까요? 이 경우에는 '유리한 조건 우선의 원칙'에 따라 근로계약이 우선 적용됩니다.

● **유리한 조건 우선의 원칙이 적용된 사례**

- 연장근무를 하는 경우 통상시급의 200%를 지급한다.
  → 근로기준법상 150% 지급
- 연차휴가 이외에 근속기간에 따라 특별휴가를 부여한다.
  → 근로기준법상 연차휴가 부여의무만 있음
- 6개월 근무 시 퇴직금을 지급한다.
  → 근로자퇴직급여보장법상 1년 이상 근무자부터 퇴직급여 지급의무 있음

위의 2가지 노동법 해석기준을 정리해보면 다음과 같습니다. 법에서 정한 기준은 최소 기준을 정한 것으로 보고, 이보다 못한 근로조건을 정한 것은 무효로 하고 법의 기준을 적용합니다. 다만 법에서 정한 기준 이상의 조건에 대해서는 당사자 간에 정한 기준에 따르면 됩니다.

위에서 설명한 2가지 원칙을 고려하여 실무상 임금, 근로시간, 휴가일수 등의 근로조건을 정할 때는, 회사가 일방적으로 정하든 당사자 간 합의로 정하든 관계없이 해당 조건이 관련법에서 규정하고 있는 최소한의 기준을 충족하고 있는지를 우선적으로 확인해야 합니다.

2. 근로자 개념

근로기준법에서는 근로자를 '직업의 종류와 관계없이 임금을 목적으로 사업이나 사업장에서 근로를 제공하는 자'로 규정하고 있습니다. 이런 규정에 따라 회사에서 일하는 직원은 대부분 근로자에 해당되지만, 때로는 판단하기 애매한 경우도 있습니다. 노동법상 근로자에 해당되는 경우 노동법이 전면 적용된다는 점에서 근로자의 개념을 명확히 이해하는 것은 매우 중요합니다. 여기서는 여러 사례별로 근로자의 개념을 판단해보겠습니다.

1) 대표

대표는 경영을 책임지는 사람으로서 근로자가 아닙니다. 대표도 직원들처럼 일을 하고 회사에서 급여를 받기 때문에 근로자로 착각하는 경우가 있는데, 개인사업체이든 법인사업체이든 실제 대표의 역할을 수행하는 사람은 법률상 근로자에 해당하지 않습니다. 다만 소위 '바지사장'의 경우에는 다음 판례와 같이 형식적으로 대표의 지위에 있더라도 근로자로 인정되는 예외적인 사례가 있습니다.

관련 판례

대표이사가 근로자로 인정받은 판례 : 대법 2009두1440
주식회사의 대표이사는 대외적으로는 회사를 대표하고 대내적으로는 회사의

업무를 집행할 권한을 가지는 것이므로 특별한 사정이 없는 한 산업재해보상 보험법상의 근로자에 해당하지 않는다고 할 것이나, 주식회사의 대표이사로 등기되어 있는 자라고 하더라도 대표이사로서의 지위가 형식적 명목적인 것에 불과하여 회사의 대내적인 업무집행권이 없을 뿐 아니라 대외적인 업무집행에 있어서도 등기 명의에 기인하여 그 명의로 집행되는 것일 뿐 그 의사결정권자인 실제 경영자가 따로 있으며, 자신은 단지 실제 경영자로부터 구체적 개별적인 지휘 감독을 받아 근로를 제공하고 경영성과나 업무성적에 따른 것이 아니라 근로 자체의 대상(對償)적 성격으로 보수를 지급받는 경우에는 예외적으로 산업재해보상보험법상의 근로자에 해당한다고 할 것이다.

📊◉ 창업기업을 위한 TIP

특별한 경우가 아니면 실질적 대표와 형식적 대표(사업자등록상 대표)는 일치해야 합니다. 다만 창업 초기 또는 특별한 사정이 있어서 실질적 경영자와 형식적 대표가 불일치되는 경우에는 형식적 대표를 어떻게 대우할지(대표로 대우할지, 근로자로 관리할지 등)에 대해 당사자와 합의하여 계약서 등 문서로 명확히 해둘 필요가 있습니다.

2) 임원

임원이란 이사, 감사, 기타 비등기이사 등을 말합니다. 임원은 크게 등기임원과 집행임원으로 구분됩니다. 먼저 '등기임원'의 경우 일반적으로 상법의 영향을 받게 되고 근로자로 인정되지 않습니다. 다만 등기가 되었더라도 사실관계를 따져서 근로자로서의 지위에 가깝다면 근로자로 인정되는 경우도 있습니다. '집행임원'은 상무, 전무, 부사장 등으로 불리는, 조직의 필요에 따라 등기하지 않고 활동하는 임원을 말하는데, 이들은 특별한 경우를 제외하고는 일반직원과 동일하게 노동법의 적용을 받는 근로자에 해당합니다.

특히 창업기업에는 임원의 호칭을 달고 내외부적인 활동을 하지만 실제로는 집행임원인 직원이 많습니다. 이런 집행임원의 경우 회사 내부적으로 일반직원과 동일하게 대우해야 합니다. 즉, 근로계약서를 작성하고, 휴가를 부여하며 퇴직금도 동일하게 지급해야 합니다. 형식적인 임원인데도 다른 직원들과 달리 노동법을 적용하여 관리하지 않으면 노동법을 위반하는 결과가 되므로, 실질적 임원과 형식적 임원을 명확히 구분하여 관리할 필요가 있습니다.

관련 판례 및 행정해석

임원의 근로자성을 판단한 사례

- 대표이사 등의 지휘 · 감독 아래 일정한 노무를 담당하고 그 대가로 일정한 보수를 지급받아 왔다면 그러한 임원은 근로기준법상의 근로자에 해당한다.(대법 2002다64681)
- 대표이사 등으로부터 업무상 구체적인 지시 · 감독을 받지 아니한 다국적 기업 국내 계열사의 비등기임원은 근로자로 볼 수 없다.(서울지법 2013가합85764)
- 근로기준법상 근로자란 직업의 종류를 불문하고 사업 또는 사업에서 임금을 목적으로 근로를 제공하는 자이며, 사용자란 사업주 또는 사업경영담당자 기타 근로자에 관한 사항에 대하여 사업주를 위하여 행위하는 자를 말하는 것으로서 법인에 있어서 업무집행권이나 대표권을 가지고 있는 대표이

사 등 임원은 근로기준법상 사용자라 할 것이나, 임원이 아닌 간부직원의 경우는 구체적 법률관계에 따라 근로자로서의 지위와 사용자로서의 지위를 함께 가지고 있다 할 것임. 간부직원인 전무가 법인의 상업등기부에 이사로 등기되어 있지 아니하고, 업무수행에 있어 일반직원과 똑같은 복무규정을 적용받고, 근로제공에 대한 대가로 일반직원과 똑같은 보수규정을 적용받는 등 사용종속관계 하에서 임금을 목적으로 근로를 제공하고 있다면 근로기준법상 근로자로 보아야 할 것임.(근기 01254-1626)

임원의 근로자성 판단문제는 주로 등기가 되어 있는지 여부와, 임원으로서 대표권과 업무집행권을 가지고 있는지를 전체적으로 고려하여 판단합니다. 다만 특별한 경우를 제외하고 창업 초기에는 대표 및 등기임원 이외의 임원은 다른 직원들과 동일하게 근로자로 관리하는 방식이 현실에도 맞고 법률적으로도 안전합니다.

반대로 실질적 임원인 경우에는 다른 직원과 명확히 구분하여 관리해야 합니다. 즉, 고용계약 시 근로계약서가 아닌 '임원계약서(62쪽 서식 참조)'를 작성해야 하고, 필요한 경우 임원에 대한 보수 및 퇴직금규정을 별도로 작성해서 관리해야 합니다. 간혹 실질적으로 임원임에도 불구하고 임원계약서가 아닌 근로계약서를 작성하고, 일반직원에게 적용하는 사내규정을 동일하게 적용하는 경우가 있는데, 이는 올바른 직원관리 방법이라고 할 수 없습니다.

3) 가족

창업 초기에 여러 사정상 대표의 가족이나 친인척이 경영에 참여하거나 직원으로 일하는 경우가 있는데, 이런 경우에도 해당 가족이나 친인척이 근로자인지 아닌지 여부가 문제될 수 있습니다. 기본적인 판단기준은 '대표의 지시 하에서 임금을 받고 일하는지 여부'입니다. 즉, 이 기준에 해당된다면 일단 근로자로 판단할 수 있습니다. 다만 임금을 받더라도 실제로는 대표와 동일하게 경영에 참여하고 있다면, 앞서 설명한 임원과 같이 근로자로 인정되지 않고 공동경영자나 임원으로 볼 수 있습니다.

창업기업을 위한 TIP

일반적으로 친인척 간의 노동분쟁은 거의 없을 것이라 생각하기 쉬우나, 의외로 발생빈도가 높습니다. 더욱이 분쟁발생 시 친인척 간 감정적 문제가 섞여서 해결하기도 쉽지 않습니다. 따라서 어쩔 수 없이 친인척이 함께 일하게 된다면 다른 직원과 동일하게 관리해야 합니다. 즉, 근로계약서도 반드시 작성해야 하고, 임금도 업무능력에 맞추어 합리적으로 결정해야 합니다.

4) 프리랜서

창업 초기에는 회사의 조직이 잘 갖춰져 있지 않거나 사업특성으로 인해 내부직원이 아닌 외부인력을 활용하는 경우가 있습니다. 회사 입장에서는 프리랜서, 용역, 개인사업자 등 다양한 명칭으로 불리는(여기서는 이후 프리랜서로 통칭함) 이들 외부인력과의 관계설정이 매우 중요합니다. 회사는 프리랜서계약을 했다고 생각했는데 계약 상대방은 프리랜서계약이 아닌 '근로계약'을 체결했다고 주장하는 사례가 많기 때문입니다. 실제로 법적으로 프리랜서계약이 아닌 근로계약으로 인정됨으로써 졸지에 대표가 노동법을 지키기 않은 악덕업주가 되고, 그에 따른 법적 책임까지 지게 되는 사례가 늘어나고 있으며, 특히 '퇴직금 미지급' 관련 분쟁이 많이 발생하고 있습니다. 또한 최근에는 프리랜서를 근로자로서 넓게 인정하고 있는 추세라는 점에서 외부인력들에 대한 세밀한 관리가 필요합니다.

"우리는 합의를 통해 프리랜서로서 일하기로 했고, 이런 관계를 명확히 하기 위해 프리랜서계약서도 작성했습니다. 또 이런 계약대로 비용처리도 세법상 깔끔하게 처리했기 때문에 문제가 없습니다."

회사 입장에서는 이렇게 생각할 수도 있지만, 노동분쟁이 생기는 경우 당사자 간의 계약과 관계없이 다음과 같은 기준에 따라 '근로자인지 아닌지 여부'를 판단하기 때문에 처음 생각과 달리 근로자로 인정되는 경우가 많습니다.

근로자성 판단기준

근로자성 판단기준(울산지법 2007가합6730판결 등)
근로자인지 아닌지 여부에 대한 기본적 판단기준은 고용계약인지 도급계약(프리랜서계약 등)인지 등 계약의 형식에 관계없이 실질에 있어서 근로자가 사업 또는 사업장에 임금을 목적으로 종속적인 관계에서 사용자에게 근로를 제공했는지 여부로 판단합니다. 세부적인 판단기준은 아래와 같으며, 이런 기준들을 종합적으로 고려하여 최종 판단합니다.

1. 업무내용을 사용자가 정하는지

---

2. 취업규칙 등 사업주가 정한 회사 내부규정의 적용을 받는지

3. 업무수행 과정에서 사용자가 상당한 지휘나 감독을 하는지

4. 사용자가 근무시간과 근무장소를 지정하고, 근로자는 이에 구속을 받는지

5. 노무제공자가 스스로 비품 · 원자재나 작업도구 등을 소유하거나 제3자를 고용하여 업무를 대행케 하는 등 독립하여 자신의 계산으로 사업을 영위할 수 있는지

6. 노무제공을 통한 이윤의 창출과 손실의 초래 등 위험을 스스로 안고 있는지

7. 보수의 성격이 근로 자체의 대상적 성격인지

8. 기본급이나 고정급이 정해져 있는지 등

그럼 다음 사례를 통해 근로자성 여부를 판단해보겠습니다.

프리랜서 프로그래머가 퇴직금 지급을 요구한 사례

모바일 앱을 개발하는 K 사는 내부인력만으로는 프로그램에 필요한 핵심기술을 개발하는 데 어려움이 있다는 사실을 깨닫고 외부 기술인력을 알아보았습니다. 그러던 중 관련 기술을 보유하고 있는 C를 찾았고, C와 다음과 같은 형태로 계약을 맺었습니다.

- 계약형태 : 프리랜서계약

- 계약기간 : 1년

- 근무시간 : 월~금요일 9:00~18:00 근무

- 근무형태 : 개발팀에 소속되어 회의에 참여하고, 대표의 업무지시를 받음

• 보수 : 월 300만 원

> 그런데 C는 1년간의 프로젝트가 마무리되자 K 사에 1년간 근무에 대한 퇴직금 300만 원을 청구했고, 이에 K 사는 프리랜서 계약이기 때문에 퇴직금을 지급할 수 없다고 대응했습니다. K 사는 법적으로 퇴직금을 지급해야 할까요?

'근로자'로서 재직기간이 1년 이상인 경우 퇴직금이 발생하며, 사업주는 해당 직원에게 퇴직금을 지급해야 합니다. 위 사례의 경우 재직기간 1년 이상이 충족되므로, C가 K 사의 직원에 해당된다면 퇴직금을 지급해야 하고, 직원이 아니라면 노동법상 퇴직금을 지급할 의무가 없습니다. 이에 대해 K 사는 C의 동의하에 프리랜서계약을 체결했고, 4대 보험에 가입하지 않았으며, 보수도 근로소득이 아닌 용역비(개인소득세)로 처리했기 때문에 C를 근로자가 아니라고 생각하고 있습니다.

이와 같은 퇴직금 관련 분쟁이 발생하면 앞에서 살펴본 '근로자성 판단기준'을 참고하여 근로자인지 아닌지 여부를 판단해야 합니다. C의 경우 근무시간이 K 사의 정규직원과 유사하고, 사업주의 업무지시를 받은 점, 고정급여를 받은 점 등을 고려해보면 프리랜서로 계약했지만 실질적인 근무형태가 일반직원과 크게 다르지 않았던 만큼 근로자로 인정될 가능성이 높습니다. 즉, 노동법적으로 판단하면 프리랜서라기보다는 '1년간의 계약직 근로계약'을 체결한 것으로 볼 수 있으므로, K 사는 C의 요구대로 퇴직금을 지급해야 합니다.

업종이나 근무형태가 다양해지면서 한 회사에서 장기간 일하는 정규직근로자 이외에 프리랜서 형태로 근무하는 사례가 늘어나고 있습니다. 이러한 추세에 따라 노동분쟁도 많아지고 있다는 점을 감안하여 상황에 맞는 인력관리가 필요합니다. 회사에 필요한 업무에 프리랜서를 활용하려면 일단 근로계약이 아닌 '프리랜서계약'을 서면(63쪽 서식 참조)으로 체결해야 합니다. 무엇보다 프리랜서를 일반직원처럼 관리하면 안 된다는 것이 중요합니다.

만일 프리랜서의 업무특성이 근로자성 판단기준에 의해 근로자로 인정될 소지가 많다면 불완전한 프리랜서계약이 아닌 일반 근로계약(주로 계약직 근로계약 형태)을 체결하여 '직원'으로 관리하는 것이 법률분쟁을 예방하는 방법이 될 수 있습니다.

지금까지 대표, 임원, 가족 및 친인척, 프리랜서의 근로자성 판단 여부에 대해 살펴보았습니다. 이러한 판단에 따라 당사자가 노동법 적용 대상인지 아닌지가 결정되는 만큼 명확한 직원관리가 필요합니다. 이와 함께 직원으로 인정되는 인력은 상시근로자 수에 포함된다는 사실에도 유의해야 합니다. 다음 내용과 같이 상시근로자 수는 노동법 적용범위가 달라지는 중요한 요건이 되기 때문입니다.

3. 상시근로자 수 산정방법

노동법에서는 사업주의 경영상황을 고려하여 상시근로자 수에 따라

법 적용을 달리 하고 있습니다. 즉, 직원 수가 적으면 일부 노동 관련 법 적용이 제외되며, 반대로 직원 수가 많으면 노동 관련 법 적용이 많아진다는 것입니다. 그만큼 상시근로자 수의 판단은 법 적용범위를 결정하는 중요한 요소가 됩니다. 일반적인 상시근로자 수 판단기준은 다음과 같습니다.

상시근로자 수 판단기준

상시근로자 수의 산정방법(근로기준법 시행령 제7조의2)
상시 사용하는 근로자 수는 법 적용 사유 발생일 전 1개월(산정기간) 동안 사용한 근로자의 총인원(하루 단위로 일한 직원 수를 1개월 동안 합산한 인원)을 같은 기간 중 근무일수로 나누어 산정합니다. 이때 근로자 수는 일용직근로자, 아르바이트, 외국인근로자도 포함됩니다.

〈계산식〉
상시근로자 수=1개월 동안 사용한 총인원÷1개월 동안 중 가동일수
예) 한 달간 총사용인원이 110명이고 근무일이 22일인 경우 근로자 수
　　→ 110명÷22일=5명

※ 단, 계산상으로 상시근로자 수가 5인 미만이더라도 산정기간 동안 5명이 넘는 근로자가 일한 가동일수(근무일)가 50% 이상인 경우에는 상시근로자 수 5인 이상 사업장으로 인정됩니다.
반대로 계산상으로 상시근로자 수가 5인 이상이더라도 산정기간 동안 5명이 안 되는 근로자가 일한 가동일수(근무일)가 50% 이상인 경우에는 상시근로자 수 5인 이상 사업장에 해당되지 않습니다.

누구나 사람 쓰기 전에는 그럴싸한 계획이 있다

이처럼 상시근로자 수는 사업주가 생각하는 기준이 아니라, 상시근로자 수 판단기준에 따라 판단한다는 사실에 유의해야 합니다. 또한 앞에서 설명했듯이 임원, 가족, 프리랜서라 하더라도 실제 직원이라고 판단되면 상시근로자 수에 포함하여 관리해야 합니다.

 창업기업을 위한 TIP

상시근로자 수에서 법적으로 중요한 의미를 갖는 숫자는 '5명'입니다. 상시근로자 수가 5명 미만(4명까지)인 사업장은 시간외근무수당, 해고제한규정, 연차휴가 부여 등 노동법 주요 사항에서 배제되기 때문입니다. 따라서 창업기업 입장에서는 직원 수가 증가하여 5명 이상이 되는 시점에 직원관리에 필요한 법적 사항을 확인하여 해당 사항에 맞는 직원관리 체계를 갖추어야 합니다.

 다음 회사의 상시근로자 수는 몇 명일까요?

B 대표가 운영하는 P 사는 차량부품을 제조하는 회사입니다. 이 회사의 C 부사장은 미등기임원으로 다른 직원과 동일하게 B 대표의 지시 하에 관리자 역할을 하고 있습니다. B 대표의 아들 D는 이 회사의 차장으로서 영업을 담당하고 있습니다. 그 외 3명의 직원 E, F, G가 있으며, 외부 인력인 H가 회사 홈페이지를 위탁하여 관리하고 있습니다. H는 회사에 출근하지 않고 자유롭게 일하고 있으며, 관련 업무를 수행하는 경우에만 프리랜서계약에 따라 보수를 지급받고 있습니다. 회사는 H를 고용하며 4대 보험에 가입하지 않았고, 지급한 보수는 개인소득세 처리를 하고 있습니다. P 사의 상시근로자 수는 몇 명일까요?

위 사례에서 우선 B 대표는 상시근로자 수에 포함되지 않습니다. 부사장 C는 여러 가지 사항을 따져보아야 하지만, 등기가 되지 않았고 일반직원과 동일하게 근무하고 있는 점을 감안했을 때 근로자로 보는 것이 타당합니다. D 차장은 대표의 아들이지만 실제 근무를 하면서 임금을 지급받고 있기 때문에 근로자에 해당합니다. 외부인력인 H의 경우 B 대표의 지시 하에 일하지 않고 자율적으로 일하면서, 출퇴근의 제약이 없고 정해진 임금을 고정적으로 지급받지 않는 점 등으로 판단할 때 정규직원이 아닌 프리랜서로 판단됩니다. 따라서 위 사례에서 상시근로자 수는 근로자로 판단되는 C 부사장, 아들인 D 차장, 정규직원인 E, F, G 3명을 합친 총 5명이 됩니다.

다음 표는 상시근로자 수에 따라 적용되는 노동법 주요 사항입니다. 직원 수에 따라 적용 여부가 달라지는 사항들인 만큼 꼼꼼히 확인하여 직원관리에 반영해야 합니다.

●상시근로자 수에 따른 주요 노동법 적용사항

상시근로자 수에 따른 구분	내용	관련 규정 및 위반 시 벌칙	관련 내용 (쪽수)
전 사업장 공통 적용 (1인 이상 사업장)	최저임금 이상 지급	근무시간 대비 임금은 무조건 최저임금 이상 지급해야 함 → 3년 이하 징역 또는 2,000만 원 이하 벌금	283~289
	근로계약서 작성	모든 근로자와 근로계약서를 작성해야 함 → 500만 원 이하의 벌금	110~112
	주휴일 (주휴수당)	1주일의 소정근로일을 만근하는 경우 1일 이상의 유급휴일을 부여해야 함 → 2년 이하 징역 또는 2,000만 원 이하 벌금	213~214

전 사업장 공통 적용 (1인 이상 사업장)	휴식시간	4시간 근무 시 30분 이상, 8시간 근무 시 1시간 이상 휴식시간을 부여해야 함 → 2년 이하 징역 또는 2,000만 원 이하 벌금	199~200
	해고예고 (해고예고수당)	해고 시 30일 전에 예고하거나, 30일 분의 통상임금을 지급해야 함 → 2년 이하 징역 또는 2,000만 원 이하 벌금	390~391
	퇴직급여 지급	1년 이상 근무 시 퇴직금을 지급해야 함 → 3년 이하 징역 또는 2,000만 원 이하 벌금	327~329
	4대 보험 가입	가입요건 충족 시 고용보험, 산재보험, 국민연금 및 건강보험에 의무적으로 가입해야 함 → 4대 보험별 과태료 부과	162~163
5인 이상 사업장	1주 40시간 제도	소정근무시간은 휴게시간을 제외하고 1주 40시간을 초과할 수 없음 → 2년 이하 징역 또는 2,000만 원 이하 벌금	187~188
	연장근무 제한	1주간의 연장근무시간은 12시간을 넘지 못함 → 2년 이하 징역 또는 2,000만 원 이하 벌금	202~204
	가산수당 지급	연장근무, 야간근무, 휴일근무 시 통상임금의 50% 가산수당을 지급해야 함 → 3년 이하 징역 또는 3,000만 원 이하 벌금	207~209
	연차휴가 부여 (연차수당)	근무연수에 따라 연차휴가를 부여하고, 미사용 시 연차휴가 미사용수당을 지급해야 함 → 2년 이하 징역 또는 2,000만 원 이하 벌금	219~230
	휴업수당	사용자 귀책사유로 휴업 시 평균임금의 70% 이상을 지급해야 함 → 3년 이하 징역 또는 3,000만 원 이하 벌금	324~325
	생리휴가	근로자가 청구 시 무급 생리휴가를 부여해야 함 → 500만 원 이하 벌금	236
	해고제한	근로자를 해고하려면 정당한 이유가 필요함	358~361

10인 이상	취업규칙 작성	취업규칙을 작성하여 사업장 관할 고용노동(지)청에 신고해야 함 → 500만 원 이하 과태료	368~370
30인 이상	노사협의회 설치	노사협의회를 설치하고, 노사협의회규정을 관할 고용노동(지)청에 신고해야 함 → 200만 원 이하의 과태료	372~373
100인 이상	장애인고용 부담금	장애인 고용의무 미이행 시 장애인 고용부담금을 징수	78

4. 사용자 개념

사용자란 다음과 같이 사업주 또는 사업경영담당자, 그 밖에 근로자에 관한 사항에 대해 사업주를 위해 행위하는 자를 말합니다. 사용자는 직원에 대한 임금지급 의무와 안전배려 의무가 있으며, 직원에 대한 지휘·명령권한을 갖게 됩니다.

1) 사업주

사업을 책임지는 경영주체로서, 개인기업은 사업주 본인이 사업주가 됩니다. 법인인 경우 법인 그 자체를 말합니다.

2) 사업경영담당자

사업경영에 관해 책임을 지는 자로서, 사업주에게서 사업경영의 전부 또는 일부에 대해 포괄적 위임을 받고 대외적으로 사업을 대표하거나 대리하는 사람을 말합니다. 대표적인 사례로 주식회사의 대표이사를 들

수 있습니다.

3) 근로자에 관한 사항에 대해 사업주를 위해 행위하는 자

직원의 인사, 임금, 노무관리 등 근로조건을 결정하거나 업무상 지휘
명령, 감독을 할 수 있는 권한과 책임을 부여받은 사람을 말합니다. 공
장장, 부서장, 본부장 등 형식적 직급이나 직책에 의해 판단하지 않고
구체적인 업무내용에 따라 판단합니다.

관련 판례

등기된 대표이사가 사업주로 인정되지 않은 판례(대법 99도2910)
주식회사의 대표이사는 대외적으로는 회사를 대표하고 대내적으로는 회사
의 업무를 집행할 권한을 가지는 것이므로, 특별한 사정이 없는 한 근로기
준법 제2조의 사업경영담당자로서 사용자에 해당한다고 할 것이나, 탈법
적인 목적을 위해 특정인을 명목상으로만 대표이사로 등기하여 두고 그를
회사의 모든 업무집행에서 배제하여 실질적으로 아무런 업무를 집행하지
아니하는 경우에 그 대표이사는 사업주로부터 사업경영의 전부 또는 일부
에 대해 포괄적인 위임을 받고 대외적으로 사업주를 대표하거나 대리하는
자라고 할 수 없으므로 사업경영담당자인 사용자라고 볼 수 없다.

■ 믿었던 직원에게서 배신을 당한 사례

평소 현장 일이 많은 Y 대표는 회사관리에 대한 고민이 많습니
다. 관리직원을 채용했지만 얼마 가지 않아 '일이 힘들다', '일

이 맞지 않는다', '월급이 적다' 등 다양한 이유로 그만두기 일 쑤였고, 그때마다 새로 관리직원을 뽑아서 다시 일을 가르쳐야 했기 때문입니다. 그러던 중 새로운 관리직원 S가 입사하여 일을 시작했습니다. Y 대표는 '또 얼마 안 가 그만두겠지?'라고 생각했지만 S는 누구보다도 성실히 3년을 일했습니다. Y 대표는 고마운 마음에 진급도 시켜주고 임금도 대폭 인상해주었습니다. S는 대표의 기대에 부응하여 더욱 열심히 일했고 점점 많은 업무권한이 주어졌습니다.

이후 Y 대표는 S에게 입출금관리, 대관업무 등 거의 모든 관리업무 권한을 주었고, 자신은 중요한 결정만 했습니다. 그 덕분에 Y 대표는 현장업무에 집중할 수 있게 되어서 사업을 더욱 번창시킬 수 있었습니다.

그런데 시간이 지나면서 관리부문에서 하나둘씩 문제가 발생하기 시작했습니다. S 밑에서 일하던 T가 상황을 파악하여 S의 업무상 비리를 보고하고 나서야 Y 대표는 비로소 문제의 심각성을 알게 되었지만 이미 회사는 돌이킬 수 없는 상황이 되어 있었습니다. S는 관리업무에 대한 전권을 부여받으면서부터 공금횡령은 물론 회사의 핵심기술을 경쟁사에 넘기는 등 온갖 비위행위를 저질러왔습니다. 더욱이 S는 이런 비리가 발각되자 회사를 운영하는 과정에서 이루어진 직원관리, 세금관리 등에 관한 모든 위법사항에 대한 증거를 모아두었다가 오히려 회사를 협박하는 지경에 이르렀습니다.

누구나 사람 쓰기 전에는 그럴싸한 계획이 있다

"사업하면서 가장 힘든 일이 무엇이었나요?"

이런 질문에 사업을 오래 운영한 대표일수록 '믿었던 사람의 배신'이라고 답하는 경우가 많습니다. 특히 그런 일을 겪고 나서 사람에 대한 신뢰 자체가 무너졌을 뿐만 아니라 사업까지 어려워졌다고 말하는 경영자도 많습니다. 앞의 사례와 같이 믿는 직원에게 권한과 책임을 부여하는 것은 올바른 직원관리 방향이라고 생각합니다. 문제는 직원을 너무 '맹목적'으로 믿어서는 곤란하다는 데 있습니다.

직원에 대한 믿음은 '통제범위 내에서'만 의미가 있습니다. 그런데도 실제 사업현장에서는 직원의 권한과 책임에 대한 깊은 고민 없이 직원이 입사하자마자 회사의 입출금통장과 공인인증서를 맡긴다거나, 다른 직원에 대한 의사결정(임금결정이나 징계 등) 과정에 특정 직원을 관여시키는 사례 등이 많이 발생합니다.

이런 식으로 전폭적인 믿음을 준다고 해서 직원이 회사 대표와 같은 마음으로 일할 것이라는 생각은 위험합니다. 직원에게는 업무에 대한 명확한 권한과 책임을 부여하고, 그런 권한과 책임을 이행하는 과정에서 적절한 통제가 필요합니다. 그리고 그에 따른 업무결과를 정확하고 공정하게 평가하고 보상하는 것이 회사와 직원 모두에게 도움이 됩니다. "못 미더운 사람은 아예 쓰지 말고 이왕 쓰기로 마음먹었다면 화끈하게 맡겨라"라고 한 故 이병철 회장의 말이 앞의 사례와 같이 직원을 무조건 믿으라는 의미는 아닐 것입니다.

임원위촉계약서

(주)○○○(이하 '회사'라 함)과 <u>○○○(이하 '임원'이라 함)</u>은 다음과 같이 임원 위촉계약을 체결한다.

1. 직위 및 위촉업무 : _____

2. 계약기간 : ____년 __월 __일 부터 ____년 __월 __일 까지로 하되, 이사회 결정이나 정관에 따라 연임되거나, 계약기간 중 계약이 해지될 수 있다.

3. 보수

 1) 연봉 ₩ _____원. 상기 연봉은 12분할하여 매월 __일에 지급

 2) 퇴직금 : 임원 퇴직금규정에 따라 요건을 갖춘 경우 지급한다.

 3) 기타 보수에 관한 사항은 임원 보수규정에 따른다.

4. 계약의 해지

임원이 다음 사유에 해당되는 경우 회사는 본 계약을 해지할 수 있다.

 ① 경영실적 등이 저조하다고 판단되는 경우

 ② 법, 정관, 관련 규정을 위반한 경우

 ③ 회사의 명예나 신용을 훼손한 경우

 ④ 기타 위촉계약 종료 사유가 발생한 경우

5. 겸업 및 경업 금지

 1) 임원은 본 계약기간 중 회사와 경쟁관계에 있는 기업에 취업할 수 없다.

 2) 위촉계약 종료 후 1년간 회사와 동종업체이거나 경쟁업체를 설립하거나 취업, 자문 등 회사와 경쟁하는 일체의 행위를 금지한다.

6. 기타

 - 임원은 근로기준법상 근로자가 아니므로 노동법이 적용되지 않는다.

 - 본 계약에서 정하지 않은 내용은 정관, 당사의 규정, 이사회의 결정에 따른다.

년   월   일

회 사 명 칭 :

　　주　　소 :

　　대 표 자 :　　　　　　(인)

임 원 주 소 :

　　생년월일 :

　　성　　명 :　　　　　(서명)

프리랜서(업무위탁) 계약서

(주)○○○(이하 '갑'이라 한다)과 _____는(은)(이하 '을'이라 한다) 다음과 같이 프리랜서 계약을 체결하고 상호간에 성실히 이행할 것을 약정한다.

제1조 (계약의 목적)
본 계약은 '을'이 '갑'의 ○○○○ 사업과 관련하여 '갑'에게서 위탁받은 업무를 '을'의 책임하에 관리함에 있어, '을'의 위탁업무 내용과 그 수행방식 및 '갑'의 '을'에 대한 보수지급에 관한 사항을 규정함을 목적으로 한다.

제2조 (을의 지위)
'을'은 근로기준법상의 근로자가 아니며, 자유직업 종사자임을 확인한다.

제3조 (계약기간)
계약기간은 20 년 월 일 부터 20 년 월 일 까지로 하되, 당사자 간의 합의에 의하여 연장 또는 축소할 수 있다.

제4조 (위탁업무)
①
②

제5조 (보수)
① '갑'은 '을'에게 위탁보수 ₩_____ 을 지급하되, 위탁업무량에 따라 상호합의하에 조정될 수 있다.
② 기타 보수와 관련한 조건 추가 명시 (지급일, 지급방식, 지급조건 등)

제6조 (계약 해지사유)
'갑'은 '을'이 다음 각 호에 해당하는 경우 계약기간 중이라도 계약을 해지할 수 있다.
  1. 정당한 이유 없이 계약기간 중 작업완료가 불가능하다고 판단되는 경우
  2. 신체·정신상의 이유로 위탁업무 수행이 곤란한 경우
  3. (필요한 내용 추가)

제7조 (신고납세의무)
'을'은 자유직업소득종사자로서 위탁보수에 대하여 소득세법에 따라 '갑'은 '을'에게 원천징수하여 신고하고, 보험, 연금, 노동 등의 제반 법적 신고 및 지급의무 일체는 '을'에게 있다.

제8조 (손해배상의무 및 기타)
①
②

본 계약서에 명시되지 않은 사항은 통상법에 의하며, 상기와 같이 상호 자유의사에 따라 계약을 체결하고 이를 보증하기 위하여 각 1부씩 보관하기로 한다.

20 년 월 일

〔갑〕 상 호 :
　　　주 소 :
　　　대 표 :　　　　　　(인)

〔을〕 성 명 :　　　　　　(서명)
　　　생년월일 :
　　　주 소 :
　　　연 락 처 :

2장

•

채용 :
직원관리의 시작

직원채용은 중요한 쇼핑이다.
가령 한 직원이 정년퇴직할 때까지 10억 원을 받는다고 치자.
그렇다면 회사에서 한 직원을 채용한다는 것은
당연히 10억 원짜리 물건을 사는 셈이 된다.
이것은 상당한 고가이기 때문에 함부로 살 수 있는 것이 아니다.

— 모리타 아키오(전 소니 회장) —

01

채용은 직원관리의
시작이자 끝입니다

채용은 사업운영에 적합한 인재를 확보하는 과정입니다. 그런데 현재의 채용시장은 글로벌기업에는 좋은 인재들이 몰리고, 근무조건이 좋지 못한 중소기업에서는 인력난을 겪는 양극화 현상이 두드러지고 있습니다. 인지도가 약한 창업기업 역시 사업 초기에 우수한 인력을 확보하기가 어려운 것이 사실입니다.

물론 이런 현상에도 불구하고 우수한 직원을 확보하기 위한 최대한의 노력을 기울여야 하지만, 현실적으로 직원이 필요할 때마다 단순히 자리를 채우는 식으로 채용이 이루어지는 경우가 많습니다. 더 큰 문제는 '적당한 사람'이라고 판단하여 채용했는데, 나중에 여러 가지 측면에서 '부적당한 사람'이었음을 인지했을 때 감당해야 하는 경제적·법적 부담이 생각 이상으로 크다는 데 있습니다. 이런 점을 감안했을 때 결국 채용에 많은 노력을 기울일수록 이후 직원관리에 따른 부담을 크게 줄일 수 있다는 사실을 명심해야 합니다.

1. 우리 회사에 맞는 인재상을 설정해야 합니다

먼저 다음 사례를 통해 인재상의 개념에 대해 살펴보겠습니다.

▌대표의 지시로 회사의 인재상을 만들게 된 사례

M 사는 20년간 생활용품을 생산·판매하는 회사로, 상시근로자 수가 50명이고 매출이 100억 원인 중소기업입니다. 어느 날이 회사의 L 대표는 회사의 인재상을 설정할 필요를 느끼고 K 과장과 함께 관련 사항을 논의해보았습니다.

대표 : 어제 업계 대표들 모임에서 회사의 인재상에 대해 이야기를 나누다가 S 사의 P 대표가 우리 회사 인재상이 무엇인지 묻더군요. 혹시 우리 회사에 특별히 정립해놓은 인재상이 있나요?

과장 : 아니요, 아직까지 특별히 정립해놓은 인재상은 없습니다.

대표 : 그래요? 다른 회사에는 다 있다는데 우리만 없군요. K 과장이 주도해서 당장 만들어보세요.

과장 : 알겠습니다.

대표에게서 지시를 받은 K 과장은 유명회사의 홈페이지와 지인 회사들의 인재상에서 그럴듯한 내용을 짜깁기하여 나름대로 근사한 인재상을 만들어 대표에게 보고했습니다.

> 대표 : 음… 있어 보이고 괜찮네요. 앞으로 우리 회사 인재상은
> 이걸로 합시다.

인재상이란 우리 회사에 어울리는 인재의 모습을 말합니다. 이런 관점에서 사례의 M 사가 진짜 자기 회사만의 인재상을 정립했다고 할 수 있을까요? 사실 많은 기업에서 사례와 유사한 방식으로 인재상을 만든다는 사실을 부정하기 어렵습니다. 하지만 이러한 인재상은 아무 의미가 없습니다. 그런 인재상에는 창업자의 창업정신이 담겨 있지도, 우리 회사만의 특성이 반영되어 있지도 않기 때문이지요. 무엇보다 이렇게 만들어진 인재상이라면 직원들이 전혀 공감하지 않을 것입니다.

인재상에는 창업자가 사업을 시작할 때 가졌던 정신과 회사의 생존과 발전의 토대가 되는 기본정신이 반영되어야 합니다. 또한 직원들이 인재상을 공유하고 공감해야 하며, 앞으로 어떻게 일해야 할지에 대한 명확한 방향이 제시되어 있어야 합니다. 이런 점에서 창업자는 창업 초기에 명확한 인재상을 설정하고, 그런 인재상에 적합한 인재를 확보해나가는 노력을 기울여야 합니다. 그런 인재상이 없거나, 있으나마나한 인재상을 기준으로 사람을 뽑다보면 채용이 단순한 '자리 채우기'에 불과해집니다.

인재상은 남들 눈에 거창하고 그럴듯해 보일 필요가 없으며, 우리 회사만의 인재에 대한 정신이 담겨 있으면 충분합니다. 참고로 2013년 4

월 대한상공회의소에서 발표한 〈100대 기업이 원하는 인재상 보고서〉에서 조사된 인재상 관련 주요 키워드는 '도전정신', '주인의식', '전문성', '창의성', '도덕성' 순으로 나타났으며, 세부 키워드는 다음 표와 같습니다. 해당 키워드들을 참고해서 우리 회사만의 인재에 대한 생각을 담은 인재상을 만들어보기를 권합니다.

● **인재상 역량의 주요 키워드**

역량	주요 키워드
창의성	상상, 창의, 인식전환, 독창, 가치창출 등
전문성	최고, 전문, IT 활용능력, 자기개발, 프로, 실력, 탁월 등
도전정신	개척, 모험, 도전, 과감한 시도, 위험감수, 변화선도 등
도덕성	도덕성, 인간미, 정직, 신뢰, 무결점, 원칙준수 등
팀워크	협력, 동료애, 팀워크, 공동체의식, 배려 등
글로벌역량	글로벌 마인드, 열린 사고, 국제적 소양, 어학능력 등
열정	열정, 승부근성, 체력, 건강, 자신감 등
주인의식	책임의식, 주인의식, 자율, 성실성, 사명감 등
실행력	신속한 의사결정, 리더십, 추진력, 실천 등

또한 인재상을 만드는 데 그치지 말고 직원들과 공유하고 새로운 직원을 채용할 때도 적극 반영하는 노력이 필요합니다.

인재상은 회사의 변화나 시대적 흐름에 따라 변경할 필요도 있습니다. 실제로 2018년에 대한상공회의소에서 발표한 100대 기업이 원하는 인재상 관련 조사에서 1순위를 차지한 '소통·협력'은 과거 2013년 조사에서는 7순위에 불과했었습니다. 반대로 2013년에 1순위였던 '도전정신'이 2018년 조사에서는 4순위로 하락하기도 했습니다.

● **2018년 업종별 인재상 조사결과**

순위	제조업	금융·보험업	무역·운수업	건설업	도소매업	기타 서비스업
1	소통·협력	주인의식	전문성	주인의식	전문성	소통·협력
2	원칙·신뢰	전문성	주인의식	도전정신	원칙·신뢰	도전정신
3	전문성	원칙·신뢰	소통·협력	소통·협력	주인의식	전문성
4	창의성	소통·협력	열정	창의성	열정	주인의식
5	도전정신	도전정신	창의성	글로벌역량	창의성	원칙·신뢰

〈출처 : 〈2018년 100대 기업이 원하는 인재상 보고서〉, 대한상공회의소〉

● **주요 기업의 인재상 예시**

기업명	주요 인재상
SK그룹	경영철학에 대한 확신을 바탕으로 일과 싸워서 이기는 패기를 실천하는 인재
GS칼텍스	넘치는 열정과 창의적인 도전으로 에너지산업의 미래를 이끌어갈 인재
KT	•고객을 존중하는 인재 •열린 마음으로 소통하는 인재 •끊임없는 도전정신 인재
LG전자	LG WAY에 대한 신념과 실행력을 겸비한 사람 •꿈과 열정을 가지고 세계 최고에 도전하는 사람 •고객을 최우선으로 생각하고 끊임없이 혁신하는 사람 •팀워크를 이루며 자율적이고 창의적으로 일하는 사람 •꾸준히 실력을 배양하여 정정당당하게 경쟁하는 사람

CJ그룹	• 정직하고 열정적이며 창의적인 인재 • 글로벌 역량을 갖춘 인재 • 전문성을 갖춘 인재
농심그룹	인성과 전문성을 바탕으로 일을 이루어내는 인재
한화그룹	한화구성원이 반드시 갖춰야 할 핵심가치에 부합하고 이에 따른 행동 원칙을 실천하는 사람 • 도전 : 기존의 틀에 안주하지 않고 변화와 혁신을 통해 최고를 추구한 　다. • 헌신 : 회사, 고객, 동료와의 인연을 소중히 여기며 보다 큰 목표를 위 　해 혼신의 힘을 다한다. • 정도 : 자긍심을 바탕으로 원칙에 따라 바르고 공정하게 행동한다.
위메프	진심·열정·다름으로 지속할 수 있는 인재
펜타 시큐리티 시스템	• 긍정적 영향력 • 바른 인성, 뚜렷한 윤리관, 뛰어난 전문지식으로 서로 긍정적인 영향 　력을 줄 수 있는 인재

〈출처 : 해당 기업 홈페이지(세부 인재상은 일부 생략)〉

2. 채용결정은 자유입니다. 하지만…

　인사관리에는 채용, 교육, 평가, 보상, 징계 등 다양한 분야가 있으며, 각 분야별로 나름대로 중요한 역할이 있습니다. 물론 이런 모든 분야가 중요하지만, 필자는 사업현장에서 다양한 상담과 분쟁해결을 돕는 과정에서 '채용'이 제일 중요하다는 결론을 얻었습니다. 애초에 원만한 조직생활에 필요한 인성을 갖추지 못했거나, 업무에 필요한 능력을 갖추지 못한 직원은 회사에 아무리 훌륭한 인사관리 시스템이 갖춰져 있더라도 여러 문제를 일으키기 때문입니다. 반면에 좋은 인성과 능력을 갖춘 직원은 회사의 인사관리 시스템이 다소 미흡하더라도 충분히 자기 역할을 해내는 경우가 많습니다.

회사와 직원들 간의 법적 관계에서 회사에 주어지는 거의 유일한 자유가 '채용결정'입니다. 그 유일한 자유를 제대로 활용하지 못했을 때 이런 불만들이 나옵니다.

"회사는 문제가 있는 직원을 함부로 해고하지 못하는데, 직원은 자기 마음대로 퇴사할 수 있다는 사실이 너무 억울합니다. 정말 회사 차원에서 할 수 있는 조치가 없나요?"
"문제사원 때문에 골치가 아픈데 도대체 그 사원을 어떻게 관리해야 할지 모르겠습니다."

이것은 회사를 대상으로 강의하고 나서 필자가 가장 많이 받는 질문이기도 합니다. 이런 질문에 대해 상황에 따른 조언을 해준 다음 필자가 항상 하는 말이 있습니다.

"그런데 그런 직원을 왜 뽑으셨어요? 뽑지 마시지!"

이 말에 회사 대표들은 딱히 반박하기가 어려워 씁쓸한 표정을 짓곤 합니다. 기분이 상할 수도 있지만, 필자는 채용을 너무 쉽게 생각하는 경영자들에게 채용의 중요성을 강조하기 위해 이 말을 하고 있습니다. 다음 사례를 통해 채용의 중요성은 아무리 강조해도 지나침이 없다는 사실을 확인해보겠습니다.

단순히 지인의 소개만으로 직원을 채용한 사례

E 사의 B 대표는 새로 영업팀장을 뽑으려던 차에 신뢰가 깊은 지인에게서 A를 소개받고 간단한 면접 후 곧바로 채용을 결정했습니다. A는 입사 후 한동안 아무 성과도 내지 못했지만 B 대표는 적응기간이 필요할 것이라는 생각으로 문제 삼지 않았습니다. 하지만 이후에도 기대했던 영업성과가 나지 않았고, 더욱이 A는 팀을 이끌어야 하는 팀장임에도 오히려 팀원들과 잦은 마찰을 일으키기까지 했습니다. 결국 이로 인해 기존의 핵심 영업직원들이 줄줄이 퇴사하고 회사의 영업실적까지 크게 악화되고 말았습니다.

B 대표는 A 팀장에게 여러 차례 주의를 주었지만 전혀 개선되지 않았고, 시간이 지날수록 영업팀뿐만 아니라 타 부서와도 마찰이 많아져 회사 전체의 분위기도 엉망이 되어 갔습니다. A 팀장은 근태도 좋지 않았는데, 회사에서 이에 대해 징계결정을 하자 징계가 부당하다며 노동위원회에 '부당징계 구제신청'을 했습니다. 법적으로 정당한 징계라는 판단이 나오기는 했지만, 징계기간이 끝나고 나서도 아무 일 없었다는 듯 또다시 똑같은 행동들을 반복했습니다. 결국 A 팀장 때문에 점점 회사 분위기가 엉망이 되어 갔지만 회사에서는 이러지도 저러지도 못하는 상황에 놓이게 되었습니다.

위의 사례를 보고 '그냥 해고하면 되는 거 아냐?'라고 의아해 할 수도

누구나 사람 쓰기 전에는 그럴싸한 계획이 있다

있으나, 법적으로 정당한 해고로 인정받기는 생각보다 어렵습니다. 해고를 하려면 정당한 이유가 있어야 하는데, '정당한 이유'에 대한 법률적 판단기준과 회사의 판단기준이 달라 이를 입증하기가 어렵기 때문입니다. 사실 사례의 A 팀장은 애초부터 문제가 많은 사람임을 간단히 확인할 수 있었습니다. 이력서상으로 10년 동안 이직한 경험이 많았고, 전 직장에 확인해본 결과 그곳에서도 똑같은 문제를 일으킨 전력이 여러 차례 있음을 확인할 수 있었기 때문이지요. 그럼에도 B 대표는 '신뢰가 깊은 지인이 소개해주었으니 괜찮은 사람이겠지'라는 안이한 생각으로 기초적인 사실확인도 하지 않고 A 팀장에 대한 채용을 너무 쉽게 결정한 것이 화근이 되었던 것입니다.

A 팀장과 같은 직원은 어떤 인사관리 시스템을 동원하더라도 쉽게 업무태도를 개선할 수 없습니다. 더 큰 문제는 해고 또한 쉽지 않다는 데 있습니다. 만일 직원 한 명 한 명이 소중한 창업기업에 이런 직원이 들어온다면 회사에 치명적인 악영향을 줄 것이 불 보듯 뻔합니다.

채용은 회사의 자유입니다. 하지만 채용 이후에는 더 이상 자유가 없습니다. 임금은 반드시 정해진 시기에 최저임금 이상 지급해야 하고, 징계나 해고 등의 인사조치는 정해진 절차에 따라야 하고 법률적으로 정당한 이유가 있어야 합니다. 회사가 아무리 어려워도 퇴직금은 무조건 지급해야 하며, 4대 보험도 의무적으로 가입해야 합니다. 그밖에도 사업주에게는 직원에 대한 수많은 노동법적 의무가 부여됩니다.

채용은 단순히 자리 하나를 채우는 과정이 아닙니다. 직원관리의 시작이자 끝입니다. 채용을 할 때는 다음과 같은 피터 드러커의 말을 되새

겨볼 필요가 있습니다.

　"당신이 채용에 5분밖에 시간을 사용하지 않는다면, 잘못 채용된 사람으로 인해 5,000시간을 사용하게 될 것이다."

02

사람을 뽑을 때도
효율적인 관리가 필요합니다

앞서 이야기했듯이 채용결정은 회사의 자유이지만, 채용을 하는 데 있어서 여러 가지 유의해야 할 사항을 알아두어야 합니다. 여기서는 먼저 채용과 관련한 금지법령을 알아보고, 이어서 채용공고, 면접진행, 채용확정 등 채용관리의 흐름에 따른 효율적 관리방안과 법률적 유의사항까지 살펴보겠습니다.

1. 채용 관련 금지법령

채용과 관련하여 다음과 같이 법률에 따라 금지하거나 제한하고 있는 몇 가지 사항이 있는데, 주로 사회적 약자에 대한 차별을 금지하고 고용기회를 보장하기 위한 내용들입니다.

●**채용 관련 주요 금지법령**

관련 법령	주요 내용 및 위반 시 벌칙
직업안정법 제32조 (금품 등의 수령금지)	근로자를 모집하려는 자와 그 모집업무에 종사하는 자는 어떠한 명목으로든 응모자로부터 그 모집과 관련하여 금품을 받거나 그 밖의 이익을 취하여서는 아니 된다. → 5년 이하의 징역 또는 5,000만 원 이하의 벌금
직업안정법 제42조 (비밀보장의무)	근로자 모집 또는 근로자 공급사업에 관여하였거나 관여하고 있는 자는 업무상 알게 된 근로자 또는 사용자에 관한 비밀을 누설하여서는 아니 된다. → 1년 이하의 징역 또는 1,000만 원 이하의 벌금
남녀고용평등과 일·가정 양립지원에 관한 법률 제7조(모집과 채용)	① 사업주는 근로자를 모집하거나 채용할 때 남녀를 차별하여서는 아니 된다. ② 사업주는 여성근로자를 모집·채용할 때 그 직무의 수행에 필요하지 아니한 용모·키·체중 등의 신체적 조건, 미혼조건, 그 밖에 고용노동부령으로 정하는 조건을 제시하거나 요구하여서는 아니 된다. → 500만 원 이하의 벌금
고용상 연령차별금지 및 고령자고용촉진에 관한 법률 제4조의4(모집·채용 등에서의 연령차별 금지)	사업주는 모집·채용에서 합리적인 이유 없이 연령을 이유로 근로자 또는 근로자가 되려는 자를 차별하여서는 아니 된다. → 500만 원 이하의 벌금

이외에 장애인고용촉진 및 직업재활법상 장애인이라는 이유로 채용에 있어서 차별을 금지하는 조항이 있습니다. 또한 상시근로자 수 50인 이상 민간기업에 대해서는 장애인 의무고용 규정을 적용하고 있는데, 만약 의무고용률(2019년 이후 : 3.1%)에 미달하는 경우 부담금을 부담(상시근로자 수 100인 이상 사업장)해야 합니다. 특히 최근 모집 및 채용과정에서 남녀차별에 대한 다툼이 많이 발생하고 있다는 사실에 주의할 필요가

있습니다.

 창업기업을 위한 TIP

대표 또는 채용담당자는 직원채용을 위해 면접에 참여하는 모든 면접관에게 면접진행 시 지원자에 대하여 법적으로 문제가 될 소지가 있는 질문을 하지 않도록 주의시켜야 합니다. 특히 여성 지원자의 외모나 결혼유무, 이성관계 등 개인사항에 대해서 질문을 하거나 답변을 유도하지 않도록 조치해야 합니다.

2. 채용공고 시 유의사항

1) 차별적인 요소 및 위법사항이 없어야 합니다

회사 홈페이지, 온라인 취업사이트, 신문 등을 통해 채용공고를 내는 경우 앞에서 설명한 차별적인 내용이 포함되지 않도록 해야 합니다. 예를 들면 남성 또는 여성만 채용하겠다는 내용, 직무수행에 필요하지 않은 여성의 용모·키·체중 등의 신체적 기준을 제시하는 내용, 결혼유무에 따른 제약사항이 포함된 내용, 응시자의 연령을 제한하거나 장애인 또는 외국인의 지원을 거부하는 내용, 특정 지역 출신을 차별하는 내용 등이 채용공고에 포함되지 않도록 해야 합니다.

또한 채용공고에서 법정근무시간 한도를 초과하는 근무조건을 제시하거나, 최저임금에 못 미치는 임금수준을 제시하는 등 최소한의 법적 기준에 미달하는 사항이 없는지를 점검하여 법정근무조건에 맞는 공고를 해야 합니다.

2) 채용공고가 실제 근무조건과 다르지 않아야 합니다

회사에서 채용공고를 올리다보면 다음 사례와 같은 실수가 의외로 많이 발생합니다.

▌계약직 채용공고를 정규직으로 잘못 공고한 사례

대기업에서 프로젝트를 수주한 디자인 전문업체 P 사는 내부 인력이 부족하여 급하게 디자이너를 충원해야 했습니다. 이에 P 사는 단기 프로젝트를 수행할 6개월 계약직직원을 채용하기로 결정하고 인터넷에 채용공고를 올렸고, 서류심사와 면접을 거쳐 여러 후보자 중 B의 채용을 확정했습니다. 그런데 B가 출근하는 첫날부터 문제가 생겼습니다. P 사가 계약직 근로계약서를 작성하려고 하자 B가 크게 놀라며 자기는 정규직으로 알고 입사했다고 주장한 것입니다. 사실관계를 파악해보니 P 사에서 급하게 채용공고를 올리는 과정에서 계약직이 아닌 정규직으로 표기했기 때문에 B는 당연히 자신이 정규직으로 채용된 것으로 알았던 것입니다.

위 사례와 같은 상황이 생기는 이유는 회사에서 채용공고에 근무조건을 기재할 때 신경을 많이 쓰지 않는 데 있습니다. 처음에 채용공고에서 제시한 근무조건(계약기간, 근무장소, 업무내용, 근무시간 등)을 상황에 따라 회사가 변경할 수 있다고 생각하기 때문이지요. 하지만 채용공고를 믿고 지원한 지원자 또는 채용이 결정된 신입직원이 변경된 근무조건에 동의하지 않는 경우 '거짓 채용공고'로 인해 법적인 문제가 발생할 수 있습니다.

예를 들면 앞의 사례처럼 회사가 1년 계약직 채용을 생각했으나 담당자 실수로 채용공고에 정규직으로 표시함으로써 문제가 되는 경우가 있습니다. 사례의 회사는 채용공고를 통해 뽑은 직원에게 1년 후 재계약을 하지 않겠다는 의사를 전달했지만, 뒤늦게 채용공고에 오류가 있었음을 발견하고 어쩔 수 없이 해당 직원을 정규직으로 채용할 수밖에 없었습니다. 이러한 오류가 생기지 않게 하려면 채용공고를 내기 전에 회사가 결정한 근무조건과 일치하는지 여부를 철저히 확인해야 하며, 특별한 경우를 제외하고는 채용 시 제시한 근무조건을 임의로 변경하지 않아야 합니다.

실무적으로 채용공고를 낼 때 정규직 또는 계약직 채용 여부만큼이나 중요한 내용이 '수습적용' 사항입니다. 실제로 채용공고에는 수습적용에 대한 내용이 없었는데, 실제 근로계약을 체결할 때 수습을 적용한다고 함으로써 회사와 직원 간에 분쟁이 발생하는 사례가 있습니다. 따라서 채용하는 직원에 대해 수습적용을 생각한다면 채용공고에 '수습적용 기간'과 '수습기간 동안의 임금 등 근무조건'에 대한 내용을 명확히 표시해야 합니다.

3) 회사에 맞는 채용 관련 서류양식을 미리 준비해두어야 합니다

채용을 진행할 때는 먼저 구직자에게서 채용서류를 제출받아 검토하게 됩니다. 이때 채용 관련 서류(98쪽 서식 참조)에 대해 법적으로 정해진 사항은 없으므로, 아래의 채용서류를 참고하여 회사와 업무에 맞는 채용서류를 자체적으로 작성하여 사용하면 됩니다. 다만 앞서 살펴본 차별적인 사항 등이 채용서류에 포함되지 않도록 유의해야 합니다.

● **채용서류의 종류(채용절차의 공정화에 관한 법률 제2조)**

구분	종류
기초심사자료	구직자의 응시원서, 이력서, 자기소개서
입증자료	학위증명서, 경력증명서, 자격증명서 등 기초심사자료에 기재한 사항을 입증하는 일체의 자료
심층심사자료	작품집, 연구실적물 등 구직자의 실력을 알아볼 수 있는 일체의 물건 및 자료

이때 기초심사자료 이외의 입증자료 및 심층심사자료는 가급적 서류심사 합격자를 대상으로 면접 시에 제출받아 확인하는 방식이 바람직합니다. 아울러 최근 개인정보 보호에 대한 관리가 강화되고 있다는 점에서 '입사지원자용 개인정보동의서(99쪽 서식 참조)'도 함께 제출받는 것이 좋습니다.

특히 채용서류에서는 '응시자의 주민등록번호'를 수집할 이유가 없으므로 해당 사항이 포함되지 않도록 해야 합니다. 참고로 채용서류뿐만 아니라 근로계약서 등의 인사서류에도 직원의 주민등록번호가 포함되지 않도록 주의해야 합니다. 주민등록번호는 직원이 입사한 이후에 법령에서 정한 경우(4대 보험 가입, 연말정산 등)에만 직원의 동의를 받아 사용해야 합니다.

관련 법조항

개인정보보호법 제24조2(주민등록번호 처리의 제한)

개인정보처리자는 다음 각 호의 어느 하나에 해당하는 경우를 제외하고는 주민등록번호를 처리할 수 없음

1. 법령에서 구체적으로 주민등록번호의 처리를 요구하거나 허용한 경우

2. 정보주체 또는 제3자의 급박한 생명, 신체, 재산의 이익을 위하여 명백히 필요하다고 인정되는 경우

3. 제1호 및 제2호에 준하여 주민등록번호 처리가 불가피한 경우로 행정안 정부령으로 정하는 경우

→ 위반 시 3,000만 원 이하의 과태료

창업기업을 위한 TIP

창업기업은 현실적으로 대기업 등 인지도 있는 기업에 비해 좋은 인재를 확보하기가 어려우므로, 인재확보 차원에서의 '채용 마케팅'을 적극적으로 고려할 필요가 있습니다. 예를 들면 다음 사례와 같이 채용공고를 단순히 채용에 대한 정보를 제공하는 수단을 넘어, 재치 있는 표현을 통해 회사를 알리는 수단으로 활용하면 인재확보와 회사홍보에 효과를 볼 수 있습니다.

〈출처 : 골드넥스 홈페이지 내 채용공고〉　　〈출처 : 채용사이트 내 스타일난다 채용공고〉

4) 채용절차의 공정화에 관한 법률

채용 관련 법적 규제는 관련 법에 의해 부분적으로 규정해왔습니다. 그런데도 채용과정에서 구직자들이 불이익을 당하는 사례가 지속적으로 발생함에 따라 2014년 1월에 채용절차상의 공정성 확보와 구직자 보호를 위해 '채용절차의 공정화에 관한 법률'이 제정되었으며, 2017년 1월 1일부터는 상시근로자 수 30인 이상 사업장까지 확대 적용되고 있습니다. 따라서 창업 후 '상시근로자 수 30명'이 되는 시점부터는 해당 법률에 위반되는 일이 없도록 유의해야 합니다. 이 법률의 주요 내용은 다음과 같으며, 보다 자세한 사항은 고용노동부에서 발간한 〈채용절차의 공정화에 관한 법률 매뉴얼〉(2018.1)을 참고하기 바랍니다.

(1) 거짓 채용광고의 금지 및 지식재산권 보호

회사는 정당한 사유 없이 채용광고의 내용을 구직자에게 불리하게 변경하거나, 채용 후에 정당한 사유 없이 채용광고에서 제시한 근로조건을 구직자에게 불리하게 변경해서는 안 됩니다. 또한 회사는 구직자의 지식재산권(채용서류 및 이와 관련한 저작권 등)을 회사에 귀속하도록 강요해서는 안 됩니다.

(2) 채용절차에 따른 안내

회사는 채용서류를 접수한 경우 접수사실을 구직자에게 알려야 합니다. 또한 채용일정이나 채용심사 지연사실 등 채용과정 상황을 안내해야 합니다. 합격 여부(합격 또는 불합격)가 결정된 경우에도 당사자에게 해당 사실을 통보해야 합니다.

(3) 구직자에 대한 서류반환

구직자가 채용서류를 반환받으려면 회사가 정한 기간(채용 여부가 확정된 날 이후 14일부터 180일까지) 내에 반환청구를 해야 합니다. 회사는 채용여부가 결정되기 전에 반환청구기간을 구직자에게 알려야 하며, 반환에 소요되는 비용은 원칙적으로 회사가 부담해야 합니다. 불합격자에 대해 청구기간까지 서류반환이 이루어지지 않는 경우 개인정보보호법에 따라 5일 이내에 채용서류를 파기해야 합니다.

📊◉ 창업기업을 위한 TIP

창업 후 상시근로자 수가 30인이 되기 전까지는 채용절차의 공정화에 관한 법률의 적용을 받지 않습니다. 다만 법 적용과 관계없이 사업 초기부터 적법하고 공정하게 채용을 진행하는 것이 역량 있는 인재들에게 회사에 대한 좋은 이미지를 어필하는 또 하나의 방법이 될 수 있습니다.

3. 채용기준 및 효과적 면접관리 방안

1) 우리 회사만의 채용기준이 있어야 합니다

창업자의 창업정신, 기업이 추구하는 가치에 부합하는 인재를 채용하기 위해서는 거창할 필요는 없지만 실질적으로 적용 가능한 채용기준이 사전에 마련되어 있어야 합니다. 이러한 채용기준을 바탕으로 회사가 추구하는 목표를 이룰 수 있는 인재를 지속적으로 확보하느냐가 기업경쟁력을 유지·강화하는 필수적 요소가 되기 때문입니다. 효과적 채용기준에 대한 정답은 없겠지만, 필자의 경험을 바탕으로 제시하는 다음과 같은 기준들이 회사의 채용기준을 마련하는 데 도움이 될 수 있을 것입니다.

(1) 회사가 추구하는 가치와 방향에 맞는 사람을 채용해야 합니다

이것은 회사의 인재상과 연결되는 사항입니다. 즉, 회사의 인재상을 명확히 설정하여 직원을 채용할 때 그 인재상에 부합하거나, 최소한 맞춰나갈 수 있는 인재를 선발해야 한다는 것이지요. 예를 들어 창의력을 인재상의 절대적인 요건으로 정한 회사에서 안정을 추구하는 경향이 강한 직원을 뽑는다면 회사나 직원 모두에게 손해가 될 것이기 때문입니다.

(2) 직무에 따라 필요한 역량을 선택적으로 적용해야 합니다

업무능력과 대인관계능력, 조직융화력 등의 역량을 모두 갖춘 사람이라면 그야말로 최고의 인재라고 할 수 있습니다. 하지만 현실적으로 이런 인재를 찾기는 쉽지 않습니다. 따라서 직원을 채용할 때는 직무에 따라 더 필요하다고 판단되는 역량을 선택하여 단순하게 적용할 필요가 있습니다. 예를 들어 프로그램개발자나 디자이너 등을 뽑는다면 대인관계능력이 다소 떨어지더라도 업무능력이 뛰어난 사람을 적합한 인재로 판단하는 식이지요. 반면에 영업이나 홍보담당자를 채용한다면 기본 업

무능력이 다소 떨어지더라도 대인관계능력이 뛰어난 사람을 뽑았을 때 좋은 성과를 낼 가능성이 높습니다.

하지만 실제 채용현장에서는 이처럼 직무에 적합한 인재를 채용하지 못하는 경우가 많습니다. 대부분의 회사가 입사지원자 개개인의 역량은 파악하지 않고 외적 조건만 보고 채용하거나, 명확한 채용기준 없이 채용을 진행하기 때문이지요. 이처럼 직무와 역량이 맞지 않는 사람을 채용하는 경우 업무성과를 기대하기 어려울 뿐 아니라 단기 퇴사할 확률도 높습니다.

(3) 채용기준은 현실적이어야 합니다

구글, 애플, 삼성전자 같은 글로벌기업이 아니라면 현실적으로 회사가 원하는 조건을 모두 충족하는 사람을 뽑기는 어렵습니다. 사회적 인지도가 떨어지고, 근무조건도 상대적으로 좋지 않은 창업기업이라면 더더욱 그럴 수밖에 없겠지요. 따라서 창업 초기 회사라면 학력 등이 뛰어난 완성된 인재를 찾기보다는 당장 업무수행이 가능하고, 성장가능성이 있는 인재를 선별해서 채용하는 것이 대안이 될 수 있습니다.

그나마 다행스러운 점은 지금의 젊은 구직자들이 오로지 임금수준만으로 입사를 결정하지 않는다는 것입니다. 실제로 온라인취업사이트 잡코리아에서 2018년에 직장인을 대상으로 실시한 설문조사 결과를 보면, 회사를 선택할 때 가장 중요하게 생각하는 요건으로 일과 삶의 균형, 즉 워라밸(Work & Life Balance)이 가능한지를 본다는 응답이 50% 이상으로 압도적으로 높게 나왔습니다. 그다음으로 연봉, 고용안정성, 조

직무화 및 복지제도, 적성에 맞는 직무, 출퇴근의 근접성 및 용이성, 향후 성장가능성 순이었습니다. 따라서 우수한 인력들이 중요하게 생각하는 부분 중 기업이 수용할 수 있는 방향을 고민해보고, 그것들을 적극적으로 기업경영에 반영할 필요가 있습니다.

📊◉ 창업기업을 위한 TIP

채용진행 과정에서 채용대상자들에게 '불필요한 야근이 없다', '업무를 다양하게 경험할 수 있다', '즐겁게 일할 수 있다' 등의 회사의 강점을 적극적으로 어필하면 회사가 원하는 인재를 채용할 확률을 높일 수 있습니다.

(4) 편한 사람이 아닌, 필요한 사람을 뽑아야 합니다

창업기업의 경우 사업 초기에 좋은 인력을 구하기 힘들기 때문에 창업자나 직원 주변에 있는 사람, 예를 들면 대학동문, 동네 친구, 작은아버지, 동생, 예전 직장상사 등이 주요한 직책을 맡아서 일하는 경우가 많습니다. 사실 이런 현상은 창업기업뿐만 아니라 어느 정도 업력이 있는 중소기업에서도 흔하게 볼 수 있습니다. 이런 직원들이 담당업무에 필요한 능력을 충분히 갖추고 있다면 문제가 없지만, 현실적으로 그렇지 않은 경우도 많습니다. 심지어 대표와 친하다는 이유로 공사구분을 못해서 다른 직원들과의 관계가 불편해지는 상황이 발생하기도 합니다. 이런 경우 대표 입장에서도 개인적인 친분 때문에 직원관리에 어려움을 겪을 수밖에 없습니다.

필자는 사업현장에서 수없이 이런 상황을 봐왔기 때문에 회사 대표

들과 상담을 할 때 '편한 사람의 채용을 최소화하라'고 조언합니다. 여러 가지 여건상 이런 인력을 100% 배제할 수 없다면 최소화하는 노력은 꼭 필요합니다.

■ 어제까지는 동지, 오늘부터는 적이 된 조카의 채용 사례

지방에서 전자부품 제조기업을 경영하는 W 대표는 영업관리 인력을 구하던 중 큰형의 아들인 조카 J의 취업을 부탁받았습니다. 대학에서 경영학을 전공했고 품성도 좋아 평소 좋게 생각했던 조카였기에 W 대표는 흔쾌히 채용을 결정했습니다. 하지만 좋은 조카가 꼭 좋은 직원은 아니었습니다. J는 입사하자마자 대표의 조카임을 내세우며 안하무인으로 행동함으로써 직장질서를 엉망으로 만들었을 뿐만 아니라, 거래처와의 관계 형성도 좋지 않아 영업손실이 지속적으로 발생했습니다. W 대표는 J에게 틈나는 대로 주의도 주고 달래도 보았지만 개선은 되지 않았습니다. 결국 W 대표는 어쩔 수 없이 J를 해고했습니다. 그런데도 J는 반성은커녕 고용노동부나 노동위원회 등에 부당해고라며 이의제기를 해서 W 대표를 힘들게 했습니다. 여기에 W 대표의 형까지도 어떻게 내 아들에게 그럴 수 있느냐며 화를 내어 집안 왕래마저 끊기는 상황에 이르렀습니다. 조카를 취업시킨 대가로 졸지에 악덕사장이자 나쁜 동생이 된 W 대표는 자신의 결정을 원망했지만 너무 뒤늦은 후회였습니다 실제 사업현장에서는 앞의 사례와 같은 노동분쟁 사건이 생각보다 많이 발생합니다. 더욱이 당사자 간의 개인적인 인연이 얽혀있는 사건은 해결이 쉽지 않고, 결과에 상관없이 심리적 상처가 크게 남습니다. 이처럼 '편한 사람'이라는 이유로 채용을 쉽게 결정하면 그만큼 나중에 더 힘든 일이 생길 수 있음을 명심하고, '필요한 사람'을 신중하게 선택해서 채용할 필요가 있습니다.

(5) 지원자의 내면을 보는 노력이 필요합니다

"연봉은 얼마입니까?", "야근이 많나요?", "업무를 많이 배울 수 있나요?", "회식을 자주 하나요?"

이런 질문을 하는 채용지원자에 대해 어떻게 생각하나요? 회사 입장에서 입사하기도 전에 이런 질문을 받는다면 그렇게 유쾌하지는 않겠지요. 하지만 구직자 입장에서는 당연히 회사에 대한 이런저런 사항들이 궁금할 수밖에 없습니다. 만일 회사가 원하는 능력 있는 인재라면 이런 질문들에 대해 적극적으로 답해주고 회사의 장점을 어필해야 합니다. 그래야 좋은 인재를 확보할 가능성이 높아지기 때문이지요. 물론 인재를 채용할 자유는 회사에게 있으므로 업무에 적합하지 않은 지원자라면 뽑지 않으면 그만입니다.

사실 대부분의 회사에서 사람을 뽑을 때 '서울대학교 출신이야', '아버지가 교수래', '외모가 훌륭해', '4개 국어 능통에 스펙이 장난이 아니야'와 같은 조건이나, 반대로 '지방대 출신이야', '대표님이 싫어하는 모 지방 출신이야', '스펙이 완전 엉망이야', '외모가 별로네'와 같은 조건 등 외적인 기준으로 평가하는 현실을 부정하기는 어렵습니다. 물론 이런 외적인 조건만으로도 성공적인 채용이 될 수는 있습니다. 하지만 지원자의 내면에 대한 평가 없이 단순히 외적인 조건만으로 채용 여부를 판단한다면 당연히 좋은 직원을 뽑을 확률은 떨어질 수밖에 없습니다. 즉, 바꿔 말하면 외적인 기준보다는 업무에 적합한 능력을 갖췄는지, 회사의 가치관을 공유할 수 있는지, 회사와 업무에 대해 애정을 가지고 지속적으로 일할 의지가 있는지 등을 종합적으로 평가하는 것이 더 중요하다는 의미입니다.

회사의 조건을 따져 입사를 결정하는 지원자는 좋지 않게 평가하면서, 정작 회사는 지원자의 외적 조건에 현혹되어 채용을 결정하고 있지는 않은지 스스로 되돌아볼 필요가 있습니다.

2) 효과적 면접관리 방안

면접은 좋은 인재를 선발하는 채용과정의 핵심입니다. 면접은 지원자를 대면하고 평가하는 과정이기도 하지만, 구직자가 회사를 평가하는 과정이기도 하다는 점에서 면접관리에 관심을 가질 필요가 있습니다. 실제로 2016년에 온라인취업사이트 잡코리아에서 구직자를 대상으로 조사한 결과에 따르면, 구직자의 48.7%가 '면접관의 태도가 입사결정에 매우 영향을 미친다'라고 답했으며, '어느 정도 영향을 미친다'라는 응답도 46.7%로, 90% 이상이 면접관의 태도가 입사결정에 영향을 미친다고 답했습니다. 또한 면접 전후로 회사의 이미지가 부정적으로 바뀌었다는 응답자도 67.5%에 달했습니다. 특히 아직 기업경쟁력을 갖추지 못한 창업기업 입장에서는 위와 같은 사실을 인지하여 면접관이 회사를 대표한다는 마음으로 면접에 임해야 할 것입니다.

(1) 면접진행 방식을 사전에 결정해야 합니다

면접은 일반적으로 1~3차에 걸쳐 진행됩니다. 한 번의 대표면접으로 채용을 결정하기도 하지만, 1차 실무자면접, 2차 임원면접, 3차 최종 대표면접 식으로 단계별 면접을 통해 채용을 결정할 수도 있습니다. 이 중에서 어떤 방식이 좋다고 단정할 수는 없으므로, 업무에 따라 좋은 인재를 뽑는 데 가장 적합한 방식을 선택해서 활용하면 됩니다.

(2) 면접관을 신중히 결정해야 합니다

위에서 언급했듯이 면접관은 구직자에게 회사를 대표하는 이미지로 인식될 수 있습니다. 따라서 회사의 면접관은 올바른 판단으로 좋은 인재를 선발할 수 있는지, 나아가 구직자들에게 회사에 대한 좋은 이미지를 심어줄 수 있는지 등을 신중하게 판단하여 선택해야 합니다.

① 외부전문가의 면접참여

신사업에 필요한 인력을 채용할 때는 아직 회사 내부에 해당 사업 관련 전문가가 없을 수 있습니다. 따라서 이런 경우에는 구직자의 업무적 합성 여부를 파악하기 위해 해당 사업 관련 외부전문가를 면접에 참여시키는 방법을 고려해볼 수 있습니다.

② 업무에 따른 유연한 면접관 구성 및 효과적 면접방식 결정

어떤 직무의 면접이든 면접관이 고정되어 있는 경우(주로 해당 부서의 팀장이나 임원으로 구성)가 많습니다. 1차는 실무면접으로 담당부서 팀장이 면접관을 맡고, 2차는 임원 또는 대표면접으로 진행하는 식이지요. 하지만 때로는 직무에 따라서 유연하게 면접관을 구성할 필요가 있습니다. 예를 들어 타 부서와의 협업이 많은 직무에 대한 직원을 뽑을 때는 담당부서의 팀장뿐만 아니라 타 부서의 관계자도 면접에 참여시켜서 구직자의 협업능력을 검증하는 방식을 말합니다. 만약 팀원 간의 협업이 필수적인 직무라면 해당 팀의 팀원이 면접에 참여하여 채용결정에 의견을 낼 수도 있습니다.

면접방식도 정형적인 문답방식에서 벗어나 직무에 대한 토론이나 프레젠테이션, 상황에 대한 대처능력 등 업무능력을 충분히 검증할 수 있는 다양한 방식으로 유연하게 진행하는 것이 효과적입니다.

③ 채용결정권자의 면접참여

간혹 대표가 형식적으로 면접에 참여하는 경우가 있는데 이는 올바른 태도가 아닙니다. 특히 창업기업의 경우 채용하는 직원 한 사람 한 사람이 소중한 인적자원임을 명심하고 대표가 채용에 각별한 관심을 갖고 면접에 적극적으로 참여할 필요가 있습니다. 또한 대표라고 해서 실무자의 의견을 무시하고 일방적으로 채용을 결정하는 일도 없어야 합니다. 그럴 경우 실무자면접 자체에 의미가 없어질 뿐 아니라 좋은 인재를 채용할 확률도 떨어집니다. 따라서 대표가 반드시 면접에 참여하되, 채

용은 면접에 참여한 모든 면접관의 의견을 모아 결정해야 합니다.

채용과 관련하여 '해리의 법칙(Harry's Rule)'이라는 연구결과가 있습니다. 사람들은 대부분 자신보다 못한 사람들을 채용하는 경향이 있다는 사실을 설명하는 법칙입니다. 즉, 뛰어난 사람들은 자신보다 약간 못한 사람들을 고용하고, 약간 못한 사람들은 자기보다 훨씬 더 못한 사람들을 고용한다는 것이지요. 따라서 채용의 최종결정권자는 채용과정에서 해리의 법칙이 작용하지 않도록 전반적으로 관리하는 역할을 수행해야 합니다.

(3) 효과적인 면접질문을 준비해야 합니다

"지원자의 눈빛만 보면 딱 압니다", "감이 좋은 사람이 있습니다", "몇 마디 들어보면 금방 판단이 됩니다."

혹시 이런 방식으로 채용을 결정하고 있지 않나요? 사람을 평가하는 기준은 평가하는 사람의 가치관이나 주관에 따라 달라질 수 있습니다. 또 동일한 사람이라도 그날의 기분이나 상황에 따라 판단이 달라질 수 있습니다. 따라서 이러한 문제가 생기지 않도록 면접의 객관성을 유지하려면 업무나 직책별로 공통적인 면접질문을 사전에 준비해둘 필요가 있습니다.

① 지원자의 인성·태도가 회사의 기준에 부합하는지 검증할 필요가 있습니다

회사의 인재상이나 채용기준에 부합하는 기본적 소양을 검증하는 질문을 통해 회사에 맞는 인재를 선별할 수 있습니다. 이것은 모든 지원자에게 공통으로 적용하는 질문에 해당합니다.

② 신입직과 경력직을 구분해서 면접을 준비합니다

신입직원 면접에서는 회사에 입사하여 잘 적응할 수 있는지, 업무습득에는 무리가 없는지 등의 기본역량을 주로 검증합니다. 반면에 경력직원 면접에서는 기존의 업무경험을 바탕으로 회사의 업무 프로세스와 실적을 개선할 수 있는 역량을 갖추었는지를 평가하게 됩니다. 따라서 신입직원을 채용하느냐 경력직원을 채용하느냐에 따라 이러한 차이를 반영한 면접질문을 준비해야 합니다.

③ 면접질문 예시

기본적으로 면접질문은 지나치게 길거나 단답형의 답을 요구하는 형식은 좋지 않습니다. 또 너무 뻔한 답이 예상되는 질문도 지양해야 합니다. 반면에 단순한 질문이지만 또 다른 질문으로 연결되거나, 실제 어떻게 문제해결을 했었는지 등 과거 행동에 대한 구체적 답변을 들을 수 있는 형식은 좋은 질문사례에 해당됩니다. 다음과 같은 질문예시를 참고하여 회사와 업무에 적합한 면접질문을 마련해보기를 바랍니다.

- 현재 가장 관심 있는 분야는 무엇인가요? 그 이유는 무엇인가요?
- 지금까지 여러 사람이 함께 노력하여 성취한 일이 있었나요? 거기서 어떤 역할을 했나요? 그 과정을 통해 무엇을 배웠나요?

- 업무를 진행하면서 실패한 경험은 있나요? 그런 실패를 통해 무엇을 배웠나요?
- 인간관계와 업무 중 어떤 것이 더 중요하다고 생각하나요?
- 어려운 문제를 해결한 경험이 있다면 말씀해주시기 바랍니다.
- 본인의 일하는 스타일의 장점과 단점을 말씀해주십시오. 또 그 각각의 사례는 무엇이었나요?
- 입사가 결정된다면 이것만은 꼭 하고 싶다는 바람이 있나요? 그 이유는 무엇인가요?
- 회사에 대해 궁금한 사항은 무엇인가요?

4. 채용확정 후 관리방안

1) 채용탈락자 관리

채용결과가 확정되면 불합격자에게도 해당 사실을 통보하는 것이 바람직합니다. 불합격사실을 통보할 때는 입사지원 서류를 어떻게 처리할지에 대해 직접 물어보고 그 의사에 따라 반환하거나 파기합니다. 특히 상시근로자 수 30인 이상 사업장의 경우 채용절차의 공정화에 관한 법률에 따라 합격 여부 통지 및 구직자의 서류반환 의무를 준수해야 합니다.

2) 채용합격자 관리

채용합격자에 대해서는 전형에 사용되었던 이력서, 자기소개서, 각종 증명서류를 정리하여 잘 보관해야 합니다. 또한 합격자와 협의하여 입사일정을 결정하고, 해당 일정에 맞춰 근로계약 체결을 위한 서류(근로계약서, 개인정보동의서 등)를 미리 준비해두어야 합니다. 특히 요즘에는 신입직원이 입사 후 회사나 업무에 적응하지 못해서 단기간 내에 퇴사하는 사례가 자주 발생하므로, 이런 상황이 발생하지 않도록 조직 및 업무 적응을 도와줄 관리방안(예 : 선배사원의 멘토링 등)을 미리 마련해두는 것이 좋습니다.

표준 이력서 및 자기소개서

〈필수항목〉

지원자 성명

주소 (우편번호)
　　(현거주지)

연락처	전화번호	(전화)	(휴대전화)
	전자우편		

주요 경력사항	회사명	담당업무(직무내용)	근무기간(연, 월)
			년 월 ~ 　 년 월
			년 월 ~ 　 년 월

자격증 및 특기사항	관련 자격증		(　 년 월 취득)
			(　 년 월 취득)

자기소개 등
활동사항

취업지원 대상자 여부	보훈번호		
장애인 여부	장애종별	등급	장애인 등록번호
저소득층 여부	구분	「국민기초생활보장법」상 수급자	「한부모가족지원법」상 보호대상자
	해당 여부		

* 해당직종에 맞는 특기, 행위, 연구실적, 특허 등 항목 마련

〈출처 : 채용절차의 공정화에 관한 법률 업무 매뉴얼 상세양식, 고용노동부, 작성방법은 해당 매뉴얼 46쪽 참조〉

개인정보동의서(입사지원용)

(주)○○○이(가) 본인의 개인정보를 수집·이용하고자 하는 경우에는 「개인정보 보호법」에 따라 본인의 동의를 얻어야 합니다. 이에 본인은 아래의 내용과 같이 본인의 개인정보를 수집·이용하는 것에 동의합니다.

수집·이용에 관한 사항

수집·이용목적	■채용절차의 진행 및 관리, 경력·자격 등 확인(조회 및 검증), 채용 여부의 결정 ■민원처리, 분쟁해결, 법령상 의무이행 등
수집·이용할 항목	[필수적 정보] ■개인 식별정보 - 사진, 성명, 생년월일 등 신상정보, 국적, 주소, 전화번호, 전자메일 주소 등 연락처 [선택적 정보] ■개인 식별정보 외에 입사지원서 등에 제공한 정보 - 학력사항, 경력사항, 병력사항, 활동사항, 수상내역, 우대사항 등
보유·이용기간	위 개인정보는 수집·이용에 관한 동의일로부터 채용절차 종료 시까지 위 이용목적을 위하여 보유·이용됩니다. 단, 채용절차 종료 후에는 민원처리, 분쟁해결 및 법령상 의무이행을 위하여 필요한 범위 내에서만 보유·이용됩니다.
파기	위 개인정보는 보관기간이 경과한 이후 「개인정보 보호법」에 따라 파기합니다.
동의를 거부할 권리 및 동의를 거부할 경우의 불이익	위 개인정보 중 필수적 정보의 수집·이용에 관한 동의는 채용심사를 위하여 필수적이므로, 위 사항에 동의하셔야만 채용절차의 진행이 가능합니다. 위 개인정보 중 선택적 정보의 수집·이용에 관한 동의는 거부하실 수 있으나, 동의하지 않으시는 경우 불이익을 받을 수 있습니다.
수집·이용 동의 여부	본인은 위 목적으로 본인의 개인정보를 수집·이용하는 것에 동의합니다. ■필수적 정보 (동의하지 않음 □ 동의함 □) ■선택적 정보 (동의하지 않음 □ 동의함 □)
민감정보 동의 여부	본인은 위 목적으로 다음과 같은 본인의 민감정보를 수집·이용하는 것에 동의합니다. ■민감정보(신원조회, 건강정보) (동의하지 않음 □ 동의함 □)

20 년 월 일

성 명 :　　　　　　　　　서명

03

채용 관련 주요 이슈

1. 채용확정 통지 후 채용취소는 주의해야 합니다

신사업이 초기 단계에 있거나, 창업 초기 회사에서는 수시로 경영상황이 바뀔 수 있기 때문에 다음 사례와 같이 채용확정 통보 후 채용을 취소하는 상황이 발생할 수 있습니다.

■ 신사업계획 폐기로 인해 채용을 취소한 사례

통신업체인 A 사는 투자사의 투자를 받아 새롭게 유통업에 진출하기로 했습니다. 이에 신사업에 필요한 직원을 뽑기 위해 채용을 진행했고, 그 결과 T를 채용하기로 결정했습니다. T는 A 사와 20일 후부터 출근하기로 협의한 후 기존 회사에 사직서를 내고 해외여행을 떠났습니다. 그런데 그 사이에 A 사의 신사업에 투자하기로 한 투자사가 갑자기 투자를 취소하는 상황이 벌어졌습니다. 이 일로 신사업 진행이 어려워진 A 사는 어쩔 수 없이 T에게 채용취소를 통보했습니다. 이에 T는 이런 경우 해고에 해당한다고 주장하며 법률분쟁을 예고했지만, A 사는 회사사정상 부득이한 일이었고, 아직 입사하지도 않았는데 어떻게 해고가 될 수 있느냐며 반박하고 있습니다.

회사 입장에서는 위 사례와 같은 상황이 발생했을 때 해당 지원자에게는 미안하지만 회사 사정상 어쩔 수 없는 일이라고 생각할 수 있습니다. 하지만 이것은 미안해 하는 것으로 끝날 일이 아니라 법적 책임을 져야 하는 상황이 될 수도 있습니다. 채용이 확정되면 근로계약이 성립했다고 판단한 판례가 있어서 위 사례와 같은 상황에서 '정당한' 이유 없이 채용을 취소하는 경우 부당해고로 인정되기 때문입니다.

문제는 회사가 생각하는 정당한 이유와 법에서 판단하는 정당한 이유 간에 차이가 있다는 데 있습니다. '8장 퇴직관리'에서 자세히 살펴보겠지만, 우리나라의 노동법은 '해고에 대한 정당한 이유'를 매우 엄격하게 해석하고 있습니다. 위 사례의 경우 경영상의 이유에 의한 해고(근로기준법 제24조)에 해당하지만, 이에 대한 정당성을 인정받으려면 까다로운 요건을 갖춰야 하기 때문에 실제로 정당성을 인정받기는 어렵습니다.

따라서 채용확정 통보는 신중하게 이루어져야 하며, 특별한 경우가 아니라면 채용을 함부로 취소해서는 안 됩니다. 만약 채용취소가 불가피한 상황이라면 채용확정자에게 충분히 사정을 설명하고, 필요한 경우 금전적 보상까지 검토하여 당사자 간 원만한 해결을 위해 노력해야 합니다. 만일 이런 식의 합의가 이루어지지 않으면 부당해고로 인정되어 입사가 강제되고 임금상당액을 지급해야 하며, 여기에 추가로 민사상 손해배상을 해야 할 수도 있습니다. 이런 점을 감안하여 채용확정자에 대한 채용취소는 일반직원의 해고와 동일하게 생각하고 신중히 결정해야 합니다.

다만 채용취소가 무조건 안 되지는 않습니다. 채용요건을 갖추지 못한 사실이 확인되거나(졸업을 못해서 자격학력을 취득하지 못한 경우, 채용요건인 자격이나 면허를 실제로 취득하지 못한 경우, 채용서류를 내지 않은 경우 등), 정상적 근로가 어려운 질병에 걸리거나, 형사사건으로 구속이 되는 등 입사가 어려운 사정이 생기는 경우에는 채용취소가 가능합니다. 따라서 우수인력을 확보하기 위해 채용확정 사실을 사전에 통보해야 한다면 서면 등으로 '채용확정을 위해 사전에 정한 입사의 필요조건을 충족하지 못하는 경우 채용이 취소될 수 있다'라는 사실을 명확히 통보함으로써 불필요한 법률분쟁을 예방할 필요가 있습니다.

2. 취업방해는 엄격히 금지됩니다

회사끼리 문제가 있다고 생각하는 직원들에 대해 소위 '블랙리스트'를 작성·공유하여 해당 직원들의 정상적인 취업을 방해하는 경우가 있습니다. 과거에는 이러한 블랙리스트가 주로 노동조합활동 경력자의 취업 방해 목적으로 활용되었으나, 최근에는 특정 지역이나 특정 업종 관계자끼리 문제사원의 채용을 방해하기 위한 목적으로 활용되고 있습니다.

하지만 취업방해는 근로기준법에서 절대 금지하는 행위로써 처벌도 강력하다는 사실에 유의해야 합니다.

관련 법조항

근로기준법 제40조(취업방해의 금지)
누구든지 근로자의 취업을 방해할 목적으로 비밀 기호 또는 명부를 작성 · 사용하거나 통신을 하여서는 아니 된다
→ 위반 시 5년 이하의 징역 또는 5,000만 원 이하의 벌금

지금은 통신수단이 다양해서 기업 간에 직원정보를 공유할 수 있는 방법이 많습니다. 하지만 대표뿐만 아니라 인사 · 채용담당자를 포함한 어떤 직원이든 정보교류를 이유로 위와 같은 블랙리스트 작성에 관여하거나 이를 활용한 취업방해에 연관되는 경우 관련법에 의해 처벌됩니다.

다만 직원채용 과정에서 전 직장에서의 업무능력이나 근무태도 등을 확인하기 위해 '정상적인 방법'으로 경력을 조회하거나, 이전 직장에서의 평판을 조회하는 행위 자체를 법으로 금지하고 있지는 않습니다. 그런 과정에서 개인정보보호법 등을 위반하는 불법적인 행위를 금지하고 있는 것이지요. 따라서 채용하려는 직원에 대한 정보는 필요한 범위 내에서 정당한 방법 및 절차에 의해 확인해야 합니다.

3. 조직문화에 적응할 시간이 필요합니다

1) 경력직원의 조직적응

실제 사업현장에서는 업무능력이 뛰어나다고 판단하여 영입한 경력직원이 기대했던 업무성과를 내지 못하는 사례가 상당히 많이 발생합니다. 특히 경력직원의 조직적응 실패가 원인이 될 때가 많습니다. 대표적으로 다음 사례처럼 업무 시스템이 잘 갖춰진 대기업에서 업무경력을 쌓은 경력직원이 창업기업이나 중소기업에서는 자기 역량을 제대로 발휘하지 못하는 경우를 들 수 있습니다. 기업문화가 다를 뿐 아니라 창업기업이나 중소기업에서는 대기업과는 달리 자신의 전문분야 외에도 여러 가지 주변업무를 함께 수행해야 한다는 차이가 있기 때문이지요.

▌업무에 적합하다고 판단하여 채용한 임원의 계약해지 사례 ▌

기계장치를 수출하는 N 사에서는 최근 대기업 출신 K를 영업담당 임원으로 영입했습니다. 베트남 수출을 추진하기 위해 해당 지역 전문가를 알아보던 중 대기업에서 베트남 수출업무를 전담 관리한 K를 최적임자로 평가했던 것입니다. 하지만 K는 입사 후 N 사에서 기대했던 업무성과를 내지 못했고, 결국 N 사는 6개월 후 K와의 임원계약을 해지했습니다.

위의 사례처럼 뛰어난 업무능력을 갖춘 경력사원을 영입하더라도 해당 직원이 새로운 조직의 문화나 업무환경에 적응하지 못하면 결국 실패한 채용이 될 확률이 높습니다.

창업기업 입장에서 위와 같은 채용실패를 겪지 않으려면 큰 기업에서의 경력을 이유로 섣불리 채용해서는 안 되며, 기본적인 업무능력뿐만 아니라 새로운 회사의 업무환경에 적응할 수 있는지 여부 등을 꼼꼼히 검토해보아야 합니다. 채용 후에도 경력사원이니 '알아서 적응하라'는 식으로 방치하지 말고 꾸준히 관심을 갖고 의사소통하면서 적응할 수 있는 기회와 시간을 부여해야 합니다. 또한 경력직원들의 의견을 충분히 반영하여 지속적으로 업무 시스템을 개선해나가는 노력도 기울여야 합니다.

📊◉ 창업기업을 위한 TIP

경력직원의 적응력이나 업무능력에 대해 충분한 사전검증 기간이 필요하다고 판단되는 경우 일단 계약직 계약을 통해 상호 검증할 시간을 확보하는 것이 좋습니다. 그리고 검증이 완료된 이후에 정규직으로 전환하는 방식을 활용하는 것이 채용실패를 줄이는 효과적인 방안이 될 수 있습니다.

---

2) 합병에 의해 편입된 직원의 조직적응

기업 간 M&A를 통해 한 부서 또는 한 회사 전체 직원이 합병한 회사에 편입되는 경우가 있습니다. 이런 경우 이질적인 2개의 조직문화가 합쳐지는 상황이 되므로, 이로 인해 불필요한 갈등 등이 생기지 않도록 많은 신경을 써야 합니다. 특히 합병한 회사에 편입된 직원들이 새로운 조직문화에 잘 적응할 수 있도록 시간과 기회를 충분히 제공해야 합니다.

이처럼 두 회사 직원들의 성공적 통합이 합병의 목적달성과 사업성공의 첫 번째 조건이 된다는 사실을 명심해야 합니다.

3장

•

근로계약 관리

말로 하는 계약은 계약서만한 가치가 없다.

— 사무엘 골드윈(영화제작자) —

01

근로계약서를 반드시
작성해야 하는 이유

근로계약이란 회사가 직원을 채용하면서 맺는 근로(정신노동과 육체노동)와 관련된 계약을 말합니다. 회사와 직원은 근로계약을 통해 상호 간의 권리와 의무를 결정합니다. 근로계약은 회사 대 직원이라는 계약 주체의 차이가 있을 뿐, 물품구매계약 등의 회사 대 회사의 계약, 주택매매계약 등의 개인 대 개인의 계약과 중요성 측면에서 다를 것이 없습니다.

그런데도 실제 사업현장에서는 직원을 채용하면서 근로계약서를 작성하지 않는 회사가 많습니다. 하지만 근로계약 역시 엄연한 계약으로서 직원을 채용할 때는 반드시 근로계약서를 작성해야 합니다. 특히 노동법에서는 근로계약서를 사용자와의 약속을 명확히 함으로써 직원을 보호하는 수단으로 보기 때문에 근로계약 관련 사항을 매우 중요하게 다루고 있습니다.

회사에서 근로계약서를 반드시 작성해야 하는 2가지 이유는 다음과 같습니다.

1. 근로계약서를 작성하지 않으면 법적 처벌을 받습니다

사업현장에서는 다음 사례와 같이 여러 가지 사유로 근로계약서를 작성하지 않거나 작성을 미루는 경우가 많습니다.

■ 근로계약서 미작성으로 인해 벌금이 부과된 사례

Y 대표는 친한 후배 B를 채용하여 소규모 대리점 사업을 시작했습니다. 그런데 처음에는 별 문제가 없던 B가 시간이 지나면서 공사구별을 하지 못할 뿐 아니라, 고객과 마찰을 일으키는 일이 잦았습니다. Y 대표는 결국 더 이상 함께 일을 하지 못하겠다고 판단하고 B를 3개월 만에 해고했습니다. 평소 근무조건에 불만이 있던 B는 이 일로 인간적인 배신감을 느끼고 고

용노동부에 부당해고 및 연차휴가 미사용 등의 사유로 진정을 제기했고, 이와 함께 근로계약서를 작성하지 않은 사실도 신고했습니다.

위 사례에서 Y 대표는 결국 근로계약서 미작성으로 인해 적지 않은 벌금을 부과 받았습니다. 이런 결과에 대해 Y 대표는 억울한 마음이 들었습니다. 해고나 연차휴가 미사용 건은 자신이 법을 몰라 생긴 일이라서 책임질 사항이 있으면 책임져야 한다고 생각했지만, 근로계약서의 경우 B가 3개월밖에 일하지 않아서 미루었을 뿐 곧 정식 근로계약서를 작성할 생각이었기 때문입니다. 게다가 B로 인해 사업적인 피해를 많이 보았는데 벌금까지 물어야 한다는 사실에 크게 실망했습니다. 하지만 Y 대표의 억울한 사연에도 불구하고 근로계약서를 작성하지 않은 사실이 명백하기 때문에 처벌을 피할 방법은 없었습니다.

관련 법조항

근로기준법 제17조(근로조건의 명시)
① 사용자는 근로계약을 체결할 때에 근로자에게 다음 각 호의 사항을 명시하여야 한다. 근로계약 체결 후 다음 각 호의 사항을 변경하는 경우에도 또한 같다.
1. 임금 : 임금의 구성항목 · 계산방법 · 지급방법
2. 소정근로시간
3. 휴일 및 연차휴가 관련 사항

4. 근무장소 및 업무내용 등

→ 위반 시 500만 원 이하의 벌금

기간제 및 단시간근로자 보호 등에 관한 법률(이하 기간제법) 제17조(근로조건의 명시)

사용자는 기간제근로자 또는 단시간근로자와 근로계약을 체결하는 때에는 다음 각 호의 모든 사항을 서면으로 명시하여야 한다.

1. 근로계약기간에 관한 사항
2. 근로시간 · 휴게에 관한 사항
3. 임금의 구성항목 · 계산방법 및 지불방법에 관한 사항
4. 휴일 · 휴가에 관한 사항
5. 취업의 장소와 종사하여야 할 업무에 관한 사항
6. 근로일 및 근로일별 근로시간(단시간근로자만 해당)

→ 위반 시 500만 원 이하의 과태료

근로계약서는 반드시 '서면'으로 작성해야 하며, 작성된 근로계약서는 반드시 직원에게 '교부'해야 합니다. 직원에게 근로계약서를 교부하지 않으면 근로계약서를 작성하지 않았을 때와 동일한 처벌을 받게 됩니다.

이와 같이 미작성과 미교부에 따른 처벌이 결코 가볍지 않다는 것이 근로계약서를 반드시 작성해야 하는 충분한 이유가 됩니다. 더욱이 근로계약서 미작성에 따른 처벌이 직원 개인별로 적용된다는 점에도 유의해야 합니다. 즉, 직원이 5명이라면 동일한 처벌이 5번 적용된다는 의미입니다.

2. 근로계약서는 직원과의 분쟁을 막아줍니다

근로계약서는 다음 사례와 같은 노동분쟁이 발생했을 때 사실관계를 규명할 수 있는 중요한 근거가 됩니다.

■ 모호한 연봉결정으로 인해 임금분쟁이 발생한 사례

온라인 쇼핑몰을 운영하는 P 사는 쇼핑몰 관리를 위해 A를 채용하기로 결정했습니다. A는 P 사에서 제시한 연봉 3,000만 원에 동의하고 근무를 시작했습니다. 그런데 한 달 후 임금지급일에 임금을 지급받은 A는 자신의 생각보다 급여액이 적어서 회사에 확인을 요청했습니다. 확인 결과 다음과 같이 P 사에서는 연봉에 퇴직금이 포함된다고 생각했으나, A는 그렇게 생각하지 않은 데서 차이가 생겼음을 알게 되었습니다.

- P 사가 생각한 연봉 : 3,000만 원÷13개월(월 임금 12개월+1개월 퇴직금)
- A가 생각한 연봉 : 3,000만 원÷12개월(월 임금 12개월)+퇴직금 별도

문제는 서로의 주장을 뒷받침할 공식적인 문서, 즉 근로계약서를 작성하지 않은 데 있었습니다. 이로 인해 서로의 주장이 대립했고, 결국 P 사에서는 A가 주장하는 연봉을 기준으로 근로

계약서를 작성하는 것으로 문제를 정리하게 되었습니다.

위 사례에서 P 사는 근로계약서를 작성하지 않아서 B에게 연봉을 추가로 지급하는 결과를 초래했습니다. 이런 문제가 생기지 않게 하려면 처음부터 근로계약서 작성을 통해 근로조건을 명확히 정해야 합니다.

특히 창업기업의 경우 직원이 많지 않아 계약서나 규정보다는 인간적인 측면이 강조되어 근로계약서를 작성하지 않는 것뿐만 아니라 임금도 모호하게 결정하는 사례가 많습니다. 하지만 '좋은 게 좋은 거 아니야?', '나 못 믿어?', '우리 사이에 무슨 계약서를 쓰냐?'와 같은 생각으로 근로계약서를 작성하지 않으면 언제든 위의 사례와 같은 분쟁이 발생할 수 있고, 분쟁을 해결하는 과정에서 예상치 못한 시간적·경제적 손실이 발생할 수도 있습니다. 따라서 회사에서는 임금총액, 임금지급일, 근무시간, 휴일, 퇴직금 등 직원과 상호 약속한 근무조건을, 법을 위반하지 않는 범위 내에서 반드시 '근로계약서'로서 명확히 규정해야 합니다.

누구나 사람 쓰기 전에는 그럴싸한 계획이 있다

02

근로계약의 유형

1. 정규직 근로계약(기간의 정함이 없는 근로계약)

근로계약기간에 대해 근로기준법에서 정한 명확한 규정은 없으므로 회사와 직원이 자유롭게 정하면 됩니다. 만일 회사와 직원이 근로계약을 체결하면서 근로계약기간을 특별히 정하지 않았다면 '계약기간의 정함이 없는 근로계약'으로 보는데, 이런 계약을 일반적으로 '정규직 근로계약(132쪽 서식 참조)'이라고 합니다.

그런데 회사가 애초에 계약직 근로계약을 의도했는데 이런 계약을 맺었다면 실무적으로 중요한 쟁점이 될 수 있습니다. 근로계약 체결시점에 계약직 근로계약임을 분명히 하지 않으면 정규직 채용으로 간주될 수 있기 때문입니다. 따라서 '계약기간을 정하는' 계약직 근로계약을 맺으려면 근로계약서상에 해당 기간을 명확히 표기해야 합니다.

또한 '근로계약기간'과 '연봉계약기간'을 혼동하지 않도록 주의해야 합니다. 일반적으로 연봉계약은 '1년 동안 지급할 연봉을 정하는 임금계약'을 의미하는데, 일부 경영자들이 연봉계약기간이 종료되면 근로계약기간도 종료된다고 오해하는 경우가 있습니다. 하지만 연봉계약기간 종료를 이유로 근로계약을 종료하면 부당해고로 인정될 수 있다는 사실에 주의해야 합니다(405쪽 내용 참조).

● **정규직의 근로계약기간 조항 작성사례**

> 20   년   월   일(입사일)부터 기간의 정함이 없는 근로계약을 체결한 것으로 한다.

2. 수습근로계약

"수습기간 3개월 후에 회사와 안 맞으면 해고할 수 있지 않나요?"

필자가 상담이나 강의를 할 때 많이 받는 질문 중 하나입니다. 이에 대한 답은 '아니요'입니다. 수습기간은 이미 '정규직원'으로 채용했지만 조직이나 업무에 적응할 수 있도록 배려하는 통상 3개월간의 기간이라고 이해해야 합니다. 따라서 수습기간을 정규직원으로 뽑을지 말지를 결정하는 일종의 '테스트 기간'으로 생각하는 것은 잘못된 판단입니다.

만약 정식 채용에 앞서 진행하는 테스트 기간을 의도했다면 근로계약기간을 정한 근로계약인 '계약직 근로계약'을 체결해야 합니다. 그렇지 않고 이미 정식직원으로 채용한 상태에서 수습기간에 대한 평가를 통해 해고하면 부당해고 분쟁으로 이어질 확률이 높습니다. 따라서 직원을 채용할 때는 채용목적에 맞게 수습기간을 설정한 정규직 근로계약을 할지 계약직 근로계약을 할지를 사전에 명확히 결정해야 합니다.

1) 수습기간 결정

수습기간은 일반적으로 3개월로 정하는데, 근로계약 당사자 간 합의를 통해 수습기간을 단축하거나 연장할 수는 있습니다. 다만 수습기간 연장의 경우 정당성 다툼이 있을 수 있으므로 특별한 경우가 아니라면 연장하지 않는 것이 좋습니다. 신입직원뿐만 아니라 경력직원에 대해서도 업무적응을 위해 수습기간을 적용할 수 있는데, 이런 경우 일반적으로 1~2개월 정도의 기간을 설정합니다.

관련 법조항

근로기준법 시행령 제16조(수습근로자의 정의)
수습 사용 중인 근로자란 수습 사용한 날부터 3개월 이내인 자를 말한다.

채용한 직원에 대해 수습기간을 적용하려면 반드시 다음과 같이 근로계약서에 수습기간에 대한 내용을 표기해야 합니다. 근로계약서를 작성하지 않거나, 작성했더라도 수습기간에 대한 내용이 없는 경우 수습기

간으로 인정받지 못할 수 있습니다.

● **수습기간 조항 작성사례**

수습(사용)기간 (□ 수습기간 미적용 시 체크)
1) 근로계약관계의 체결 시부터 개월간(~)은 수습기간으로
정한다.
2) 수습기간 중 임금은 월정급여의 %(원)로 한다.

수습기간이 끝난 뒤에 근로계약서를 작성하면 더 큰 문제가 될 수 있습니다. 그런 경우 수습기간을 인정받지 못할 뿐 아니라, 근로계약서를 작성하지 않은 기간 중에 고용노동부의 근로감독에 의해 미작성 사실이 적발되거나, 직원과 법률분쟁이 발생하면 '근로계약서 미작성'으로 인한 처벌까지 받을 수 있기 때문입니다.

2) 수습기간 중 임금

수습기간 중 임금을 얼마나 지급해야 하는지에 대한 구체적인 법률 규정은 없지만 해당 연도에 적용되는 최저임금 이상은 지급해야 합니다. 다만 '1년 이상의 기간'으로 근로계약을 체결하는 경우(정규직 또는 1년 이상의 계약직 근로계약)에는 수습시작일로부터 3개월까지는 최저임금의 90%로 감액적용하여 지급할 수 있습니다.

최저임금법 제5조(최저임금액)

② 1년 이상의 기간을 정하여 근로계약을 체결하고 수습 중에 있는 근로자로서 수습을 시작한 날부터 3개월 이내인 자에 대하여는 대통령령으로 정하는 바에 따라(최저임금액에서 100분의 10을 뺀 금액) 제1항에 따른 최저임금액과 다른 금액으로 최저임금액을 정할 수 있다. 다만 단순노무업무로 고용노동부장관이 정하여 고시한 직종에 종사하는 근로자는 제외한다.

다만 최근 최저임금법이 개정됨에 따라 위의 조항과 같이 단순노무업무의 경우 1년 이상의 근로계약을 체결하더라도 최저임금 감액적용이 금지되었습니다(2018.3.20. 시행). 참고로 단순노무직종 근로자의 개념은 다음과 같습니다.

고용노동부 고시 제2018 – 23호

최저임금법 제5조 제2항에 따른 '단순노무업무로 고용노동부장관이 정하여 고시한 직종에 종사하는 근로자'란 한국표준직업분류상 대분류 9(단순노무종사자)에 해당하는 사람을 말한다.

※ 한국표준직업분류상 대분류 9(단순노무종사자)

91 건설 및 광업 관련 단순노무직   92 운송 관련 단순노무직

3) 수습기간 중 근무조건

수습직원에게도 일반직원과 동일한 근무조건이 적용됩니다. 따라서 수습직원이라는 이유로 4대 보험에 가입하지 않거나, 퇴직금 산정 시 재직기간에서 수습기간을 제외하는 방식은 인정되지 않습니다. 또한 수습직원이라는 이유만으로 합리적 이유 없이 차별(휴가 미부여, 복리후생 차별 등)할 수 없습니다.

4) 수습직원의 해고

수습직원을 근로기준법에 따른 '정당한' 이유 없이 해고하면 부당해고로 인정될 수 있습니다. 특히 법적으로 정당한 해고라고 인정받기가 쉽지 않다는 점을 감안하여 수습직원이라도 반드시 정당한 이유가 있는 경우에만 해고조치를 취해야 합니다.

다만 입사 3개월 미만의 수습직원에 대해서는 해고예고 의무가 제외됩니다. 해고예고란 해고조치를 하기 위해 사전에 취해야 하는 조치로써, 사용자가 해고의 정당성 여부와는 별도로 지켜야 하는 절차적 의무사항에 해당합니다(390쪽 내용 참조).

3. 계약직 근로계약(기간의 정함이 있는 근로계약)

계약직 근로계약이란 정규직 근로계약(기간이 정함이 없는 근로계약)의 반대개념으로써, '근로계약기간이 정해져 있는' 근로계약(133쪽 서식 참조)을 의미합니다. 계약직 이외에 임시직, 촉탁직, 인턴 등 다양한 명칭이 사용되고 있으나, 근로계약기간이 정해져 있으면 동일한 개념으로 이해하면 됩니다. 계약직직원에게는 근로기준법에 우선하여 '기간제 및 단시간 근로자 보호 등에 관한 법률(이하 '기간제법'이라 함)'이 적용됩니다.

1) 계약기간 결정

계약직직원의 계약기간을 어느 정도 이상으로 정해야 한다는 법적 규정은 없습니다. 따라서 회사와 직원이 협의하여 자유롭게 근로계약기간을 정하면 되며, 특별한 연장조항이 없다면 계약기간 종료와 함께 근로계약도 자동 종료됩니다. 다만 계약직 계약도 수습계약과 마찬가지로 반드시 근로계약서에 근로계약기간을 명시하고 해당 직원의 동의를 받아야만 계약직 근로계약으로 인정받을 수 있습니다.

● **계약직의 근로계약기간 조항 작성사례**

근로계약기간은 20 년 월 일 부터 20 년 월 일까지로 하며, 기간만료 30일 전 근로계약을 갱신하지 아니한 때에는 계약기간 만료일에 근로계약은 자동 종료된다.

계약직직원에 대한 계약기간을 연장하려면 계약직 근로계약을 다시 체결해야 하며, 이런 경우에 해당 직원의 근속기간은 최초 계약직 입사일에서부터 누적하여 계산합니다.

🎯 근로계약기간이 1년이 넘을 경우 퇴직금을 지급해야 할까요?

S 사는 프로젝트 수행을 위해 B를 채용하고 1월 1일부터 7월 31일까지 7개월간 계약직 계약을 체결했습니다. 그런데 7개월 후 프로젝트가 끝나지 않아 다시 B와 8월 1일부터 6개월간의 계약직 근로계약을 연장했습니다. 이런 경우 S 사에서는 B가 연장계약기간이 끝난 후 퇴직할 때 퇴직금을 지급해야 할까요?

위 사례에서 B가 연장계약기간이 종료된 후 퇴사하면 총근무기간이 13개월이 되므로 퇴직금을 지급해야 합니다. 다만 위의 사례와는 다르게 계약기간이 '연속'되지 않는 경우에는 퇴직금이 발생하지 않습니다. 예를 들어 계약직으로 6개월간 근무한 뒤 퇴사하고 나서 1개월 후에 다시 6개월 계약직 근로계약을 체결하는 경우에는 퇴직금이 발생하지 않습니다.

2) 계약기간의 상한

계약직 근로계약기간은 회사가 자유롭게 정할 수 있지만 총계약기간이 '2년'을 넘는 계약은 금지하고 있습니다. 기간제법에서는 반복적인 계약직 근로계약으로 인해 직원들이 상시적인 고용불안에 시달리지 않도록 이러한 금지조항을 규정하고 있습니다.

관련 법조항

기간제 및 단시간근로자 보호 등에 관한 법률 제4조(기간제근로자의 사용)
① 사용자는 2년을 초과하지 아니하는 범위 안에서(기간제 근로계약의 반복갱신 등의 경우에는 그 계속 근로한 총기간이 2년을 초과하지 아니하는 범위 안에서) 기간제근로자를 사용할 수 있다. (중략)
② 사용자가 2년을 초과하여 기간제근로자로 사용하는 경우에는 그 기간제근로는 기간의 정함이 없는 근로계약을 체결한 근로자로 본다.

위의 법조항에 따라 계약직 근로계약의 총기간이 2년을 넘는 경우 정규직직원으로 전환되므로 회사의 사정상 계약직 근로계약을 유지해야 한다면 동일한 직원이 계속하여 2년을 초과하여 근무하지 않도록 해야 합니다. 그렇지 않고 해당 직원을 계속해서 고용한다면 2년을 초과하여 정규직으로 자동전환되는 시점에 새로운 정규직 근로계약을 체결해야 합니다. 이런 식으로 정규직으로 전환되는 직원에 대해서는 계약직으로 근무한 기간도 전체 근속기간으로 인정되므로, 연차휴가 산정이나 퇴직금 산정 시 계약직 근무기간을 포함시켜야 합니다.

3) 2년 이상 계약직 계약이 가능한 경우

(1) 상시근로자 수 5인 미만 사업장

기간제법은 상시근로자 수 5인 이상 사업장에 적용하는 것을 원칙으로 합니다. 일부 규정이 상시근로자 수 5인 미만 사업장에도 적용되기는 하지만, 2년 이상 계약직직원에 대한 정규직 전환 규정은 적용되지 않습니다. 따라서 상시근로자 수 5인 미만인 사업장의 경우 동일한 직원과 2년 이상 계약직 근로계약을 유지하더라도 정규직으로 전환되지 않습니다.

(2) 정규직 전환의 예외

상시근로자 수 5인 이상 사업장인 경우에도 다음 법조항에 해당되면 동일한 직원과 2년을 초과하여 계약직 근무계약을 하더라도 정규직으로 강제전환되지 않습니다. 즉, 프로젝트나 건설공사 등의 완료기간이 정해진 경우(2년 이상), 고령자(55세 이상)인 경우, 전문적 지식을 가진 박사학위 소지자인 경우, 변호사 · 회계사 등 자격소지자인 경우 등은 근무기간과 상관없이 정규직 전환 규정의 예외가 적용됩니다.

관련 법조항

기간제 및 단시간근로자 보호 등에 관한 법률 제4조(기간제근로자의 사용)
① (중략) 다음 각 호의 어느 하나에 해당하는 경우에는 2년을 초과하여 기간제근로자로 사용할 수 있다.

---

1. 사업의 완료 또는 특정한 업무의 완성에 필요한 기간을 정한 경우
2. 휴직·파견 등으로 결원이 발생하여 당해 근로자가 복귀할 때까지 그 업무를 대신할 필요가 있는 경우
3. 근로자가 학업, 직업훈련 등을 이수함에 따라 그 이수에 필요한 기간을 정한 경우
4. 고령자고용촉진법 제2조 제1호의 고령자와 근로계약을 체결하는 경우
5. 전문적 지식·기술의 활용이 필요한 경우와 정부의 복지정책·실업대책 등에 따라 일자리를 제공하는 경우로서 대통령령이 정하는 경우
6. 그 밖에 제1호 내지 제5호에 준하는 합리적인 사유가 있는 경우로서 대통령령이 정하는 경우

4) 계약종료와 해고의 관계

근로계약기간이 끝나고 재계약이 이루어지지 않으면 계약종료가 됩니다. 이는 회사가 일방적으로 근로관계를 종료하는 해고와는 다르므로, 회사 입장에서 계약종료 1개월 전에 통보해야 할 의무(해고의 경우 1개월 전 해고예고를 해야 함)가 없습니다.

■ 계속된 계약직 계약으로 인해 발생한 부당해고 사례

10명의 직원이 근무하고 있는 설계업체 C 사에서 행정직으로 근무하는 L은 1년 단위로 계약직 근로계약을 맺고 4년째 일하고 있었습니다. 그런데 C 사에서는 5년째에도 당연히 계약이 연장될 것으로 알고 있던 L에게 재계약을 하지 않고 계약종료를 하겠다고 통보했습니다. 이에 L은 부당해고라고 주장했지

만, C 사는 계약직 근로계약을 연장하지 않은 것은 해고가 아 닌 정당한 계약기간 종료라고 주장하고 있습니다.

위 사례에서는 어느 쪽의 주장이 맞을까요? L의 주장대로 부당해고가 맞습니다. 앞서 설명한 대로 회사와 직원이 매년 계약직 근로계약을 연 장하여 체결하는 형식을 갖추더라도 총근무기간이 2년을 초과하면 정 규직으로 전환됩니다. 위 사례에서 L은 C 사에게서 계약종료를 통보받 기 2년 전부터 이미 정규직으로 전환된 상태였던 것이지요. 따라서 C 사가 계약직 근로계약을 이유로 L에게 일방적으로 계약종료를 통보하 면 해고가 되며, 해고에 대한 정당한 이유가 없으면 부당해고가 됩니다. 실제로 위와 같은 상황에서 부당해고로 인정되는 사례가 있는 만큼 회 사에서 계약직직원을 고용할 때는 계약기간에 따른 정규직 전환 여부에 신경을 써야 합니다.

창업기업을 위한 TIP

최근 계약직직원의 보호문제, 갑질문화 등에 대한 사회적 관심에 부응하고, 계약기간 동안 열심히 일해준 직원을 배려하는 차원에서 재계약 여부를 1개월 전에 알리는 것 이 좋습니다. 재계약이 어려운 상황이더라도 해당 직원이 다른 직장을 알아볼 시간적 여유를 제공한다는 측면에서 이러한 배려를 할 필요가 있습니다.

4. 시간제(아르바이트) 및 일용직 근로계약

정규직원에 비해 단기간 근무하는 아르바이트직원이나 일용직원을 고용하는 회사에서 해당 직원들에 대한 근로계약서를 작성하지 않는 경우가 있습니다. '단기간 근무하는 건데 별일 있겠어?'라는 생각 때문인지는 몰라도, 앞서 살펴보았듯이(112쪽 법조항 참조) 단기간 일하는 직원들과도 근로계약서는 반드시 작성(134쪽 서식 참조)해야 합니다.

1) 시간제(아르바이트) 근로계약 관련 주요 사항

우리가 통상 '알바', '아르바이트', '시급직' 등 다양한 용어로 부르고 있는 근로자를 법적으로는 '단시간근로자'라고 규정하고 있습니다. 예를 들어 소정근무시간을 1주 40시간으로 정한 사업장에서 1주 40시간 미만으로 일하는 직원이 바로 단시간근로자에 해당합니다.

관련 법조항

근로기준법 제2조(정의)
8. 단시간근로자란 1주 동안의 소정근로시간이 그 사업장에서 같은 종류의 업무에 종사하는 통상 근로자의 1주 동안의 소정근로시간에 비하여 짧은 근로자를 말한다.

이와 관련하여 일부 회사에서 1주간 소정근무시간으로 정한 40시간

을 근무하고 정액으로 월 급여를 받는 직원을 내부적으로 '알바' 또는 '인턴'이라고 부르면서 일반직원과는 다르게 처우하는 경우가 있습니다. 하지만 이런 경우 해당 직원은 이미 법률적으로 단시간직원이 아닌 정규직원에 해당하므로 법정근무조건 적용(휴일, 휴가 등)에 있어서 일반직원들과 차별해서는 안 됩니다.

(1) 최저임금 준수

시간제 근로계약을 체결할 때는 근무시간에 따른 해당 연도 기준 최저임금 이상을 지급해야 한다는 점에 특히 유의해야 합니다. 그런데도 실제 사업현장에서는 업무경험이 적고 나이가 어리다는 등의 이유로 최저임금 미만의 임금을 책정함으로써 최저임금법 위반으로 처벌받는 사례가 많이 발생합니다. 특히 주휴수당 미지급으로 인한 위반사례가 많은데, 이와 관련해서는 6장 임금관리 중 주휴수당 관련 내용(307쪽 내용 참조)을 설명할 때 자세히 알아보겠습니다.

(2) 근로계약서 작성

회사에서는 단시간직원을 포함한 모든 직원과 빠짐없이 근로계약서를 작성해야 합니다. 만일 단시간직원이라는 이유로 근로계약서를 작성하지 않으면 500만 원 이하의 과태료가 부과됩니다.

■ 근로계약서 미작성으로 인해 처벌을 받은 사례

화장품 온라인판매업체인 G 사는 주문이 증가해서 포장업무

인력을 충원하기로 하고, 2명의 아르바이트 직원 H와 K를 채용하여 1개월간 일하게 했습니다. 그런데 근무기간 중 H는 성실히 일한 반면 K는 지각도 잦고 매사에 불평불만을 하는 등 근무태도에 문제가 많았습니다. G 사는 이런 차이를 반영하여 1개월간의 근무기간이 끝난 후 H에게만 약정된 임금 이외에 추가로 상여금을 지급했습니다.

그런데 그로부터 며칠 후 G 사는 고용노동부에서 근로계약서 미작성을 사유로 한 출석요구통지서를 받았습니다. 문제가 많았던 아르바이트직원인 K가 고용노동부에 해당 사유로 진정을 접수한 것입니다. G 사 입장에서는 일도 불성실하게 했던 K의 행동이 괘씸했지만 근로계약서를 작성하지 않은 사실에는 변함이 없었기 때문에 처벌을 피할 수는 없었습니다.

G 사 입장에서는 억울한 생각이 들 수도 있지만 법을 위반한 사실이 명백한 만큼 처벌을 받을 수밖에 없습니다. 실제 사업현장에서도 위 사례와 같이 아르바이트직원에 대한 근로계약서 미작성으로 인해 처벌을 받는 사례가 증가하고 있습니다. 또한 근로계약서 작성과는 관계없는 사항에 대한 법률분쟁(해고예고수당 미지급, 주휴수당 미지급, 연차수당 미지급 등 임금체불 사건) 과정 중 근로계약서 미작성 사실이 추가로 발견되어 처벌되는 사례도 증가하고 있는 만큼, 직원을 채용할 때는 고용형태와 관계없이 반드시 모든 직원과 근로계약서를 작성해야 합니다.

(3) 연소자와의 근로계약 체결

근로기준법 등 노동법에는 연소자를(18세 미만자) 보호하는 여러 규정들이 있습니다. 기본적으로 취업에 대한 나이제한 규정이 있으며, 연소자에게는 유해하거나 위험한 일은 시키지 못하게 하는 규정 등이 있습니다. 또한 근무시간도 성인직원에 비해 짧게 규정되어 있으며, 연소근로자 채용에 따른 친권자의 동의 규정과 관련한 서류비치 의무 규정이 있습니다(135~136쪽 서식 참조). 이런 규정들을 감안하여 특별한 경우가 아니라면 미성년자와의 근로계약 체결은 신중히 판단할 필요가 있으며, 채용을 하더라도 가급적 채용기간을 단기간으로 정하는 것이 좋습니다.

최근에는 근로기준법이 개정되어 연소근로자의 근무시간이 최대 1주 40시간(연장근무시간 포함)까지 단축되었습니다.

관련 법조항

근로기준법 제66조(연소자 증명서)
사용자는 18세 미만인 자에 대하여는 그 연령을 증명하는 가족관계기록사항에 관한 증명서와 친권자 또는 후견인의 동의서를 사업장에 갖추어두어야 한다.
→ 위반 시 500만 원 이하의 과태료

근로기준법 제69조(근로시간)
15세 이상 18세 미만인 자의 근로시간은 1일 7시간, 1주에 35시간을 초과하지 못한다. 다만 당사자 사이의 합의에 따라 1일에 1시간, 1주에 5시간을 한도로 연장할 수 있다.
→ 위반 시 2년 이하의 징역 또는 2,000만 원 이하의 벌금

누구나 사람 쓰기 전에는 그럴싸한 계획이 있다

2) 일용직 근로계약 관련 주요 사항

일용직이란 원칙적으로 '하루 단위로 일하는 근로자'를 의미합니다. 즉, 하루짜리 근로계약을 체결하고 당일이 지나면 근로계약이 종료되는 직원을 말합니다. 그런데 실제 사업현장에서는 일용직근로자를 '하루 단위로 임금을 계산'하는 '일당직'의 개념으로 인식하고 있습니다. 즉, 임금을 연(年)·월·시간이 아닌 '일(日)' 단위로 계산하는 직원을 말하며, 실제 임금은 일한 당일에 지급하기도 하고 기간을 정해 정산하기도 합니다. 일반적으로 건설현장에서 일하는 일당직원을 생각하면 됩니다.

일용직이나 일당직원을 고용할 때의 주의할 사항은 앞서 살펴본 시간제 근로계약과 크게 다르지 않습니다. 즉, 시간제 근로계약과 마찬가지로 임금(일당)을 결정할 때 최저임금을 반영해야 하며, 근로계약서도 반드시 작성해야 합니다. 특히 일용직직원이라도 근무기간에 따라 연차휴가 부여의무와 퇴직금 지급의무가 발생할 수 있다는 사실에 주의해야 합니다. 따라서 일용직직원을 장기간 고용하는 경우 연차휴가 부여나 퇴직금 정산 측면에서 일반직원과 차별 없이 관리함으로써 법 위반으로 처벌받는 일이 없도록 해야 합니다.

창업기업을 위한 TIP

업무에 중요한 역할을 하면서 장기간 일하고 있는 일용직(일당직)직원이나 아르바이트직원이 있다면 직원의 고용안정과 인사관리의 효율성 측면에서 정규직이나 장기계약직으로 계약형태를 변경하는 방안을 고려할 필요가 있습니다.

근 로 계 약 서

_____(이하 '사업주'라 함)과(와) _____(이하 '근로자'라 함)은(는) 다음과 같이 근로계약을 체결한다.

1. 근로개시일 :   년   월   일부터

2. 근무 장소 :

3. 업무의 내용 :

4. 소정근로시간 : ___시 ___분부터 ___시 ___분까지 (휴게시간 : 시 분 ~ 시 분)

5. 근무일 및 휴일 : 매주 ___일(또는 매일 단위) 근무, 주휴일 매주 ___요일

6. 임금
- 월(일, 시간)급 : _____원
- 상여금 : 있음 (   ) _____원, 없음 (   )
- 기타급여(제수당 등) : 있음 (   ), 없음 (   )
  • _____원, _____원
  • _____원, _____원
- 임금지급일 : 매월(매주 또는 매일) ___일(휴일의 경우는 전일 지급)
- 지급방법 : 근로자에게 직접 지급 (   ), 근로자 명의 예금통장에 입금 (   )

7. 연차유급휴가
- 연차유급휴가는 근로기준법에서 정하는 바에 따라 부여함

8. 사회보험 적용여부(해당란에 체크)
☐ 고용보험 ☐ 산재보험 ☐ 국민연금 ☐ 건강보험

9. 근로계약서 교부
- 사업주는 근로계약을 체결함과 동시에 본 계약서를 사본하여 근로자의 교부요구와 관계없이 근로자에게 교부함(근로기준법 제17조 이행)

10. 기타
- 이 계약에 정함이 없는 사항은 근로기준법령에 의함

                                                                        년   월   일

(사업주) 사업체명 :   (전화 :   )
        주   소 :
        대 표 자 :   (서명)

(근로자) 주   소 :
        연 락 처 :
        성   명 :   (서명)

표준근로계약서(계약직)

_____(이하 '사업주'라 함)과(와) _____(이하 '근로자'라 함)은(는) 다음 과 같이 근로계약을 체결한다.

1. 근로계약기간 :   년   월   일부터   년   월   일까지
2. 근무 장소 :
3. 업무의 내용 :
4. 소정근로시간 : ___시 ___분부터 ___시 ___분까지 (휴게시간 :   시 분 ~ 시 분)
5. 근무일 및 휴일 : 매주 ___일(또는 매일 단위) 근무, 주휴일 매주 ___요일
6. 임금
 - 월(일, 시간)급 : _____원
 - 상여금 : 있음 (   ) _____원, 없음 (   )
 - 기타급여(제수당 등) : 있음 (   ), 없음 (   )
    •_____원, _____원
    •_____원, _____원
 - 임금지급일 : 매월(매주 또는 매일) ___일(휴일의 경우는 전일 지급)
 - 지급방법 : 근로자에게 직접 지급 (   ), 근로자 명의 예금통장에 입금 (   )
7. 연차유급휴가
 - 연차유급휴가는 근로기준법에서 정하는 바에 따라 부여함
8. 사회보험 적용여부(해당란에 체크)
 ☐ 고용보험 ☐ 산재보험 ☐ 국민연금 ☐ 건강보험
9. 근로계약서 교부
 - 사업주는 근로계약을 체결함과 동시에 본 계약서를 사본하여 근로자의 교부요구와 관계 없이 근로자에게 교부함(근로기준법 제17조 이행)
10. 기타
 - 이 계약에 정함이 없는 사항은 근로기준법령에 의함

                                                         년   월   일

(사업주) 사업체명 :   (전화 :   )
        주   소 :
        대 표 자 :   (서명)

(근로자) 주   소 :
        연 락 처 :
        성   명 :   (서명)

단시간근로자 표준근로계약서

_____(이하 '사업주'라 함)과(와) _____(이하 '근로자'라 함)은 다음과 같이 근로계약을 체결한다.

1. 근로개시일 :   년   월   일부터   년   월   일까지
※ 근로계약기간을 정하지 않는 경우에는 '근로개시일'만 기재
2. 근무 장소 :
3. 업무의 내용 :
4. 근로일 및 근로일별 근로시간

	( )요일	( )요일	( )요일	( )요일	( )요일	( )요일
근로시간	○시간	○시간	○시간	○시간	○시간	○시간
시업	○○시 ○○분	○○시 ○○분	○○시 ○○분	○○시 ○○분	○○시 ○○분	○○시 ○○분
종업	○○시 ○○분	○○시 ○○분	○○시 ○○분	○○시 ○○분	○○시 ○○분	○○시 ○○분
휴게시간	○○시 ○○분 ~ ○○시 ○○분	○○시 ○○분 ~ ○○시 ○○분	○○시 ○○분 ~ ○○시 ○○분	○○시 ○○분 ~ ○○시 ○○분	○○시 ○○분 ~ ○○시 ○○분	○○시 ○○분 ~ ○○시 ○○분

• 주휴일 : 매주 ____요일
5. 임금
 - 시간(일, 월)급 : _____원(해당 사항에 ○표)
 - 상여금 : 있음 (   ) _____원, 없음 (   )
 - 기타급여(제수당 등) : 있음 : _____원(내역별 기재), 없음 (   ).
 - 초과근로에 대한 가산임금률: _____%
   ※ 단시간근로자와 사용자 사이에 근로하기로 정한 시간을 초과하여 근로하면 법정 근로시간 내라도 통상임금의 100분의 50% 이상의 가산임금 지급('14.9.19. 시행)
 - 임금지급일 : 매월(매주 또는 매일) ____일(휴일의 경우는 전일 지급)
 - 지급방법 : 근로자에게 직접 지급(   ), 근로자 명의 예금통장에 입금(   )
6. 연차유급휴가: 통상근로자의 근로시간에 비례하여 연차유급휴가 부여
7. 사회보험 적용여부(해당란에 체크)
   □ 고용보험 □ 산재보험 □ 국민연금 □ 건강보험
8. 근로계약서 교부
 - 사업주는 근로계약을 체결함과 동시에 본 계약서를 사본하여 근로자의 교부요구와 관계없이 근로자에게 교부함(근로기준법 제17조 이행)
9. 기 타
 - 이 계약에 정함이 없는 사항은 근로기준법령에 의함

                                              년   월   일

(사업주) 사업체명 :   (전화 :   )
        주   소 :
        대 표 자 :   (서명)
(근로자) 주   소 :
        연 락 처 :
        성   명 :   (서명)

연소근로자 표준근로계약서

_____(이하 '사업주'라 함)과(와) _____(이하 '근로자'라 함)은(는) 다음과 같이 근로계약을 체결한다.

1. 근로개시일 :   년   월   일부터   년   월   일까지
※ 근로계약기간을 정하지 않는 경우에는 '근로개시일'만 기재
2. 근무 장소 :
3. 업무의 내용 :
4. 소정근로시간 : ___시 ___분부터 ___시 ___분까지 (휴게시간 : 시 분 ~ 시 분)
5. 근무일 및 휴일 : 매주 ___일(또는 매일 단위) 근무, 주휴일 매주 ___요일
6. 임금
 - 월(일, 시간)급 : _____원
 - 상여금 : 있음 (   ) _____원, 없음 (   )
 - 기타급여(제수당 등) : 있음 (   ), 없음 (   )
    •_____원, _____원
    •_____원, _____원
 - 임금지급일 : 매월(매주 또는 매일) ___일(휴일의 경우는 전일 지급)
 - 지급방법 : 근로자에게 직접 지급 (   ), 근로자 명의 예금통장에 입금 (   )
7. 연차유급휴가
 - 연차유급휴가는 근로기준법에서 정하는 바에 따라 부여함
8. 가족관계증명서 및 동의서
 - 가족관계기록사항에 관한 증명서 제출 여부 :
 - 친권자 또는 후견인의 동의서 구비 여부 :
9. 사회보험 적용여부(해당란에 체크)
 ☐ 고용보험 ☐ 산재보험 ☐ 국민연금 ☐ 건강보험
10. 근로계약서 교부
 - 사업주는 근로계약을 체결함과 동시에 본 계약서를 사본하여 근로자의 교부요구와 관계없이 근로자에게 교부함(근로기준법 제17조, 제67조 이행)
11. 기타
 - 13세 이상 15세 미만인 자에 대해서는 고용노동부장관으로부터 취직인허증을 교부받아야 하며, 이 계약에 정함이 없는 사항은 근로기준법령에 의함

                                              년   월   일

(사업주) 사업체명 :   (전화 :   )
        주   소 :
        대 표 자 :   (서명)
(근로자) 주   소 :
        연 락 처 :
        성   명 :   (서명)

친권자(후견인) 동의서

- 친권자(후견인) 인적사항
  성 명 :
  생년월일 :
  주 소 :
  연 락 처 :
  연소근로자와의 관계 :

- 연소근로자 인적사항
  성 명 :   (만   세)
  생년월일 :
  주 소 :
  연 락 처 :

- 사업장 개요
  회 사 명 :
  회사주소 :
  대 표 자 :
  회사전화 :

본인은 위 연소근로자 _____가 위 사업장에서 근로를 하는 것에 대하여 동의합니다.

　　　　　　　　　　　　　　　　　　　　　　　　　년　　월　　일

친권자(후견인) :   (인)

첨 부 : 가족관계증명서 1부

03

근로계약서 작성 및 관리

1. 모든 직원과 작성해야 합니다

근로계약서는 회사가 채용한 모든 직원을 대상으로 반드시 작성해야 합니다. 정규직뿐만 아니라 계약직, 일용직, 아르바이트직원, 외국인 등 근로기준법상 근로자에 해당한다면 모두 근로계약서 작성대상에 해당합니다.

만일 근로기준법상 근로자에 해당하지 않는다면 근로계약서를 작성할 필요가 없으며, 해당 직원의 신분에 맞는 계약을 체결하면 됩니다. 예를 들어 프리랜서라면 프리랜서계약서를, 임원이라면 임원계약서를 작성하면 됩니다(46쪽 내용 참조). 다만 당사자 간 합의로 근로자가 아닌 다른 신분으로 계약을 체결했는데 추후 실질적 근로자로 인정되는 사례(51쪽 내용 참조)가 자주 발생하고 있는 만큼, 당사자 간 합의가 아닌 실질적 고용형태에 따라 적합한 계약을 체결해야 한다는 점에 유의해야 합니다.

2. 근무시작 전에 작성을 마쳐야 합니다

근로기준법에서는 근로계약을 체결할 때 근로계약서를 작성하도록 규정하고 있습니다. 이런 규정에 따라 근로계약서는 채용이 확정되는 시점에 작성하는 것이 맞지만, 실제 사업현장에서는 일반적으로 입사 후에 근로계약서를 작성하고 있습니다. 그런데 근로계약서 작성시점이 너무 늦어지면 여러 가지 문제가 생길 수 있습니다. 예를 들어 최근에는 종종 직원이 입사한 후 얼마 지나지 않아서 노동분쟁이 생기기도 하는데(입사 후 4일 만에 해고사건 발생 등), 이런 경우에 회사에서 분쟁 당사자인 직원과의 근로계약서 작성을 미뤘다가 근로계약서 미작성으로 인해 이중 처벌을 받는 사례가 발생하고 있습니다. 이런 점을 감안하여 특히 시간제직원 등 근무기간이 짧은 직원의 경우에는 입사 첫날에 법적 기준을 충족하는 근로계약서를 작성해야 합니다.

이밖에 업무능력 검증을 위한 테스트 기간(수습 또는 인턴)에 정식 근로계약을 체결하지 않았다가 해당 기간이 끝난 뒤 정규직원이 되는 시점에 4대 보험 가입과 근로계약서 작성을 하는 경우도 있는데, 이 또한 잘못된 방식입니다. 근로계약은 4대 보험 가입시점이 아니라 해당 직원이 실제로 첫 출근을 하는 시점에 이미 시작되기 때문입니다. 즉, 4대 보험 가입시점과 상관없이 출근 첫날이 근로계약이 시작되는 첫 번째 날이 되며, 근로계약서도 해당 일 기준으로 작성해야 합니다.

3. 근무조건 변경 시 재작성해야 합니다

근무조건이 변경되면 변경사항을 반영하여 서면으로 근로계약서를 재작성하고 해당 직원에게 교부해야 합니다. 특히 연봉이나 월 급여가 낮게 조정되는 경우에는 해당 사항을 반영하여 근로계약서를 재작성함으로써 직원의 동의하에 임금이 감액되었다는 사실을 명확히 해둘 필요가 있습니다. 다만 다른 근무조건의 변동 없이 근로계약기간이나 연봉계약기간만 연장되는 경우, 다음과 같이 근로계약서에 '자동갱신조항'을 포함시켜서 재작성을 하지 않아도 됩니다.

● **자동갱신조항 작성사례**

> 계약기간 만료일 30일 전까지 별도의 근로계약 갱신이 없는 경우 동일한
> 조건으로 재계약한 것으로 한다.

때로는 회사가 업무상 필요에 따라 경우 근무장소나 업무내용을 변경하는 경우도 있습니다. 기본적으로 이에 대한 권한은 회사에 있지만, 그렇다고 회사가 직원과의 협의나 동의 없이 일방적으로 근무장소나 업무내용을 변경할 수는 없습니다. 이로 인해 직원들의 생활상 불이익이 커질 수 있기 때문이지요. 따라서 근무장소나 업무내용의 변경이 필요한 경우 해당 직원과 협의하는 과정을 거쳐야 하며, 다음과 같이 근로계약을 체결하면서 해당 사항이 변경될 수 있다는 사실을 사전에 고지하고

동의를 받아둘 필요가 있습니다.

● **근무장소 및 업무내용 변경 관련 동의조항 작성사례**

> 사용자는 업무의 필요에 따라 직원의 의견을 들어 취업장소 및 담당업무를
> 변경할 수 있으며, 직원은 이에 동의한다.　　동의자 성명 :　　　　(서명)

4. 시간외근무는 사전에 동의를 받아야 합니다

업무상 필요에 따라 소정근무시간에 추가하여 근무하는 것을 시간외근무라고 하며, 사업현장에서는 이를 추가근무, 특근, 야근 등으로 다양하게 표현하고 있습니다. 시간외근무(연장, 야간, 휴일근무)는 회사가 일방적으로 지시할 수 없으며, 시간외근무가 필요한 경우 직원에게 '동의'를 받아야 합니다. 원칙적으로는 시간외근무가 필요할 때마다 동의를 받아야 하지만, 고정적으로 시간외근무가 발생하거나, 업무특성상 시간외근무가 빈번한 경우에는 다음과 같이 근로계약을 체결할 때 직원에게 해당 사실을 설명하고 사전에 동의를 받아두는 것이 좋습니다.

● **시간외근무에 대한 동의조항 작성사례**

> 사용자는 직원에게 소정근무시간 이외에 업무에 필요한 경우 시간외근무
> (연장, 야간, 휴일근무)를 요구할 수 있으며, 직원은 특별한 사유가 없는 한
> 이에 동의한다.　　　　　　　　　　동의자 성명 :　　　　(서명)

또한 근로계약서에 동의조항을 넣는 것과는 별도로 '시간외근무에 대한 동의서(147쪽 서식 참조)'를 작성하는 것이 좋습니다.

다만 위와 같은 방식으로 직원에게서 시간외근무에 대한 포괄적 동의를 받았더라도 직원들의 의사와 상관없이 무제한적인 시간외근무가 허용되지는 않습니다. 따라서 시간외근무는 법에서 정한 한도 내에서 최소한으로 실시해야 합니다.

관련 법조항

근로기준법 제53조(연장근로의 제한)
① 당사자 간에 합의하면 1주 간에 12시간을 한도로 제50조(1주 40시간, 1일 8시간)의 근로시간을 연장할 수 있다.
→ 위반 시 2년 이하의 징역 또는 2,000만 원 이하의 벌금

---

5. 근로계약서는 작성 후 직원에게 교부해야 합니다

앞서 설명했듯이 근로계약서를 작성하지 않으면 법적 처벌을 받습니다. 뿐만 아니라 작성한 근로계약서를 계약당사자인 직원에게 교부하지 않는 경우에도 동일한 처벌을 받게 됩니다.

따라서 근로계약서는 2부를 작성하여 1부는 직원에게 교부하고 1부
는 회사에서 보관해야 합니다. 또한 근로조건이 변경되어 근로계약서를
재작성하는 경우에도 2부를 작성하여 그중 1부를 직원에게 교부해야 합
니다. 이와 함께 직원이 근로계약서를 분실하거나 교부사실을 부인하는
경우를 대비하여, 근로계약서를 교부할 때 다음과 같이 해당 직원에게
서 별도의 교부확인을 받아둘 필요가 있습니다.

● **근로계약서 교부확인 사항 작성사례**

상기 본인은 근로계약서를 교부 받았음을 확인함.
확인자 :   (서명)

6. 작성된 근로계약서는 잘 보관해야 합니다

근로계약서는 근로계약 종료시점에서부터 '3년간' 보존해야 하는 의무가 있습니다. 직원이 퇴사한 후에 고용노동부 등 관련 기관에서 해당 직원의 근무기록, 임금지급 내역 등을 확인하는 경우가 있고, 퇴사한 직원이 경력증명서 발급을 요구하는 경우도 있으므로 퇴사 이후 3년간은 해당 직원의 근로계약서 등의 서류나 근무기록을 잘 보관해두어야 합니다. 특히 근로계약서뿐만 임금대장, 연장근무 현황, 연차휴가 사용기록 등은 해당 직원과의 노동분쟁 발생 시 회사의 주장을 뒷받침할 중요한 입증자료가 된다는 측면에서 잘 보관해둘 필요가 있습니다.

관련 법조항

근로기준법 제42조(계약서류의 보존)
사용자는 근로자 명부와 대통령령으로 정하는 근로계약에 관한 중요한 서류를 3년간 보존하여야 한다.
→ 위반 시 500만 원 이하의 과태료

근로기준법 시행령 제22조(보존대상 서류 등)
① 법 제42조에서 '대통령령으로 정하는 근로계약에 관한 중요한 서류'란 다음 각 호의 서류를 말한다.
1. 근로계약서
2. 임금대장
3. 임금의 결정·지급방법과 임금계산의 기초에 관한 서류

---

4. 고용 · 해고 · 퇴직에 관한 서류

5. 승급 · 감급에 관한 서류

6. 휴가에 관한 서류

7. 삭제

8. 탄력적 근로시간제, 선택적 근로시간제, 근로시간 계산의 특례, 근로시간 및 휴게시간의 특례에 따른 서면합의 서류

9. 연소자의 증명에 관한 서류 : 가족관계증명서 및 친권자(후견인) 동의서

7. 회사의 특성 및 업무내용에 적합한 근로계약서 양식을 준비해야 합니다

법적으로 정해진 근로계약서 양식은 없으며, 근로기준법에서 정한 사항(111쪽 내용 참조)만 누락되지 않으면 어떤 양식이든 사용할 수 있습니다. 만일 회사의 사업규모가 크지 않고, 직원이 적으며, 근무형태가 단순하다면(예를 들어 주 5일 근무, 1주 40시간 근무 등) 고용노동부에서 제공하는 '표준근로계약서'를 사용해도 큰 문제가 없으며, 이 계약서를 사업장 특성에 맞춰 약간 변형해서 활용할 수도 있습니다.

다만 고용노동부에서 제공하는 표준근로계약서는 근로계약에 필요한 기본적인 뼈대만을 제공하는 양식이므로, 근무관계가 복잡하고 직원이 많으며, 근로계약의 형태가 다양한 회사라면 이 책에서 설명하는 내용을 참고하여 표준근로계약서(148~149쪽 서식 참조)를 보완해 사용하는 것이 좋습니다.

이와 관련해 근로계약서상에 아직도 사업주를 '갑'으로 근로자를 '을'로 표현하는 경우가 있는데, 사업주와 근로자가 동등한 주체라는 사회적 인식이 확산됨에 따라 지금은 일반적으로 이런 표현을 사용하지 않습니다. 따라서 가급적 근로계약서에는 '갑'이 아닌 '사업주 또는 회사'로 '을'이 아닌 '근로자 또는 직원'으로 표현하는 것이 좋습니다.

8. 근로계약서 작성 시 마음가짐

1) 회사와 직원이 대화를 나누는 기회로 활용할 수 있습니다

"귀찮지만 법에서 근로계약서를 써야 한다고 하니 대충 쓰고 있어요. 안 쓰면 벌금도 내야 한다니까 어쩔 수 없지요."

이처럼 근로계약서 작성을 부정적이고 귀찮은 일이라고 생각할 수 있지만, 조금만 생각을 바꿔보면 근로계약서 작성시간을 건설적으로 활용해볼 수도 있습니다. 예를 들면 그 시간을 직원은 평소 가지고 있던 임금에 대한 생각과 회사에 대한 개선의견을 제시하는 기회로, 대표는 직원에게 회사상황을 이해시키고 개선방향을 제시하는 기회로 활용할 수 있는 것이지요.

이처럼 근로계약서 작성은 단순히 회사와 직원이 만나서 계약서에 서명하는 절차로 인식하기보다는, 회사와 직원이 함께 현재의 상황을 공유하고 미래의 발전을 다짐하는 계기로 활용해보기를 바랍니다.

2) 근로계약서 작성이 만병통치약은 아닙니다

"근로계약서에 이렇게 쓰여 있는데 도대체 뭐가 문제라는 거죠?"

이런 주장처럼 근로계약서에 명기만 되어 있으면 어떤 조항이든 효력이 인정될까요? 답은 '아니요'입니다. 근로계약 당사자끼리 합의하여 근로계약서에 규정해놓은 조항이라도 근로기준법 등에서 정한 기준에 미치지 못하면 효력이 없기 때문입니다(41쪽 내용 참조). 따라서 근로계약서를 작성할 때는 각 조항들이 법에서 정한 최소한의 기준을 충족하는지 여부를 검토해야 하며, 의심이 가는 조항이 있다면 전문가의 조언을 받아서 법적 기준에 위반되지 않도록 조정해야 합니다.

📊 창업기업을 위한 TIP

직원 수가 많지 않은 창업 초기에는 고용노동부에서 제공하는 근로계약서 양식을 기준으로 사용하다가, '직원 수가 5명 이상 되는 시점'에 기존 근로계약서의 수정·보완을 검토할 필요가 있습니다. 노동법상 주요 내용인 시간외근무에 대한 가산수당 적용, 연차휴가 부여의무, 해고제한 등이 직원 수 5명 이상이 되는 시점부터 적용되기 때문에, 해당 시점에 위와 같은 규정들을 근로계약서에 반영하면서 향후 직원관리 방향을 정하는 계기로 삼기 바랍니다.

누구나 사람 쓰기 전에는 그럴싸한 계획이 있다

연장 · 야간 · 휴일근무 동의서

소 속		성 명	
직 위		생년월일	

 상기 본인은 근로기준법 및 회사 규정애 따라 회사의 업무상 필요 및 부서의 성격에 따라 연장근무, 휴일근무 및 야간근무가 필요한 경우 시간외근무 실시에 동의하며, 구체적인 근로일자 및 근로시간은 사용자와 협의한 후 회사의 업무지시에 따를 것에 동의합니다.

동의자 : _____ (인)

년   월   일

(회사명) 대표 귀하

근 로 계 약 서

사용자	업 체 명			
	소 재 지			
	대 표 자			
근로자	성 명		연 락 처	
	주 소			

(주)○○○와 근로자 ＿＿＿＿＿은(는) 다음과 같이 근로계약을 체결하고 상호간에 성실히 이행할 것을 확약한다.

1. 근로계약기간
1) <u>20   년   월   일(입사일)</u>부터 근로계약을 체결한 것으로 한다.
2) 사용자는 수습기간 중(입사일로부터 _____ 개월, ₩ _____) 근로자의 근무태도, 업무 능력 등에 대한 수습평가를 통해 더 이상 근무하는 것이 어렵다고 판단되는 경우 근로계약을 해지할 수 있다.　　　　　　　　　　　　　　　　　　수습기간 미적용 □

2. 근무 장소와 담당 업무
1) 근무 장소 : 사업장 소재지 및 사용자가 지정하는 장소 일체
2) 담당 업무 : _____ (직책/직급 : _____)
3) 사용자는 업무의 필요에 따라 근로자의 의견을 들어 취업장소 및 담당업무를 변경할 수 있다.　　　　　　　　　　　　　　　　동의자 성명 : _____ (서명)

3. 근무시간 및 휴게시간
1) 근무시간 및 휴게시간은 아래와 같이 1일 8시간, 1주 40시간으로 운영함을 원칙으로 한다. 다만 업무상황에 따라 근로자와 협의하여 조정할 수 있다.

근무시간(월~금)	휴게시간(식사시간 포함)
09:00 ~ 18:00	12:00 ~ 13:00

2) 사용자는 근로자에게 상기 1항의 근무시간 이외에 업무에 필요한 경우 시간외근무(연장, 야간, 휴일근무)를 요구할 수 있으며, 근로자는 이에 동의한다.
　　　　　　　　　　　　　　　　동의자 성명 : _____ (서명)

4. 휴일 및 휴가
1) 주휴일은 매주 1일(일요일, 토요일은 무급휴무일)을 부여하며, 사용자와 근로자가 협의하여 사전에 주휴일을 변경할 수 있다.
2) 연차휴가는 취업규칙 및 근로기준법에 따라 부여한다.

5. 임금 및 퇴직급여

1) 근로자의 월 급여는 ₩＿＿＿＿＿＿＿＿이다.

상기 임금의 적용기간은 20 년 월 일 부터 20 년 월 일까지로 한다. 단, 계약기간 만료일 30일 전까지 별도의 근로계약 갱신이 없는 경우 동일한 조건으로 재계약한 것으로 본다.

기본급	식대	○○수당	△△수당	합계

2) 월 급여는 매월 1일 부터 매월 말일까지의 근로에 대하여 당월 25일(휴일일 경우 전일)에 소득세, 4대 보험료 등을 공제하고 근로자의 명의로 된 예금통장에 지급한다.
3) 결근, 지각 및 조퇴가 있는 경우 해당 시간만큼을 임금에서 공제한다.
4) 시간외근무 시 통상임금의 50%를 가산하여 지급한다.
5) 월 중도 입·퇴사자 등 1개월 미만자의 경우 실근무일수에 비례하여(일할계산) 급여를 지급한다.
6) 1년 이상 근무한 경우 근로자퇴직급여보장법에 따라 퇴직급여를 지급한다.

6. 인계인수

사직을 원하는 경우 퇴직일 이전 30일 전에 사용자에게 통보하여 승인을 받아야 하며, 근로자는 진행 중이거나 진행예정인 업무에 대하여 해당 업무가 완료될 수 있도록 적극적으로 협조하여야 한다.

7. 징계 및 해고

1) 사용자는 근로자가 업무지시를 위반하거나, 직장질서를 문란하게 하는 등 징계사유에 해당될 경우 징계할 수 있으며, 사안이 중대할 경우 해고할 수 있다.
2) 상기1항의 징계 및 해고는 취업규칙에 따른다.

8. 특약사항

※ 근로자와 특별히 약정한 내용이 있다면 기입

본 근로계약서에 기재되지 않은 사항은 취업규칙 및 노동관계법령에 따르며, 본 계약서 작성 후 각각 1부씩 보관한다.

근로계약서를 교부 받았음을 확인함 : ＿＿＿＿＿ (서명)

20 년 월 일

사 용 자 : (주)○○○ 대표자 (인)

근 로 자 : (인)

04

근로계약 관련 주요 이슈

1. 손해배상약정

직원의 고의나 중대한 과실로 인해 회사에 손해가 발생하는 경우 회사에서는 해당 직원을 상대로 손해배상 청구를 고려할 수 있습니다. 하지만 직원과 회사 간의 관계는 개인 대 개인 간의 관계와는 달리 특수한 관계로 인정되기 때문에 법원을 통해 손해배상이 인정되는 경우가 드뭅니다. 또한 손해배상이 인정되더라도 손해 전체가 아닌 일부분에 대해서만 인정되는 경우가 많기 때문에, 소송에 드는 노력과 비용 등을 감안했을 때 소송에 따른 실익을 얻기가 매우 어렵습니다. 따라서 직원을 상대로 한 손해배상 청구는 신중히 판단할 필요가 있으며, 부득이하게 손해배상 청구를 하려고 한다면 우선 법률전문가의 도움을 받아 소송 진행 여부를 결정하는 것이 좋습니다. 다만 필자의 경험상으로는 소송보다는 직원과 합의하여 회사에 끼친 손해를 분담하는 방식이 더 효과적

누구나 사람 쓰기 전에는 그럴싸한 계획이 있다

인 경우가 많았습니다.

이와 관련해 대표 입장에서 직원의 업무실수를 줄이고, 실제로 직원이 회사에 손해를 끼쳤을 때 손해보전을 위해 근로계약서 또는 별도의 약정을 통해 직원과 '손해배상약정'을 체결하는 경우가 있습니다. 예를 들면 '회사에 손해를 끼치는 경우 손해 전부를 배상해야 한다'라는 조항을 넣거나 구체적인 손해배상 액수를 기재하는 식이지요. 하지만 이와 같은 방식으로 손해배상액을 예정하는 약정은 관련 법규에 따라 금지하고 있습니다.

관련 법조항

근로기준법 제20조(위약예정의 금지)
사용자는 근로계약 불이행에 대한 위약금 또는 손해배상액을 예정하는 계약을 체결하지 못한다.
→ 위반 시 500만 원 이하의 벌금

이밖에 직원의 조기 퇴사를 방지하기 위해 근로계약서상에 '3개월 안에 퇴사하면 임금의 20%를 반납한다', '6개월 안에 퇴사하는 경우 직원은 교육비 등 명목으로 100만 원을 배상한다' 등의 손해배상 조항을 넣는 경우도 있습니다. 하지만 이 또한 위약예정 금지규정에 해당되어 효력이 없을 뿐 아니라 처벌까지 받을 수 있다는 점에 유의해야 합니다. 다만 실제 손해배상 인정 여부와 상관없이 직원이 끼친 손해에 대한 손해

배상 청구 자체를 금지하지는 않으므로, 근로계약서에 '손해배상을 청구할 수 있다'라는 조항을 넣는 것 자체는 가능합니다.

2. 직원 개인정보 활용에 대한 동의

앞서 채용진행 과정에서 지원자들에게서 개인정보 동의서를 받아야 한다고 했습니다. 그런데 이러한 과정을 통해 채용된 입사자에게서도 직원으로서의 인사관리에 필요한 개인정보 수집 및 활용 동의서(155쪽 서식 참조)를 다시 한 번 받을 필요가 있습니다.

또한 동의서를 받는 것을 떠나 회사 입장에서 직원들의 개인정보가 보호받아야 할 중요한 정보임을 인식하여 외부로 유출되지 않도록 관리하고, 이러한 정보는 업무상 필요한 최소한의 인력에게만 접근할 수 있게 하는 등 보안에 신경을 써야 합니다.

🏢◉ 창업기업을 위한 TIP

최근 전 직원의 개인정보 교육을 미끼로 한 금융상품 판매행위로 인해 많은 피해가 발생하고 있습니다. 하지만 전 직원이 반드시 개인정보 교육을 받을 필요가 없습니다. 해당 교육은 개인정보 취급자만 받으면 되며, 교육 또한 정부에서 운용하는 개인정보보호 종합포털(www.privacy.go.kr)을 통해 무료로 이수할 수 있습니다(온라인교육 또는 현장참여 교육).

3. 비밀유지서약

사업현장에서는 회사의 핵심기술이나 영업비밀, 주요 거래처 정보 등이 유출되어 갑자기 경영상 어려움을 겪는 사례가 많이 발생합니다. 더구나 이러한 유출사고가 대부분 전·현직 직원들에 의해 발생한다는 점에서 회사 차원에서의 방지노력이 필요합니다. 특히 창업기업처럼 소수의 사업 아이템을 기반으로 운용되는 회사라면 이러한 핵심정보의 유출이 치명적인 결과를 초래할 수 있는 만큼 정보관리에 더욱 각별히 신경쓸 필요가 있습니다.

이를 위해 직원들에게 정보관리에 대한 중요성을 강조하고, 정보유출을 방지하는 차원에서 입사 시 직원에게서 '비밀유지서약서'를 받는 방법을 고려해볼 수 있습니다. 비밀유지서약서는 회사 전체 직원에게 받을수도 있고, 특정 업무를 수행하는 직원에게만 받는 방식도 가능합니다.

4. 경업금지약정

경업금지약정(또는 전직금지약정)은 일반적으로 퇴사하는 직원과 회사간에 체결하는 약정으로서, 해당 직원에게서 경쟁관계에 있는 업체에취업하거나 스스로 경쟁업체를 설립·운영하는 등의 경쟁행위를 하지않겠다는 약속을 받는 것을 말합니다.

그런데 경업금지약정은 회사와 직원 간의 이해가 충돌한다는 문제가있습니다. 먼저 회사 입장에서는 회사의 핵심기술을 담당하던 직원이나 핵심거래처를 관리하던 임원 등 회사의 핵심정보를 많이 아는 임직원이 퇴사하여 경쟁기업에 취업하거나 동종 회사를 창업하는 것이 반길 일은 아니므로 당연히 해당 직원들에 대해 경업금지약정을 맺으려고 할 것입니다. 반대로 해당 직원 입장에서는 자신이 쌓은 직무경험을 바탕으로 타 기업에 재취업하거나 창업하기를 원할 것입니다. 또한 이것은 헌법에서 보장하고 있는 직업선택의 자유와 연관된 문제이기도 합니다. 이처럼 경업금지약정은 당사자 간의 이익이 충돌하는 사안인 만큼 판례에서는 그 효력을 제한적으로 인정하고 있습니다. 즉, 회사의 이익이 존재하는지, 경업금지의 범위는 합리적인지, 경업금지의 대가를 지급했는지, 직원의 이익을 고려했는지 등을 종합적으로 고려해서 판단하고 있습니다.

따라서 경업금지약정을 맺었으니 직원은 무조건 약정을 지켜야 한다고 생각해서는 안 되며, 약정이 꼭 필요하다면 해당 직원의 사회활동에 지장을 주지 않는 범위 내에서 지켜질 수 있는 현실적인 내용을 정해야 합니다.

📊 창업기업을 위한 TIP

경업금지약정은 앞서 설명한 비밀유지서약과 병행하는 것이 더 효과적입니다. 이와 관련해 특허청의 영업비밀보호센터(www.tradesecret.or.kr)에서는 비밀유지서약서 및 경업금지약정 표준서식을 포함하여 영업비밀 보호와 관련한 다양한 서식과 관리방안을 제공하고 있습니다. 또한 관련 서식의 작성방법은 해당 사이트 또는 영업비밀보호센터에서 발간한 〈영업비밀 관리 표준서식 활용가이드〉(2016.6)에 자세히 설명되어 있으므로, 해당 내용을 참고하여 회사의 상황에 맞게 표준서식을 수정·보완하여 사용하면 됩니다.

개인정보 수집·이용에 관한 동의서

1. _____은(는) ○○○○의 재직근로자로서 인사관리상 개인정보의 수집·이용이 필요하다는 것을 이해하고 있고, 다음과 같이 개인정보·민감정보·고유식별정보를 수집·이용하는 것에 동의합니다.

개인정보항목	수집·이용 목적	보유기간
가. 성명 나. 주소, 이메일, 연락처 다. 학력, 근무경력, 자격증 라. 기타 근무와 관련된 개인정보	가. 채용 및 승진 등 인사관리 나. 세법, 노동관계법령 등에서 부과하는 의무이행 다. 급여관리 라. 정부지원금 신청	재직기간 동안 보유하고, 기타 개별법령에서 보유기간을 정하고 있는 경우 그에 따름

개인정보의 수집·이용에 (□ 동의함 □ 동의하지 않음)

민감정보의 항목	수집·이용 목적	보유기간
가. 신체장애 나. 병력 다. 범죄정보	가. 채용 및 승진 등 인사관리 나. 세법, 노동관계법령 등에서 부과하는 의무이행 다. 정부지원금 신청	재직기간 동안 보유하고, 기타 개별법령에서 보유기간을 정하고 있는 경우 그에 따름

민감정보의 수집·이용에 (□ 동의함 □ 동의하지 않음)

고유식별정보	수집·이용 목적	보유기간
가. 주민등록번호 나. 운전면허번호 다. 여권번호 라. 외국인등록번호	가. 채용 및 승진 등 인사관리 나. 세법, 노동관계법령 등에서 부과하는 의무이행 다. 급여관리 라. 정부지원금 신청	재직기간 동안 보유하고, 기타 개별법령에서 보유기간을 정하고 있는 경우 그에 따름

고유식별정보의 수집·이용에 (□ 동의함 □ 동의하지 않음)

2. _____은(는) 본사가 취득한 개인정보를 재직기간 동안 내부적으로 채용·승진 등 인사관리에 이용하고, 외부적으로 법령에 따라 관계기관 또는 급여관리에 관한 외부전문기관에 제공하는 것에 동의합니다.   (□ 동의함 □ 동의하지 않음)

3. 본사는 취득한 개인정보를 수집한 목적에 필요한 범위에서 적합하게 처리하고 그 목적 외의 용도로 사용하지 않으며, 개인정보를 제공한 계약당사자는 언제나 자신의 개인정보를 열람·수정 및 정보제공에 대한 철회를 할 수 있습니다.

4. 본인은 1~2항에 따라 수집되는 개인정보의 항목과 개인정보의 수집·이용에 대한 거부를 할 수 있는 권리가 있다는 사실을 충분히 설명 받고 숙지하였으며, 미동의시 적법하게 시행되는 회사내부규정 및 법령에 따라 발생하는 불이익에 대한 책임은 본인에게 있음을 확인합니다.

20   년   월   일

동의자 성명 :   (인)

○○○ 대표 귀중

4장

·

4대 보험 관리 : 고용보험, 산재보험, 건강보험, 국민연금

너의 가장 가까운 곳에 있는 의무를 행하라.

— 킹슬레 —

※ 사회보험이란 사회정책을 위한 보험으로서 국가가 사회정책을 수행하기 위해 보험의 원리와 방식을 도입하여 만든 사회경제 제도입니다. 현재 4대 사회보험 제도로는 산업재해보상보험, 건강(질병)보험, 연금보험, 고용보험제도가 있습니다. 이후 설명에서는 사회보험보다는 실무적으로 더 많이 사용되는 '4대 보험'이라는 용어를 사용하겠습니다.

01

4대 보험 개요

1. 4대 보험 가입은 의무(강제)입니다

회사에서 직원을 채용할 때 이런 말들이 오고가는 경우가 있습니다.

"4대 보험 가입을 원하나요?"

"제 월급에서 보험료를 공제해야 한다면 4대 보험에 가입하지 않았으면 합니다."

"우리 회사는 다른 곳과 달리 4대 보험 가입 혜택이 있습니다."

이처럼 회사의 열악한 경영상황이나 직원의 개인사정에 따라 4대 보험 가입을 '선택'할 수 있다고 생각하는 경우가 있습니다. 4대 보험에 가입하지 않으면 회사와 직원 모두 경제적 부담(회사 및 직원의 4대 보험료)을 덜 수 있다고 생각하기 때문이지요. 하지만 4대 보험 가입 여부는 회사나 직원이 선택할 수 없습니다. 즉, 4대 보험은 가입대상에 해당되면 의무적으로 가입하도록 법률로써 강제하고 있으며, 이를 어길 경우 법률적 제재(과태료 처분 등)를 받게 됩니다.

국가에서 운영하는 4대 보험제도에 따른 혜택은 보험회사의 이익을 위해 운영되는 민간보험에 비해 이른바 '가성비'가 월등합니다. 만일 회사에서 4대 보험에 가입하지 않으면 직원들이 그러한 혜택을 받지 못하는 불이익을 받게 되는 것이지요. 따라서 회사에서 4대 보험 적용대상이 되는 직원을 고용하고 있다면 회사나 직원의 사정과 관계없이 의무적으로 4대 보험에 가입해야 합니다.

2. 4대 보험 처리방법 및 적용대상

4대 보험제도는 국가에서 운영하기는 하지만 기본적으로 보험의 원리가 적용되기 때문에 보험가입(취득), 내용변경, 해지(상실) 등의 행정절차를 거쳐야 하며, 해당 절차에 필요한 정보를 회사가 직접 관련 기관에 전달해야 합니다.

1) 4대 보험 처리기관

4대 보험은 보험의 종류에 따라 각각 다음과 같은 기관에서 관리하며, 사업장 주소에 따라 기관별 관할지사가 정해집니다.

• 고용보험, 산재보험 → 근로복지공단

- 국민연금 → 국민연금공단
- 건강보험 → 국민건강보험공단

　과거에는 4대 보험 관련 신고업무를 관할지사에 팩스를 보내 진행했으며, 문의사항이 있는 경우 담당자와의 유선통화로 해결했습니다. 하지만 최근에는 다음 그림과 같은 4대 보험 포털사이트인 '4대 사회보험 정보연계센터(www.4insure.or.kr)'를 통해 온라인으로 처리하는 경우가 많습니다.

● 4대 사회보험 정보연계센터 홈페이지 ●

　회사 내부에 4대 보험을 관리하는 담당자가 없거나 4대 보험 관리업무가 부담스러운 경우에는 노무사, 노무법인, 세무사 등(보험사무 대행기관)에 위탁하여 관리할 수 있으며, 상시근로자 수 30인 미만 사업장의 경우 해당 위탁관리 서비스를 무료로 이용할 수 있습니다.

2) 사업장 성립신고

직원의 4대 보험을 가입하려면 우선 '사업장 성립신고'를 해야 합니다. 사업장이 성립됨에 따라 앞으로 직원들의 4대 보험을 관리하겠다고 관련 공단에 알리는 절차라고 이해하면 됩니다. 법인사업자의 경우(개인사업자 제외) 직원이 없더라도 법인 대표의 국민연금과 건강보험 처리를 위해 사업장 성립신고(국민연금과 건강보험만 해당)를 해야 하며, 추후 직원을 채용하면 추가로 고용보험 및 산재보험 가입을 위한 사업장 성립신고를 해야 합니다. 사업장 성립신고는 첫 직원을 채용한 후 14일 내에 해야 하는데, 일반적으로 직원을 처음 고용하여 4대 보험 취득신고를 할 때 함께 진행하는 경우가 많습니다.

3) 4대 보험 적용대상 및 적용 제외

1인 이상 직원을 채용한 모든 사업장에서는 다음 표와 같이 특별한 경우를 제외하고는 모든 직원에 대해 4대 보험을 의무적으로 가입해야 합니다. 따라서 회사 입장에서는 실무적으로 각 보험별 가입대상 직원을 파악하기보다는 적용 제외대상 직원을 파악하는 방식이 더 효율적입니다.

● **4대 보험 종류별 적용 제외 대상자**

구분	주요 적용 제외대상
국민연금	• 만 60세 이상인 자 • 1개월 미만의 기간을 정하고 근로하는 일용근로자 　(단, 1개월 근무일수가 8일 이상인 경우에는 가입해야 함) • 월 소정근로시간이 60시간 미만인 자 • 법인의 이사 중 근로소득이 없는자

건강보험	•1개월 미만의 일용근로자 　(단, 1개월 근무일수가 8일 이상인 경우에는 가입해야 함) •월 소정근로시간이 60시간 미만인 단시간근로자 •의료급여 수급자
고용보험	•만 65세 이후에 고용된 자 •월 소정근로시간이 60시간 미만인 근로자
산재보험	예외 없음

결국 고령자이거나, 단기간 또는 단시간직원 이외에는 대부분 4대 보험 적용대상이 된다고 보면 됩니다.

3. 4대 보험료 산정

4대 보험료는 직원의 보수에 따라 부과됩니다. 보험료는 4대 보험별 보험료율에 따라 결정되며 사업주와 직원이 정해진 비율에 따라 나누어 내게 됩니다. 다만 산재보험료는 사업주가 전액 부담합니다. 회사는 직원에게 임금을 지급할 때 4대 보험료 부담금을 공제한 금액을 지급하면 됩니다.

여기서는 상시근로자 수가 30명인 제조업체에서 월급여 200만 원(비과세금액 없음)을 받고 일하는 직원 A를 기준으로 4대 보험료를 계산해보겠습니다. 참고로 4대 보험료 산정을 위해 각 보험별로 사용되는 기준소득월액, 보수월액, 보수총액의 개념은 '월 임금총액에서 비과세금액을 뺀 금액'으로 동일하게 이해하면 됩니다.

1) 국민연금보험료

국민연금 보험료율은 기준소득월액의 9%입니다. 따라서 직원 A의 국민연금 보험료는 180,000원으로 계산되며, 해당 금액을 사업주와 직원이 절반씩 나누어서 부담합니다. 참고로 보험료 계산의 기준이 되는 기준소득월액은 해당 직원의 전년도 소득신고 자료를 바탕으로 산출하고 매년 7월에 변경 적용됩니다.

	국민연금보험료(전체)	근로자	사업주
기준소득월액	9%	4.5%	4.5%

• 국민연금 보험료 총액＝기준소득월액×9%(연금보험요율)

(예) 2018년 기준소득월액은 최저 30만 원에서 최고 468만 원까지의 범위에서 결정됩니다. 따라서 신고한 소득월액이 30만 원보다 적으면 30만 원을 기준소득월액으로 하고, 468만 원보다 많으면 468만 원을 기준소득월액으로 합니다. 다만 2018년의 기준소득월액은 2018.7.1~2019.6.30까지 적용되며, 매년 조정될 수 있습니다.

2) 건강보험료 및 장기요양보험료

건강보험료는 2019년 기준 보수월액의 6.46%입니다. 따라서 직원 A의 건강보험료는 129,200원으로 계산됩니다. 또한 건강보험료와 함께 의무적으로 부과되는 장기요양보험료는 건강보험료의 8.51%가 적용되며, 직원 A의 경우 약 11,000원(129,200원×8.51%)으로 계산됩니다. 건강보험료와 장기요양보험료는 국민연금과 마찬가지로 사업주와 직원이 절반씩 부담합니다. 건강보험료율은 국민연금과 마찬가지로 매년 변경되므로 매년 1월에 변경요율을 확인해야 하며, 매년 4월에 전년도 직원의 소득신고 자료를 바탕으로 보험료를 정산하게 됩니다.

구분	기준액	보험료율	근로자	사업주
건강보험료	보수월액	6.46%	3.23%	3.23%
장기요양보험료	건강보험료	8.51%	4.255%	4.255%

3) 고용보험료

고용보험료는 실업급여 부분과 직원 수에 따른 고용안정, 직업능력개발사업 부분으로 나뉘며, 각각 다음과 같이 계산됩니다.

구분		근로자	사업주
실업급여		0.65%	0.65%
고용안정, 직업능력 개발사업	150인 미만 기업		0.25%
	150인 이상 기업(우선지원대상기업)		0.45%
	150인 이상 1,000인 미만 기업		0.65%
	1,000인 이상 기업, 국가 지방자치단체		0.85%

직원 A의 경우 고용보험료율이 보수총액의 0.65%이므로 직원 부담금은 13,000원으로 계산됩니다. 사업주 부담금은 직원 A가 일하는 회사의 직원 수가 30명이므로 위 표의 기준(150인 미만 기업)에 따라 총 0.9%(0.65%+0.25%)의 보험료율이 적용되어 18,000원으로 계산됩니다.

4) 산재보험료

산재보험료는 사업주가 100% 부담합니다. 산재보험료율은 매년 12월 31일경에 다음연도 보험료율을 고시하며 사업종류별로 매년 변동됩니다.

5) 임금에 따른 사업주 및 직원 부담비율

앞의 사례처럼 상시근로자 수가 30명인 제조업체(산재보험료율 1% 가정)에서 월 급여 200만 원을 받는 직원 A를 채용했을 때 부담해야 하는 4대 보험료(2019년 기준)를 정리해보면 다음과 같습니다.

(단위 : 원)

구분	근로자 부담금	사용자 부담금	합계
국민연금	90,000	90,000	180,000
건강보험	64,600	64,600	129,200
장기요양보험료	5,500	5,500	11,000
고용보험	13,000	18,000	31,000
산재보험		20,000	20,000
합계	173,100	198,100	371,200

결과적으로 위 사례에서 직원 A는 월 임금총액의 약 8.66%가 4대 보험료로 공제되며, 사업주는 약 9.91%의 4대 보험료를 부담하게 됩니다. 다만 월 임금총액에 식대 등 비과세수당 등이 포함되어 있다면 실제

누구나 사람 쓰기 전에는 그럴싸한 계획이 있다

4대 보험료는 위의 금액보다 적을 수 있습니다. 비과세수당과 관련한 자세한 사항은 6장 임금관리 중 관련 부분(294쪽 내용 참조)에서 설명하겠습니다.

참고로 앞서 언급한 4대 사회보험 정보연계센터(161쪽 내용 참조)에 있는 모의계산 프로그램을 활용하면 4대 보험료를 미리 계산해볼 수 있습니다.

📊 창업기업을 위한 TIP

창업기업 입장에서는 매월 의무적으로 부담해야 하는 총임금의 약 10%에 달하는 4대 보험료가 경영상으로 무시할 수 없는 수준의 금액일 것입니다. 따라서 4대 보험료 절감 측면에서 비과세수당을 활용한 임금설계가 필요하며, 퇴직금과 더불어 회사의 4대 보험료 부담을 감안한 총인건비 관리가 필요합니다.

4대 보험 관리

1. 가입대상에 따른 4대 보험 관리방법

1) 대표 및 임원

다음과 같이 개인사업자인지 법인(법인대표)인지에 따라 대표와 임원의 4대 보험 가입조건이 달라집니다.

구분	개인사업자	법인의 대표 및 임원
국민연금	의무가입 (단, 직원이 없는 경우 지역가입 선택 가능)	의무가입
건강보험		
고용보험	가입의무 없음 (단, 가입요건을 충족하는 경우 임의가입 가능)	
산재보험		

개인사업자나 법인 대표는 직원이 아니므로 고용보험과 산재보험의

가입대상이 되지 않습니다. 직원이 한 명도 없는 개인사업자의 경우 국민연금 및 건강보험은 선택할 수 있으나, 일반적으로는 직원이 없을 때는 지역가입을 유지하다가 직원을 채용하면서 직장가입으로 전환하는 방식을 선택합니다. 이때 대표의 보험료 부과기준은 보수가 가장 높은 직원을 기준으로 책정되며, 대표의 소득이 확정되는 다음연도부터는 실제 소득을 기준으로 부과됩니다.

임원 역시 직원이 아니므로 고용보험과 산재보험은 가입대상이 되지 않으며, 보수에 따라 국민연금과 건강보험만 가입하면 됩니다. 다만 임원에 대한 고용보험 및 산재보험의 가입 여부는 근로자성 판단(50쪽 내용 참조)에 따라 결정됩니다.

창업기업의 법인대표가 사업 초기에 보수가 없는 경우 '무보수 신청'을 통해 국민연금과 건강보험에 가입하지 않을 수 있으며, 보수를 지급받는 시점부터 가입하면 됩니다.

또한 최근에는 대표도 고용보험과 산재보험의 혜택이 필요하다는 사회적 요구에 따라 다음과 같은 가입요건을 충족하면 '임의가입' 형태로 가입이 가능하게 되었습니다.

구분	주요 요건
자영업자 고용보험	• 근로자를 사용하지 않거나, 50인 미만의 근로자를 사용하는 자영업자(개인사업장은 사업주, 법인은 대표이사) • 사업자등록증상 개업연월일로부터 5년 이내인 자
중소기업 사업주 산재보험	보험가입자로서 50인 미만의 근로자를 사용하는 사업주

2) 대표의 가족

대표의 회사에서 함께 일하는 가족이 대표와 동거하는 경우 생계를 같이하는 것으로 판단하여 고용보험과 산재보험을 적용하지 않습니다. 다만 해당 가족이 사업주와 동거하지 않고 일반직원과 동일하게 일하는 것이 확인되면 예외적으로 고용보험과 산재보험이 적용됩니다.

국민연금과 건강보험은 대표의 가족인지 여부와 상관없이 보수에 따라 적용됩니다.

3) 수습직원

앞서 설명했듯이(116쪽 내용 참조) 수습직원은 이미 정규직원으로 채용된 상태이므로 채용과 동시에 4대 보험에 가입해야 합니다. 만일 수습기간이 종료된 후(통상 입사 3개월 이후)에 4대 보험에 가입하면 과태료가 부과될 수 있고, 인사관리 측면에서도 바람직하지 않습니다. 따라서 수습직원 역시 입사 후 14일 이내에 4대 보험에 가입해야 합니다.

4) 일용직원 및 시간제근로자(아르바이트)

일용직원이란 하루 단위로 근무일이 결정되는 직원을 말하며, 근무시간 및 근무일수에 따라 4대 보험별 가입기준이 달라집니다. 국민연금과 건강보험은 1개월 기준 8일 이상 근무하게 되면 가입해야 합니다. 고용보험은 1개월 근무시간이 60시간 이상인 경우에 가입해야 하며, 산재보험은 근무시간 및 근무일수와 상관없이 의무적으로 가입해야 합니다.

이밖에도 해외근무 파견자, 외국인, 고령자 등 근무형태, 근무장소,

국적, 나이에 따라 4대 보험 관리에 있어서 차이가 생길 수 있습니다. 따라서 정규직원 이외의 직원에 대한 4대 보험의 경우 각 사안별로 처리방법을 확인하고 처리해야 합니다. 처리방법을 명확히 모르는 경우 노무법인 등에 확인하거나 사업장 관할 4대 보험 관리기관에 문의해보고 진행하는 것이 좋습니다.

2. 두루누리 사회보험료 지원사업

4대 보험의 경우 회사가 부담해야 하는 금액이 적지 않습니다. 따라서 이로 인한 경제적 부담 때문에 창업 초기의 회사에서 4대 보험 가입을 꺼리는 경우가 많이 발생합니다. 정부에서는 이러한 현실적인 고충을 감안하여 '두루누리 사회보험료 지원사업'을 통해 회사와 소속 직원들이 부담해야 하는 4대 보험료의 일부를 지원해주고 있습니다. 해당 사업의 주요 내용은 다음과 같습니다.

1) 지원대상

지원대상은 2019년 기준 직원 수가 10명 미만인 사업체에서 일하는 직원 중 월 평균보수가 210만 원 미만인 직원이며, 월 평균보수는 최저임금 인상에 따라 매년 인상되고 있습니다.

2) 지원수준

4대 보험 중 '고용보험'과 '국민연금'이 지원대상이 되며, 다음 표와 같이 4대 보험 신규가입자와 기존가입자로 구분하여 지원됩니다.

지원대상		지원수준
신규가입자 (지원신청일 직전 1년간 피보험자격 취득이력이 없는 근로자와 사업주)	상시근로자 수 5인 미만 사업체	보험료의 90%
	상시근로자 수 5~9인 사업체	보험료의 80%
기존 가입자 (신규가입자가 아닌 근로자와 사업주)		보험료의 40%

다만 지원대상 및 지원수준은 경기상황이나 노동정책에 따라 변경되므로 매년 확인하고 관리할 필요가 있습니다. 지원신청은 앞서 언급한 4대 사회보험 정보연계센터(www.4insure.or.kr)를 통해 할 수 있으며, 사업장 소재지 관할 근로복지공단이나 국민연금공단 지사에 신청서류를 제출하여 신청할 수도 있습니다. 보다 자세한 사항은 두루누리 사회보험료 지원사이트(www.insurancesupport.or.kr)를 참고하기 바랍니다.

03

4대 보험 관련 주요 이슈

1. 실업급여(구직급여)는 요건에 맞게 처리해야 합니다

> ※실업급여는 크게 구직급여와 취업촉진수당, 연장급여, 상병급여로 구분됩니다. 다만 통상 실업급여는 구직급여를 지칭하는 경우가 많아, 이 책에서도 구직급여를 실업급여로 통칭하여 설명하겠습니다.

실업급여(구직급여)는 일정한 요건을 갖춘, 실업상태인 직원에게 국가에서 지급하는 급여를 말합니다.

1) 실업급여(구직급여) 수급조건

이직일 이전 18개월간(기준기간) 고용보험 가입기간이 180일 이상이어야 하며, 이직사유가 직원의 자유의지가 아닌 '비자발적인 사유'에 해당되어야 합니다. 다만 자발적인 이직이더라도 사업주의 임금체불이 있거나, 직원의 이사 또는 회사의 이전으로 출퇴근이 어려워진 경우, 가족의 병간호, 정년이나 계약기간 만료 등의 사유가 있으면 실업급여를 받을 수 있습니다. 일반적으로는 회사의 경영상 이유에 의한 권고사직으로 실업급여를 지급받는 경우가 많습니다.

2) 실업급여 지급액

실업급여 지급액은 다음과 같이 계산됩니다.

• 퇴직 전 평균임금의 50%×소정급여일수

다만 실업급여는 상한액과 하한액이 정해져 있으며, 2019년 1월 기준 상한액은 66,000원, 하한액은 60,120원으로 최저임금의 변동수준에 따라 조정됩니다. 또한 소정급여일수는 퇴직직원의 근무기간 및 연령(퇴사시점의 만 나이)에 따라 다음과 같이 결정됩니다.

연령 및 가입기간	1년 미만	1년 이상 3년 미만	3년 이상 5년 미만	5년 이상 10년 미만	10년 이상
30세 미만	90일	90일	120일	150일	180일
30세 이상 ~ 50세 미만	90일	120일	150일	180일	210일
50세 이상 및 장애인	90일	150일	180일	210일	240일

🎯 실업급여 총액은 얼마일까요?

회사의 경영상황이 악화되어 권고사직 통보를 받은 K는 2019년 2월 1일에 퇴직하게 되었습니다. K의 퇴직 전 임금은 월 400만 원이고, 9년간 재직했으며, 나이는 만 42세입니다.

실업급여 지급액을 산출하려면 앞의 계산식에 따라 먼저 퇴직 전 평균임금과 소정급여일수를 계산해야 합니다. K의 경우 퇴직 전 평균임금이 약 13만 원(평균임금계산법은 277쪽 참조)이고, 여기에 50%를 적용한 금액은 65,000원입니다.

고용보험 가입기간과 나이를 고려한 소정급여일수는 180일이므로 K가 지급받는 총실업급여 수급액과 6개월간 받는 월 수급액은 다음과 같이 계산됩니다.

- 총실업급여 수급액 : 65,000원×180일＝11,700,000원
- 월 실업급여 수급액 : 11,700,000원÷6개월＝1,950,000원

참고로 고용보험(www.ei.go.kr) 사이트 첫 화면에 나오는 실업급여 모의계산기를 이용하면 지급액 및 지급기간을 편리하게 확인해볼 수 있습니다.

3) 실업급여 관련 유의사항

실업급여 수급조건은 관련 법률에 의해 명확히 규정되어 있습니다. 그런데도 대표와 직원이 짜고 실업급여를 받을 수 있도록 퇴사사유를 허위로 신고하는 경우가 많습니다. 회사 입장에서 경제적 부담이 되지 않는데다, 퇴직하는 직원 입장에서는 적지 않은 실업급여를 받을 수 있다는 점에서 부정수급이 현실적으로 많이 발생하는 것이지요. 하지만 고용노동부의 조사와 내부직원의 고발 등으로 인해 부정수급 사실이 적발되는 사례가 점점 늘어나고 있다는 점에 유의해야 합니다.

창업기업에서 상담하다보면 부정수급에 대해 큰 문제의식을 갖지 않는 경우가 많습니다. 하지만 일단 한 번 부정수급을 용인하다보면 이후 다른 퇴직직원들에게서도 실업급여를 받게 해달라는 요구(강요)를 받을 가능성이 큽니다. 이로 인해 회사가 매번 퇴사자에 대한 실업급여 수급을 위한 허위신고를 반복하면 고용노동부의 조사에 의해 부정수급에 따른 엄한 처벌을 받을 수 있습니다. 따라서 퇴사하는 직원을 돕겠다는 생각으로 자발적 퇴직을 권고사직 등의 비자발적 실업으로 허위신고하는 일이 있어서는 안 됩니다.

2. 산업재해(산재) 발생 시 유의사항

일반적으로 '산재'라고 표현하는 '업무상 재해'란 말 그대로 업무상 사유에 의해 근로자가 부상·질병·장해를 입거나 사망하는 것을 말합니다. 이러한 업무상 재해로 인해 직원이 산재신청을 하는 경우 회사 입장에서의 대처방법과 유의사항에 대해 알아보겠습니다.

1) 산재보험은 가입 여부와 상관없이 적용됩니다

산재보험은 국가에서 운영하는 사회보험으로 민간보험과 달리 가입 여부와 상관없이 보험혜택을 받을 수 있습니다. 즉, 사업장 전체가 산재보험에 가입하지 않은 경우는 물론, 개별적으로 가입하지 않은 직원도 산재보험 혜택을 받을 수 있습니다.

이런 사실을 모르고 창업 후 사업장 성립신고를 하기 전에 산재가 발생했거나, 산재보험에 가입되어 있지 않은 수습기간에 산재가 발생했거나, 행정착오로 인한 산재보험 미가입상태에서 산재가 발생한 경우 등에는 보험혜택을 받지 못한다고 생각하는 경우가 많습니다. 하지만 가입 여부와 상관없이 산업재해 인정요건만 갖추면 산재보험 혜택을 받을 수 있으므로 산재보험에 가입하지 않은 상태에서 산재가 발생했다고 해서 산재신청을 포기할 필요가 없습니다.

다만 위와 같은 경우에 산재보험 혜택을 받으려면 사업주가 산재보험 가입의무를 위반한 데 대한 법적 책임을 부담해야 합니다. 즉, 산재보험 처리를 위해서는 기존에 납부하지 않은 산재보험료를 납부해야 하고, 산재보험을 가입하지 않은 데 대한 벌칙 성격의 급여징수금을 납부해야 할 수도 있습니다. 다만 그 금액이 금전적으로 크지 않으므로 경제적 부담 때문에 산재처리를 하지 않을 이유는 없습니다. 또한 최근 미가입 산재의 경우에도 사업주 부담분에 대한 상한액(납부했어야 할 보험료의 5배)을 설정하여 사업주의 부담을 대폭 줄여주도록 법이 개정되었으므로 미가

입 산재에 대해서도 적극적으로 산재처리를 할 필요가 있습니다.

2) 산업재해의 인정

산업재해는 '업무상 사고'와 '업무상 질병'으로 나뉘며, 업무상 다치거나 병에 걸려 4일 이상 요양이 필요한 경우에 산업재해로 인정받을 수 있습니다. 결국 산재로 인정받으려면 해당 산재와 업무가 상당한 인과관계가 있어야 하는 것이지요. 하지만 실제 사업현장에서는 퇴근 후 집에서 쉬다가 뇌출혈이 발생한 경우, 회식자리에서 미끄러져서 다친 경우, 출장지에서의 상해사고 등 산재와 업무와의 인과관계를 판단하기 어려운 사례들이 많습니다.

이와 같은 경우 1차적으로 근로복지공단에서 각 사례별로 업무와의 인과관계를 따져서 산재 여부를 판단합니다. 1차적인 판단결과 산재신청이 불승인되는 경우 심사청구를 하고, 그러고도 기각(불승인)결정이 되면 재심사청구를 할 수 있습니다. 또한 심사청구나 재심사청구를 거치지 않고 법원에 소를 제기하는 방법을 선택할 수도 있습니다.

한편, 산업재해가 아님이 분명한데도 산재로 인정받기 위해 허위로 산재신청을 하는 경우가 있는데, 이는 명백한 범죄로서 직원의 요구가 있더라도 절대 협조해서는 안 됩니다. 반대로 산재 인정 여부가 불투명한 경우에는 직원이 산재로 인정받을 수 있도록 합법적인 범위 내에서 관련 입증자료를 확보해주는 등 회사 차원에서 적극적으로 협조해줄 필요가 있습니다. 또한 공인노무사에게 산재사건을 위임하여 산재 승인확률을 높이는 방법도 고려해볼 필요가 있습니다.

3) 산재보험 혜택

직원의 업무상 재해가 산재로 인정받으면 해당 직원은 관련 보험혜택을 받을 수 있고, 사업주 입장에서는 직원이 받는 혜택만큼 보상의무가 면제됩니다.

● **주요 산업재해에 따른 보험급여**

보험급여	내용
요양급여	입원 및 진찰, 검사, 약제, 처치, 수술 등 병원비용, 간병에 따른 비용, 재활치료, 통원치료 비용 등 치료와 관련된 비용
휴업급여	치료기간 중 일하지 못한 기간에 대해 평균임금의 70%에 해당하는 휴업급여 지급
장해급여	치료 후 신체에 장해가 남는 경우 1급에서 14급에 해당하는 장해보상비 지급
유족급여 및 장의비	사망한 근로자와 생계를 같이하는 유가족에게 연금(일시금)지급 및 장례비용 지급

이 외에 산재보험 혜택으로는 상병보상연금, 간병급여, 직업재활급여가 있습니다.

다만 산재에 따라 치료에 소요되는 비용 중 '비급여항목'은 산재보험 처리가 되지 않습니다. 따라서 비급여항목 치료비에 대해서는 사업주와 직원이 협의하여 해당 치료비를 사업주가 부담해주는 방법을 고려해볼 필요가 있습니다.

참고로 최근 법 개정을 통해 2018년 1월부터는 직원들의 출·퇴근 중 발생하는 재해에 대해서도 산재보험 적용이 가능해졌습니다.

4) 산업재해 발생 시 처리절차

산업재해가 발생하면 '산업재해조사표(183쪽 서식 참조)'를 작성해서 사업장 관할 고용노동(지)청에 제출해야 합니다. 사망사고의 경우 '즉시', 3일 이상의 휴업재해(직원이 3일 이상 일을 하지 못하게 되는 재해)의 경우에는 '재해발생일로부터 1개월 내'에 산업재해조사표를 제출해야 하며, 해당 기간 내에 제출하지 않으면 과태료가 부과됩니다.

실제로 최근 산업재해조사표를 기한 내에 제출하지 않아 과태료가 부과되는 사례가 많이 발생하고 있습니다. 따라서 일단 직원이 3일 이상 입원해야 하는 산재가 발생하면 기한 내에 산업재해조사표를 제출하여 신고하고, 제출절차를 모르겠다면 사업장 관할 고용노동(지)청에 문의하거나 전문가의 도움을 받기 바랍니다.

그렇다면 3일 이내 요양이 필요한 비교적 가벼운 산재는 어떻게 처리하면 될까요? 이런 산재는 산재보험으로 처리되지 않고 근로기준법에 따라 사업주가 직접 보상해야 합니다.

산재발생 신고 이후에는 산재발생의 원인이 된 사업장환경을 개선하고 직원에 대한 산재예방 교육을 강화하는 등의 노력을 병행해야 합니다.

5) 산재처리와 관련된 오해

(1) 산재처리를 하면 회사에 불이익이 있다?

산재처리를 하면 회사나 대표에게 불이익이 생긴다고 알고 있는 경

누구나 사람 쓰기 전에는 그럴싸한 계획이 있다

우가 많습니다. 하지만 산재처리로 인해 생기는 큰 불이익은 없으며, 오히려 직원이 산재보험 혜택을 받는 만큼 사업주의 보상의무가 면제되는 효과를 얻을 수 있습니다. 또한 산재보상 업무는 사업주와 직원이 직접 협의하여 처리하는 것이 아니라 근로복지공단과 재해근로자가 직접 처리하기 때문에 행정적인 부담도 덜 수 있습니다. 결국 산재처리를 하지 않고 회사가 직접 직원과 산재사고에 따른 치료비 지원 등을 협상하는 경우의 경제적 부담과 노력을 감안해보면 산재처리를 하는 편이 대부분 회사나 직원 모두에게 이익이 됩니다.

(2) 산재처리를 하면 산재보험료가 많이 올라간다?

보험의 원리에 따라 회사의 산재처리가 많아지면 보험료가 할증될 수 있습니다. 다만 최근 법 개정을 통해 2019년부터 상시근로자 수가 '30인 미만'인 소규모 사업장의 경우 산재처리를 해도 산재보험료가 할증되지 않도록 했습니다. 또한 사업을 시작한 지 '3년 이내'인 사업체 역시 산재보험료 할증 적용을 받지 않습니다. 이러한 법 개정에 따라 창업 기업의 경우 산재처리로 인해 산재보험료가 인상될 가능성은 크지 않습니다. 설령 보험료가 할증되더라도 중대한 산재의 경우 대부분 산재처리를 하는 편이 사업주에게 경제적으로 유리하므로, 산재보험료 인상이 걱정되어 산재처리를 하지 않을 이유는 없습니다.

(3) 산재로 처리하면 회사는 아무 책임도 없다?

산재보험은 정해진 보상기준이 있기 때문에 산재로 인한 피해가

100% 보상되지는 않습니다. 예를 들어 산재로 인해 직원이 사망하는 경우 근로복지공단에서는 유족보상연금이나 일시금을 지급합니다. 하지만 유가족 입장에서는 이러한 보상액이 충분치 않다고 판단하여 사업주에게 추가보상을 요구할 수 있습니다. 이런 경우 산재처리만으로 사업주의 모든 책임이 면제되지는 않으며, 사망사고 발생에 따른 책임 여부에 따라 회사가 추가로 책임을 부담할 수 있습니다. 즉, 유가족이 제기한 민사소송 결과에 따라 전체 손해액이 지급된 산재보상 금액보다 많다면 회사도 과실비율만큼의 민사적 책임을 질 수 있습니다. 또한 중대한 산재로 인해 직원이 사망하거나 다치는 경우 사업주의 형사상 관리책임을 물어 징역이나 벌금 등의 처벌을 받을 수도 있습니다.

📈◉ 창업기업을 위한 TIP

창업기업에 중대한 산재가 발생한 경우 해당 직원의 산재인정을 위해 공인노무사 선임비용을 지원하거나, 치료와 재활(유가족 생활지원 등)을 위한 경제적 지원을 하는 등 산재를 당한 직원에게 지속적인 관심을 기울일 필요가 있습니다. 이는 산재를 당한 직원과 가족을 배려하는 차원에서 필요한 일일 뿐 아니라, 향후 발생할 수 있는 민·형사상 법률분쟁을 최소화하는 효과가 있습니다.

누구나 사람 쓰기 전에는 그럴싸한 계획이 있다

■ 산업안전보건법 시행규칙 [별지 제1호의2서식] <개정 2017. 10. 17.>

산업재해 조사표

※ 뒤쪽의 작성방법을 읽고 작성해 주시기 바라며, [ ]에는 해당하는 곳에 √ 표시를 합니다.   (앞쪽)

I. 사업장 정보	①산재관리번호 (사업개시번호)		사업자등록번호		
	②사업장명		③근로자 수		
	④업종		소재지	(-)	
	⑤재해자가 사내 수급인 소속인 경우(건설업 제 외)	원도급인 사업장명		⑥재해자가 파 견근로자인 경 우	파견사업주 사업장명
		사업장 산재관리번호 (사업개시번호)			사업장 산재관리번호 (사업개시번호)
	건설업만 작성	⑦원수급 사업장명		공사현장 명	
		⑧원수급 사업장 산재 관리번호(사업개시번호)			
		⑨공사종류		공정률 %	공사금액 백만원

※ 아래 항목은 재해자별로 각각 작성하되, 같은 재해로 재해자가 여러 명이 발생한 경우에는 별도 서식에 추가로 적습니다.

II. 재해 정보	성명		주민등록번호 (외국인등록번호)		성별	[ ]남 [ ]여
	국적	[ ]내국인 [ ]외국인 [국적: ⑩체류자격:]		⑪직업		
	입사일	년 월 일	⑫같은 종류업무 근속 기간		년 월	
	⑬고용형태	[ ]상용 [ ]임시 [ ]일용 [ ]무급가족종사자 [ ]자영업자 [ ]그 밖의 사항 [ ]				
	⑭근무형태	[ ]정상 [ ]2교대 [ ]3교대 [ ]4교대 [ ]시간제 [ ]그 밖의 사항 [ ]				
	⑮상해종류 (질병명)		⑯상해부위 (질병부위)		⑰휴업예상 일수	휴업 [ ]일
					사망 여부	[ ] 사망

III. 재해 발생 개요 및 원인	⑱ 재해 발생 개요	발생일시	[ ]년 [ ]월 [ ]일 [ ]요일 [ ]시 [ ]분
		발생장소	
		재해관련 작업유형	
		재해발생 당시 상황	
	⑲재해발생원인		

IV. ⑳재해발 방지 계획	

작성자 성명

작성자 전화번호   작성일   년   월   일

사업주   (서명 또는 인)

근로자대표(재해자)   (서명 또는 인)

(   )지방고용노동청장(지청장) 귀하

| 재해 분류자 기입란
(사업장에서는 작성하지 않습니다) | 발생형태 | □□□ | 기인물 | □□□□ |
| | 작업지역·공정 | □□□ | 작업내용 | □□□ |

210mm×297mm[백상지(80g/㎡) 또는 중질지(80g/㎡)]

5장

•

시간관리 :
근무시간 및 휴일, 휴가

시간이 가장 기본이다. 이것을 관리하지 않으면
다른 아무것도 관리할 수 없기 때문이다.

— 피터 드러커 —

01

근무시간 개요 및 판단기준

최근 일과 삶의 균형(Work and Life Balance)의 중요성이 부각되고, 저출산현상과 일자리감소 등 사회적 변화에 대응하기 위한 측면에서 근무시간 관련 법규정이 개정되었습니다. 또한 앞으로도 근무시간 단축추세가 이어질 것으로 예상되므로, 회사에서는 이러한 추세를 감안하여 근무시간을 관리해나갈 필요가 있습니다.

1. 근무시간의 개념 및 구분

근무시간(근로시간)이란 직원이 사용자의 지휘·감독 아래 근로계약상의 근로를 제공하는 시간을 의미합니다. 통상 출근시간과 퇴근시간 사이에 직원의 노동력을 사용자의 처분 아래에 둔 실제 구속시간(휴식시간 제외)을 근무시간으로 봅니다.

근무시간은 법정근무시간과 소정근무시간으로 구분됩니다. '법정근무시간'은 성인직원의 경우 1일 8시간, 1주 40시간으로 규정하고 있으며, 2012년 법 개정을 통해 대기시간도 근무시간으로 인정하고 있습니다. 미성년자의 경우 2018년 법 개정으로 1일 7시간, 1주 35시간으로 법정근무시간이 단축되었습니다.

관련 법조항

근로기준법 제50조(근로시간)
① 1주간의 근로시간은 휴게시간을 제외하고 40시간을 초과할 수 없다.
② 1일의 근로시간은 휴게시간을 제외하고 8시간을 초과할 수 없다.
③ 제1항 및 제2항에 따른 근로시간을 산정함에 있어 작업을 위하여 근로자가 사용자의 지휘·감독 아래에 있는 대기시간 등은 근로시간으로 본다.
→ 위반 시 2년 이하의 징역 또는 2,000만 원 이하의 벌금

근로기준법 제69조(근로시간) : 미성년자
15세 이상 18세 미만인 자의 근로시간은 1일에 7시간, 1주에 35시간을 초과하지 못한다. 다만 당사자 사이의 합의에 따라 1일에 1시간, 1주에 5시간을 한도로 연장할 수 있다.
→ 위반 시 2년 이하의 징역 또는 2,000만 원 이하의 벌금

'소정근무시간'은 회사와 직원이 취업규칙이나 개별 근로계약을 통해 법정근무시간 범위 내에서 실제 일하기로 정한 시간을 말합니다. 실무적으로 1일 8시간, 1주 40시간을 넘겨 일하는 것이 불가능하지는 않으며, 직원의 동의를 받아 추가로 연장근무, 야간근무, 휴일근무가 가능

(201쪽 내용 참조)합니다.

　창업기업의 경우 사업 초기에는 가급적 법정근무시간 범위 내에서 총 근무시간을 설계하고, 업무특성을 반영하여 출·퇴근시간을 탄력적으로 정하는 것이 좋습니다.

2. 근무시간 포함 여부 판단

　"직원들이 커피를 마시면서 노는 시간도 근무시간에 해당하나요?"
　"출근시간보다 일찍 출근하는 직원에게도 추가임금을 지급해야 하나요?"
　"점심시간도 근무시간에 해당되나요?"

　상담을 하다보면 위와 같이 상황에 따른 근무시간 해당 여부에 대한 문의를 많이 받습니다. 근무시간에 해당되면 임금지급 의무가 발생하므로 근무시간에 대한 판단이 회사 입장에서는 매우 중요한 의미가 있기 때문이지요. 근무시간에 대한 판단은 사용자의 지시 여부, 업무수행의 의무 정도, 미이행 시 불이익이 있는지 여부 등을 종합적으로 반영하여 결정합니다. 그럼 주요 사례를 통해 근무시간 해당 여부가 어떻게 판단되는지 살펴보겠습니다.

1) 회사의 지시 없이 일찍 출근하거나 늦게 퇴근하는 시간

　회사의 공식적인 지시나 강요 없이 직원의 자발적인 의사에 따라 정식 출·퇴근시간보다 일찍 출근하거나 늦게 퇴근하는 경우 근무시간으로 인정되지 않습니다. 따라서 해당 시간에 대해서는 회사에서 임금을 지급할 의무가 없습니다. 다만 조기 출근이나 야근을 할 수밖에 없는 상황이거나, 그러한 근무를 하지 않으면 불이익이 생기는 경우에는 근무시간으로 인정될 수 있습니다.

따라서 업무상 불필요한 경우 해당 직원에게 조기 출근 및 야근에 대한 보상이 없다는 점을 분명히 알리고 정시 출·퇴근을 유도해야 합니다. 반면에 업무상 필요한 경우에는 시간외근무에 대한 사전승인(198쪽 서식 참조)을 받게 하고 정확히 시간외근무시간으로 인정해주는 방식으로 관리할 필요가 있습니다.

관련 행정해석

조기출근에 대한 행정해석 : 근기 01254-13305
근로시간 측정에 있어서 시업시간은 사업주가 시업시간으로 정하여 시행하는 시각부터가 근로시간이 되는 것임.
다만 시업시간 이전에 조기출근토록 하여 시업에 지장이 없도록 하는 것을 근로시간으로 인정하여 임금이 지급되어야 할 것인가 여부는 조기출근을 하지 않을 경우 임금을 감액하거나 복무위반으로 제재를 가하는 권리의무 관계라면 근로시간에 해당될 것이나 그렇지 않다면 근로시간에 해당되지 않음

2) 대기시간 VS 휴식시간(휴게시간)

'대기시간'은 직원이 사용자의 지휘·감독 아래에서 자유롭게 이용하기 어려운 시간을 말하며, 이는 근무시간으로 인정하고 있습니다. 즉, 직원이 언제든 업무를 할 수 있는 준비가 되어 있는 상태인 경우 대기시간에 해당됩니다. 반면에 직원이 사용자의 지휘·감독에서 벗어나 자유롭게 이용할 수 있는 시간은 '휴식시간(휴게시간)'에 해당합니다.

다만 현실적으로는 대기시간과 휴식시간을 정확히 구분하기 애매한 경우가 많기 때문에, 공식적으로 정해진 휴식시간(중간휴식 또는 점심시간 등) 이외의 시간은 일반적으로 대기시간으로 봅니다. 예를 들어 근무시간 중에 개인적 대화나 티타임, 흡연 등을 위해 사용된 시간은 원칙적으로 근무시간은 아니지만, 대기시간으로 볼 여지도 충분합니다. 따라서 만약 근무시간 중 사적인 시간사용을 엄격히 제한하려 한다면 사전에 직원들에게 이를 충분히 고지하고, 실제 사적 시간사용을 체크하는 시스템을 갖추는 등의 조치가 선행되어야 할 것입니다.

다만 근무시간 중 직원이 회사 밖으로 나가서 개인용무(은행업무 처리, 병원진료, 자녀 학교 방문 등)를 보는 시간은 근무시간에 해당하지 않습니다.

관련 판례

근무시간으로 인정받은 판례 : 서울중앙지법 2017노922
피고인이 고소인(고시원 총무)들에게 휴게시간으로 사용할 수 있는 구체적 시간을 미리 정하여 주지 않은 점, 방문자나 새로운 세입자가 찾아오는 것은 정해진 시간이 있는 것이 아니므로 고시원을 벗어나지 않고 자리를 지키고 있어야 하는 점, 피고인은 특별한 시간의 제약이 없이 그때그때 필요한 업무지시를 고소인들에게 하였고, 고소인들은 피고인의 돌발적인 업무지시를 이행하였던 점 등을 감안하면, 고소인들이 특별한 업무가 없어 휴식을 취하거나 공부를 하는 등으로 시간을 보냈다고 하더라도, 그 시간은 피고인의 지휘명령으로부터 완전히 해방되고 자유로운 이용이 보장되는 휴게시간이 아니라 근로를 위한 대기시간에 해당한다고 봄이 타당하다.

📊◉ 창업기업을 위한 TIP

창업기업의 경우 현실적으로 사업 초기에 정확한 시간관리 시스템을 운영하기가 어려운 데다 그런 시스템으로 업무효율을 높일 수도 없습니다. 따라서 창업기업 입장에서는 이러한 시스템을 무리하게 도입하기보다는 직원들이 근무시간 중 업무에 집중할 수 있는 분위기를 만들어주는 노력을 기울이는 것이 더 바람직합니다.

3) 교육시간

회사가 의무적으로 실시해야 하는 각종 교육시간(직장 내 성희롱 예방교육 등)과 직원들의 업무능력 향상을 위해 사업주의 지시에 의해 시행하는 교육시간은 근무시간에 해당합니다. 반면에 직원 개인의 판단에 따라 업무능력 향상을 위해 퇴근 후 또는 휴일에 관련 교육을 받는 시간은 근무시간에 해당하지 않습니다.

누구나 사람 쓰기 전에는 그럴싸한 계획이 있다

교육시간에 대한 행정해석 : 근기 01254-14835

사용자가 근로시간 중에 작업안전, 작업능률 등의 생산성 향상, 즉 업무와 관련하여 실시하는 직무교육과 근로시간 종료 후 또는 휴일에 근로자에게 의무적으로 소집하여 실시하는 교육은 근로시간에 포함되어야 할 것임

근로개선정책과-798

직원들에게 교육이수 의무가 없고, 사용자가 교육불참을 이유로 근로자에게 어떠한 불이익도 주지 않는다면 이를 근로시간으로 볼 수는 없을 것임

4) 출장 및 외근시간

근무시간 중에 회사의 외부에서 일한 시간은 소정근무시간(일반적으로 1일 8시간)으로 인정합니다. 다만 이와 관련하여 사업주와 직원들 간에 합의하여 정한 시간이 있다면 그 기준에 따릅니다. 특히 해외출장에 대해서는 비행시간, 이동시간 등을 감안하여 근무시간으로 인정하고(소정 근무시간을 넘는 시간으로 인정할 수 있음) 그에 맞는 임금을 지급할 필요가 있습니다.

근로기준법 제58조(근로시간 계산의 특례)

① 근로자가 출장이나 그 밖의 사유로 근로시간의 전부 또는 일부를 사업

장 밖에서 근로하여 근로시간을 산정하기 어려운 경우에는 소정근로시간을 근로한 것으로 본다. 다만 그 업무를 수행하기 위하여 통상적으로 소정근로시간을 초과하여 근로할 필요가 있는 경우에는 그 업무의 수행에 통상 필요한 시간을 근로한 것으로 본다.

② 제1항 단서에도 불구하고 그 업무에 관하여 근로자대표와의 서면합의를 한 경우에는 그 합의에서 정하는 시간을 그 업무의 수행에 통상 필요한 시간으로 본다.

5) 회식 및 접대시간

회식은 참석이 강제되는 경우 근무시간에 포함되어야 한다는 의견도 있으나, 근로계약상의 의무이행으로 보기 어렵기 때문에 근무시간으로 인정되기는 어렵습니다. 또한 업무시간 외에 접대를 위해 소요되는 시간은 사용자의 지시나 최소한의 승인이 있었는지 여부가 판단기준이 되며, 제한적으로 근무시간으로 인정됩니다.

관련 판례

근무시간으로 인정받지 못한 판례 : 서울중앙지법 2017가단5217727
① 휴일골프의 라운딩 대상자들, 라운딩 장소, 시간 등을 피고 회사가 아닌 원고의 상사인 상무 또는 원고 등이 임의로 선정한 점, 또한 이 사건 휴일골프 관련하여 원고 또는 상무 등 그 누구도 피고에게 별도로 출장복무서와 같은 형식으로 보고하지 않은 점, 원고의 이 사건 휴일골프 참여 당시의 지위가 부서장으로서 원고 자신의 직무를 원활히 수행하고 좋은 대내외의 평가 등을 위하여도 자발적으로 이에 참여할 동기가 있었던 것으로 보이는 점

등에 비추어 보면, 원고의 이 사건 휴일골프와 관련하여 피고가 그 업무관련성 등을 인정하여 비용 등을 계산하였고, 이 사건 휴일골프 중 상당수는 원고의 상사인 상무의 명시적 · 묵시적 지시에 의하여 참여한 사정만으로는 이 사건 휴일골프가 사용자의 구체적인 지휘 · 감독 하에 이루어진 것으로 볼 수 없고 결국 근로기준법상 '근로시간'에 해당한다고 단정할 수는 없다.

6) 투표시간 및 공적 업무 수행시간

선거일에 휴무하지 않고 근무하는 경우에는 투표시간을 보장하고 투표를 하기 위해 필요한 시간은 유급으로 처리해야 합니다. 투표시간은 직원들이 투표하기 위해 이동하는 시간 등을 감안하여 적절히 부여해야 하며, 통상적으로는 출근시간을 늦추거나 퇴근을 일찍 하게 하는 방식으로 부여(일반적으로 2시간 정도)하고 있습니다.

관련 법조항

근로기준법 제10조(공민권 행사의 보장)
사용자는 근로자가 근로시간 중에 선거권, 그 밖의 공민권(公民權) 행사 또는 공(公)의 직무를 집행하기 위하여 필요한 시간을 청구하면 거부하지 못한다. 다만 그 권리행사나 공(公)의 직무를 수행하는 데에 지장이 없으면 청구한 시간을 변경할 수 있다.
→ 위반 시 2년 이하의 징역 또는 2,000만 원 이하의 벌금

위의 법조항에서 공(公)의 직무에 필요한 시간이란 법령에 따른 공적인 성격의 업무를 수행하기 위한 시간을 의미하며, 이와 관련한 시간은 유급으로 부여해야 합니다. 주로 예비군훈련, 민방위훈련을 받기 위한 시간이 여기에 해당합니다.

3. 정해진 근무시간 동안 일하지 않은 경우

노동법은 '무노동 무임금'을 원칙으로 하므로 직원이 일한 만큼만 임금을 지급하면 됩니다. 다만 직원이 근무하지 않은 시간보다 더 많은 임금을 감액하면 임금체불에 해당하게 되므로 법적으로 금지하고 있습니다. 반대로 직원이 근무하지 않은 시간에 대해 임금감액 없이 전액 지급하는 것은 앞에서 설명한 노동법상 '유리한 조건 우선의 법칙(44쪽 내용 참조)'에 따라 당연히 인정됩니다.

▌지각 3회에 대해 2일의 임금공제를 규정한 사례

Y 사는 퇴근 후 직원끼리 회식하는 자리가 많아 고민입니다. 사업 초기에 직원끼리 친목을 도모한다는 취지는 바람직하나 회식 후 지각하는 직원이 많아졌기 때문입니다. 이에 Y 사는 지각을 줄여보려고 직원들의 동의를 얻어 '지각 3회 시 2일의 임금을 공제한다'라는 규정을 시행하려고 합니다. 이 규정은 법적으로 문제가 없을까요?

위의 경우 지각 3회에 따른 총합산시간이 2일의 소정근무시간만큼이라면 법적으로 문제가 없습니다. 하지만 현실적으로 총지각시간이 그만큼의 시간이 될 가능성은 없기 때문에 위 사례의 경우 위법한 임금감액규정이 됩니다. 따라서 직원의 지각에 대해서는 실제 지각한 시간만큼만 임금을 감액할 수 있으며, 지각을 줄이고 싶다면 정당한 임금감액과 함께 추가적인 징계방안을 고려해야 합니다.

직원의 조퇴 역시 해당 시간만큼 임금을 감액할 수 있으며, 임금감액 없이 해당 직원에게 반차를 신청하여 사용하게 할 수도 있습니다.

다만 결근의 경우에는 결근 당일의 임금과 1주일 만근을 기준으로 지급되는 주휴수당(일반적으로 8시간(1일) 임금)까지 추가로 공제할 수 있기 때문에, 결과적으로 2일의 임금을 감액할 수 있습니다.

📊◉ 창업기업을 위한 TIP

창업기업에서 '좋은 것이 좋은 것'이라는 마음으로 직원에 따라 또는 상황에 따라 임금공제 규정 등을 달리 적용하는 등 근무시간 관리원칙을 제대로 지키지 않는 경우가 많습니다. 하지만 이처럼 원칙이 무너지면 결과적으로 얻는 것보다 잃는 것이 훨씬 많아집니다. 따라서 근무시간을 포함하여 정해진 인사관리 원칙이 있다면 상황에 따라 감정적·임의적으로 처리해서는 안 되며, 반드시 정해진 원칙대로 정확히 처리할 필요가 있습니다.

사전 시간외근무 신청서

소 속		성 명		(서명)
근무유형	연장근무, 야간근무, 휴일근무			
시간외근무 신청시간	( ) 시간			
신청 이유				
주요 업무내용				
신청일자				

위와 같이 시간외근무를 신청하오니 허가하여 주시기 바랍니다.

승인자		(서명)

02

휴식시간(휴게시간) 관리

휴식시간(휴게시간)은 사용자의 지휘나 명령에서 자유로운 시간으로, 해당 시간만큼은 임금이 지급되지 않습니다. 따라서 휴식시간은 임금을 지급해야 하는 대기시간(191쪽 내용 참조)과는 구별하여 관리해야 합니다. 휴식시간은 근무시간 중에 부여해야 하며, 이를 분할하여 부여하는 방식(예 : 오전, 오후에 각 30분씩 부여)은 가능하지만, 충분한 휴식을 방해할 정도로 너무 짧게 분할하여 부여하는 방식(예 : 1회당 5분 부여)은 인정되지 않습니다. 참고로 창업기업에서는 일반적으로 점심식사시간을 휴식시간으로 부여하는 경우가 많습니다.

휴식시간은 법에서 정한 총시간(8시간 근무 시 1시간 이상)을 준수하여 정하되, 사업장별 근무상황을 고려하여 업무능률을 높일 수 있는 적정한 시간대에 배치하는 방식이 바람직합니다.

근로기준법 제54조(휴게)
① 사용자는 근로시간이 4시간인 경우에는 30분 이상, 8시간인 경우에는 1시간 이상의 휴게시간을 근로시간 도중에 주어야 한다.
② 휴게시간은 근로자가 자유롭게 이용할 수 있다.
→ 위반 시 2년 이하의 징역 또는 2,000만 원 이하의 벌금

휴식시간 관련 규정은 다음과 같이 취업규칙이나 근로계약서에 명확히 기재해야 합니다.

● **근로계약서상 휴식시간 규정 작성사례**

휴식시간은 점심시간을 포함하여 12:00～13:00(1시간)으로 한다.

이와 같이 취업규칙이나 근로계약서에 휴식시간 규정을 명확히 기재하지 않으면 관련법 위반이 될 뿐만 아니라, 출근시간부터 퇴근시간까지의 사업장 체류시간 전체가 근무시간으로 인정되어 임금을 초과지급해야 할 수 있습니다. 따라서 직원들의 충분한 휴식을 보장하고 불필요한 분쟁을 예방하는 차원에서 휴식시간을 명확하게 관리할 필요가 있습니다.

03
시간외근무
(연장·야간·휴일근무) 관리

> ※ 법정근무시간 이외의 근무와 관련하여 시간외근무, 초과근로, 연장근로, 특근, 야근 등 다양한 용어가 사용되고 있으나, 여기서는 포괄적 개념인 '시간외근무'라는 용어로 통일하여 설명하겠습니다.

1. 시간외근무 적용 및 제한

연장근무는 법정근무시간(1일 8시간, 1주 40시간)을 초과하는 근무를 말합니다. 야간(22:00~다음 날 06:00)에 근무를 하면 야간근무가 되고, 휴일에 근무를 하면 휴일근무가 됩니다. 이처럼 직원의 근무시간은 법정근무시간 범위 내의 소정근무시간과 해당 범위를 초과하는 연장근무시간, 야간근무시간, 휴일근무시간으로 구분해서 관리해야 합니다.

시간외근무는 법적으로 정해진 한도 내에서 제한적으로 실시해야 하며, 통상임금의 50%를 가산하여 지급해야 하기 때문에 직원의 시간외근무시간을 정확히 파악하고 관리하는 것이 실무상 매우 중요합니다.

1) 시간외근무 적용기준

근로기준법상 상시근로자 수 '5인 미만' 사업장에 대해서는 연장, 야간, 휴일근무에 대한 기준이 적용되지 않습니다. 즉, 시간외근무에 대한 한도 제한이 적용되지 않고, 가산수당도 지급할 의무가 없습니다. 다만 당사자 간 합의 또는 규정에 의해 가산수당을 지급하는 방식은 가능합니다.

2) 시간외근무 제한

시간외근무는 법정근무시간을 초과하는 근무로서 회사가 일방적으로 지시할 수 없고 '직원의 동의'가 필요합니다. 일반적으로는 직원과 근로계약을 체결할 때 시간외근무 실시에 대한 동의를 받는 방식을 활용하고 있습니다(140쪽 내용 참조).

관련 법조항

근로기준법 제53조(연장근로의 제한)
① 당사자 간에 합의하면 1주 간에 12시간을 한도로 제50조의 근로시간을 연장할 수 있다.
→ 위반 시 2년 이하의 징역 또는 2,000만 원 이하의 벌금

근로기준법 제70조(야간근로와 휴일근로의 제한)
① 사용자는 18세 이상의 여성을 오후 10시부터 오전 6시까지의 시간 및 휴일에 근로시키려면 그 근로자의 동의를 받아야 한다.

---

② 사용자는 임산부와 18세 미만자를 오후 10시부터 오전 6시까지의 시간 및 휴일에 근로시키지 못한다. 다만 다음 각 호의 어느 하나에 해당하는 경우로서 고용노동부장관의 인가를 받으면 그러하지 아니하다.

1. 18세 미만자의 동의가 있는 경우
2. 산후 1년이 지나지 아니한 여성의 동의가 있는 경우
3. 임신 중의 여성이 명시적으로 청구하는 경우

→ 위반 시 2년 이하의 징역 또는 2,000만 원 이하의 벌금

근로기준법 제71조(시간외근로)

사용자는 산후 1년이 지나지 아니한 여성에 대하여는 단체협약이 있는 경우라도 1일에 2시간, 1주에 6시간, 1년에 150시간을 초과하는 시간외근로를 시키지 못한다.

→ 위반 시 2년 이하의 징역 또는 2,000만 원 이하의 벌금

근로기준법 제69조(근로시간)

15세 이상 18세 미만인 자의 근로시간은 1일에 7시간, 1주에 35시간을 초과하지 못한다. 다만 당사자 사이의 합의에 따라 1일에 1시간, 1주에 5시간을 한도로 연장할 수 있다.

→ 위반 시 2년 이하의 징역 또는 2,000만 원 이하의 벌금

위와 같이 연장근무는 '1주일 기준 12시간'으로 한도를 제한하고 있으며, 1일 한도는 별도로 정해져 있지 않습니다. 다만 법적 보호의 대상인 임산부와 18세 미만자에 대해서는 기본적으로 야간근무와 휴일근무를 금지하고 있으며, 고용노동부장관의 인가 등의 요건을 갖추었을 때만 가능하도록 했습니다. 따라서 특별한 경우가 아니라면 임산부 및 산

후 1년이 지나지 않은 여성, 18세 미만 직원에 대해서는 시간외근무를 (특히 야간근무 및 휴일근무) 시키지 않는 것이 좋습니다.

2. 근무시간 단축 적용시기 및 주요 내용(2018년 7월부터 단계적 시행)

1) 연장 · 휴일근무 포함 1주 최대 52시간 실시

법 개정 전에는 연장근무와 휴일근무를 별개로 해석하여 기본근무시간(40시간)을 포함하여 최대 68시간까지 근무가 가능했습니다. 하지만 이로 인한 장시간 노동관행을 개선하는 취지에서 연장근무 및 휴일근무를 포함하여 최대 '52시간'만 근무가 가능하도록 법이 개정되었습니다. 다만 개정된 법은 근로자의 소득감소, 기업의 경영상 부담을 고려하여 다음 표와 같이 기업규모별로 단계적으로 시행됩니다.

● 근로시간 단축 시행시기

상시근로자 수 기준	시행시기
근로자 300인 이상 및 국가, 지자체, 공공기관 *특례업종 제외된 21개 업종	2018.7.1. 2019.7.1
근로자 50인 이상 300인 미만	2020.1.1.
근로자 5인 이상 50인 미만	2021.7.1.
근로자 5인 미만	적용 없음

만일 사업장의 상시근로자 수가 증가하게 되면 증가된 근로자 수에 맞는 시행시기가 적용됩니다.

2) 30인 미만 사업장에 대한 특별연장근무 인정 : 한시적 적용

상시근로자 수가 30인 미만인 사업장의 경우 1주 12시간으로 제한된 시간외근무시간 외에 1주 8시간의 특별연장근무(1주 60시간까지 근무 가능)를 적용할 수 있습니다. 다만 이를 적용받으려면 '근로자대표와의 서면합의'가 있어야 하며, 해당 법 규정은 30인 미만 사업장에 대한 주 52시간 근무규정이 시작되는 2021년 7월 1일부터 2022년 12월 31일까지만 '한시적'으로 적용됩니다. 창업기업의 경우에도 상시근로자 수가 5명 이상이라면 2023년 1월부터 무조건 1주 12시간의 연장근무만 가능하므로 그 전에 근무시간 단축에 따른 대비를 해야 합니다.

관련 법조항

근로기준법 제53조(연장근로의 제한)
③ 상시 30명 미만의 근로자를 사용하는 사용자는 다음 각 호에 대하여 근로자대표와 서면으로 합의한 경우 제1항 또는 제2항에 따라 연장된 근로시간에 더하여 1주간에 8시간을 초과하지 아니하는 범위에서 근로시간을 연장할 수 있다.
1. 제1항 또는 제2항에 따라 연장된 근로시간을 초과할 필요가 있는 사유 및 그 기간
2. 대상 근로자의 범위
⑥ 제3항은 15세 이상 18세 미만의 근로자에 대하여는 적용하지 아니한다.
[법률 제15513호(2018.3.20.) 부칙 제2조의 규정에 의하여 이 조 제3항 및 제6항은 2022년 12월 31일까지 유효함.] [시행일 : 2021.7.1.] 제53조 제3항, 제53조 제6항

3) 특례업종 축소

법 개정 전에는 시간외근무시간(1주 12시간)에 대한 제한을 받지 않는 '특례업종'이 많았습니다. 하지만 법 개정에 따라 5개 업종(207쪽 법조항 참조) 이외에 21개 업종이 모두 특례업종에서 제외되었으며, 앞으로는 이들 제외업종 역시 1주 12시간 한도의 연장근무 제한을 적용받게 됩니다. 다만 특례 제외업종을 영위하는 기업의 경우 2019년 7월 1일부터 최대 52시간(기본근무 40시간+연장근무 12시간) 근무시간 조항이 적용되며, 기업규모에 따라 그 적용시기가 다르게 적용됩니다(204쪽 표 참조).

●근무시간 특례 제외업종(21개)●

자동차 및 부품판매업(45), 도매 및 상품중개업(46), 소매업(47), 보관 및 창고업(521), 금융업(64), 보험 및 연금업(65), 금융 및 보험 관련 서비스업(66), 우편업(611), 교육서비스업(85), 연구개발업(70), 숙박업(55), 음식점 및 주점업(56), 광고업(713), 시장조사 및 여론조사업(714), 건물·산업설비 청소 및 방제서비스업(742), 미용·욕탕 및 유사서비스업(961), 영상·오디오 및 기록물제작 및 배급업(59), 방송업(60), 전기통신업(612), 하수·폐수 및 분뇨처리업(37), 사회복지서비스업(87)

*괄호 안 숫자는 한국표준산업분류에 따른 중분류(2자리) 또는 소분류(3자리) 코드

또한 특례가 유지되는 5개 업종의 경우 다음 법조항과 같이 직원들의 장시간근무로 인한 과로사 방지, 고객안전 등을 위해 휴식시간을 11시간 이상 연속으로 부여하도록 했습니다.

근로기준법 제59조(근로시간 및 휴게시간의 특례)

① 통계법 제22조 제1항에 따라 통계청장이 고시하는 산업에 관한 표준의 중분류 또는 소분류 중 다음 각 호의 어느 하나에 해당하는 사업에 대하여 사용자가 근로자대표와 서면으로 합의한 경우에는 제53조 제1항에 따른 주(週) 12시간을 초과하여 연장근로를 하게 하거나 제54조에 따른 휴게시간을 변경할 수 있다.

1. 육상운송 및 파이프라인 운송업. 다만 여객자동차 운수사업법 제3조 제1항 제1호에 따른 노선(路線) 여객자동차운송사업은 제외한다.
2. 수상운송업
3. 항공운송업
4. 기타 운송 관련 서비스업
5. 보건업

② 제1항의 경우 사용자는 근로일 종료 후 다음 근로일 개시 전까지 근로자에게 연속하여 11시간 이상의 휴식시간을 주어야 한다.

→ 제59조 제2항 위반 시 2년 이하의 징역 또는 2,000만 원 이하의 벌금

3. 시간외근무수당 계산방법

1) 시간외근무수당 산출기준

법정근무시간을 초과한 연장근무, 야간근무(22:00~06:00), 주휴일 등 휴일에 근무한 휴일근무에 대해서는 '통상임금의 50%'를 '각각' 가산하여 지급해야 합니다. 그간 사업현장에서 휴일근무에 따른 가산수당 계산방식(가산임금 50% 적용 VS 가산임금 100% 적용)에 대한 논란이 많았으나,

최근 법 개정으로 그런 논란이 명확히 정리되었습니다. 즉, 휴일근무에 대해서는 50%를 가산하여 지급하되, 8시간을 초과하는 시간에 대해서만 100%를 지급하도록 규정한 것이지요. 예를 들어 일요일 오전 9시에 출근하여 밤 9시까지 근무했다면, 오전 9시부터 저녁 6시까지(점심시간 1시간 제외) 8시간은 50%를 가산하고, 저녁 6시부터 9시까지 3시간은 100%를 가산하여 지급해야 합니다.

관련 법조항

근로기준법 제56조(연장 · 야간 및 휴일근로)
① 사용자는 연장근로(제53조 · 제59조 및 제69조 단서에 따라 연장된 시간의 근로를 말한다)에 대하여는 통상임금의 100분의 50 이상을 가산하여 근로자에게 지급하여야 한다.
② 제1항에도 불구하고 사용자는 휴일근로에 대하여는 다음 각 호의 기준에 따른 금액 이상을 가산하여 근로자에게 지급하여야 한다.
1. 8시간 이내의 휴일근로 : 통상임금의 100분의 50
2. 8시간을 초과한 휴일근로 : 통상임금의 100분의 100
③ 사용자는 야간근로(오후 10시부터 다음 날 오전 6시 사이의 근로를 말한다)에 대하여는 통상임금의 100분의 50 이상을 가산하여 근로자에게 지급하여야 한다.
→ 위반 시 3년 이하의 징역 또는 3,000만 원 이하의 벌금

소위 '알바'라고 표현하는 단시간직원(1주 동안의 소정근무시간이 그 사업장에서 같은 종류의 업무에 종사하는 통상직원의 1주 동안의 소정근무시간에 비해 짧은

직원)의 경우에는 법정근무시간이 아닌 회사와 정한 '소정근무시간'을 기준으로 연장근무시간을 산출합니다. 예를 들어 1주 30시간을 근무하기로 한 아르바이트직원이 5시간을 추가로 근무했다면 총근무시간이 35시간으로 법정근무시간을 초과하지는 않았지만 소정근무시간을 초과하게 됩니다. 따라서 이런 경우 소정근무시간을 초과한 5시간에 대해 50%의 가산수당을 지급해야 합니다.

다만 상시근로자 수 5인 미만 사업장의 경우 단시간직원에 대해서도 가산수당 규정이 적용되지 않습니다.

관련 법조항

기간제 및 단시간근로자 보호 등에 관한 법률 제6조(단시간근로자의 초과근로제한)

① 사용자는 단시간근로자에 대하여 근로기준법 제2조의 소정근로시간을 초과하여 근로하게 하는 경우에는 당해 근로자의 동의를 얻어야 한다. 이 경우 1주간에 12시간을 초과하여 근로하게 할 수 없다.

② 단시간근로자는 사용자가 제1항의 규정에 따른 동의를 얻지 아니하고 초과근로를 하게 하는 경우에는 이를 거부할 수 있다.

③ 사용자는 제1항에 따른 초과근로에 대하여 통상임금의 100분의 50 이상을 가산하여 지급하여야 한다.

→ 제6조 제1항 위반 시 1,000만 원 이하의 벌금

2) 시간외근무수당 계산사례

시간외근무수당(연장, 야간, 휴일근무)에 대한 정확한 지급은 실무상 매우 중요합니다. 실제로 이와 관련한 노동분쟁(시간외근무수당 미지급 및 법정 기준에 미치지 못한 수당 지급)이 많이 발생하며, 사업현장에서 직원들의 불만도 많은 부분이기 때문에 정확한 계산과 지급이 이루어져야 합니다.

🎯 다음 게임개발업체의 시간외근무수당은 어떻게 계산할까요?

....

- 직원 수 : 20명
- 근무형태 : 월~금요일 근무, 토요일(무급휴무일) 및 일요일(주휴일)
- 소정근무시간 : 출근시간 10:00 , 퇴근시간 19:00, 점심시간 : 13:00~14:00
- 시간외근무 : 사전에 신청한 시간외근무에 따른 수당 지급
- 시급 : 10,000원(계산편의상 모든 직원의 시급이 동일하다고 가정)

....

① 직원 A는 금요일에 밀린 업무를 처리하느라 오전 12시에 퇴근했으며, 오후 8시부터 8시 30분까지 저녁식사를 했습니다. A의 시간외근무수당은 얼마일까요?

A의 금요일 전체 시간외근무시간은 오후 7시부터 오전 12시까지 중 저녁식사시간 30분을 제외한 4시간 30분입니다. 따라서 다음과 같이 전체 연장근무시간에 따른 가산수당을 지급해야 하며, 오후 10시부터 오전 12시까지에 해당하는 야간근무시간에 대해서는 별도의 가산수당

을 지급해야 합니다.

- 연장근무수당 : 10,000원×4.5시간×1.5(가산수당)=67,500원
- 야간근무수당 : 10,000원×2시간(22:00~24:00)×0.5(가산수당)
  =10,000원

따라서 A의 총시간외근무수당은 77,500원이 됩니다.

② 직원 B는 휴가를 가기 전에 업무를 마무리하려고 주말에 근무를
  했습니다. B가 토요일에는 점심시간 1시간을 제외하고 8시간을
  근무하고, 일요일에는 5시간을 근무했다면 총시간외근무수당은
  얼마일까요?

사례의 게임개발업체의 경우 토요일이 무급휴무일로 규정되어 있기
때문에 토요일 근무는 휴일근무가 아닌 연장근무에 해당되며, 일요일만
휴일근무에 해당됩니다. 따라서 B의 시간외근무수당은 다음과 같이 계
산됩니다.

- 연장근무수당 : 10,000원×8시간×1.5(가산수당)=120,000원
- 휴일근무수당 : 10,000원×5시간×1.5(가산수당)=75,000원

따라서 직원 B의 총시간외근무수당은 195,000원이 됩니다.

③ 대학생 C는 방학 동안 게임개발에 참여하고 있는 아르바이트직 원입니다. 오후 6시부터 오후 10시까지 근무하기로 한 C가 게임 출시 일정이 얼마 남지 않아 2시간을 추가근무하고 오전 12시에 퇴근했다면 시간외근무수당은 얼마일까요?

시간외근무에 따른 C의 연장근무수당, 야간근무수당은 각각 다음과 같이 계산됩니다.

- 연장근무수당 : 10,000원×2시간×1.5(가산수당)=30,000원
- 야간근무수당 : 10,000원×2시간×0.5(가산수당)=10,000원

따라서 C의 총시간외근무수당은 40,000원이 됩니다. 이 사례와 같이 단시간직원의 경우 1일 근무시간이 8시간을 넘지 않아도 회사와 정한 소정근무시간을 넘겨서 일하면 연장근무수당이 발생합니다. 또한 앞의 사례와 마찬가지로 오후 10시 이후 근무시간에 대해서는 연장근무수당과는 별도로 야간근무수당을 추가로 지급해야 합니다.

04

휴일관리

1. 휴일의 개념 및 종류

휴일이란 근로의 의무가 없는 날을 말하며, 법정휴일과 약정휴일로 구분됩니다. 법정휴일은 법에서 정한 휴일로서 주휴일과 근로자의 날이 해당되고, 유급으로 부여해야 합니다. 이에 비해 약정휴일은 창립기념일 등 회사가 자유롭게 정한 휴일을 말하며, 의무적으로 부여해야 하는 휴일이 아니므로 무급으로 부여할 수 있습니다.

이 중에서 실무상의 휴일은 법정휴일에 해당하는 '주휴일'을 의미합니다. 주휴일은 반드시 일요일에 부여할 필요는 없으며, 회사와 직원들이 협의하여 주휴일을 임의로 정할 수 있습니다.

상시근로자 수 5인 이상 사업장에서 휴일근무를 하면 통상임금의 150%를 지급해야 합니다. 다만 4주를 평균하여 1주 15시간 미만을 근무하는 직원에게는 유급휴일을 부여(주휴수당 지급)할 의무가 없습니다.

2. 공휴일은 법정휴일일까요?

소위 '빨간 날'로 불리는 공휴일은 관공서의 공휴일에 관한 규정에 의
한 휴일로 민간기업의 법정휴일이 아니었습니다. 그래서 많은 중소기업
들이 공휴일을 근무일로 지정하여 휴일로 운영하지 않거나, 공휴일에
휴무하더라도 휴일이 아닌 '연차휴가'로 처리하는 경우가 많았습니다.
하지만 최근 근로기준법이 개정되어 앞으로는 '민간기업에서도 공휴일
을 법정휴일로 부여'하도록 했습니다. 다만 근로시간 단축과 마찬가지로
사업현장에서 준비할 시간을 주기 위해 사업장규모에 따라 실시시기를
달리 적용하고 있습니다.

근로기준법 제55조(휴일)

② 사용자는 근로자에게 대통령령으로 정하는 휴일을 유급으로 보장하여야 한다. 다만 근로자대표와 서면으로 합의한 경우 특정한 근로일로 대체할 수 있다.

(시행일) 제55조 제2항의 개정규정은 다음 각 호의 구분에 따른 날부터 시행한다.

1. 상시근로자 300인 이상 및 국가, 지자체, 공공기관 : 2020년 1월 1일

2. 상시 30명 이상 300명 미만 사업장 : 2021년 1월 1일

3. 상시 5인 이상 30명 미만 사업장 : 2022년 1월 1일

근로기준법 시행령 제30조(주휴일)

② 법 제55조 제2항 본문에서 '대통령령으로 정하는 휴일'이란 관공서의 공휴일에 관한 규정 제2조 각 호(제1호는 제외한다)에 따른 공휴일 및 같은 영 제3조에 따른 대체공휴일을 말한다.

→ 위반 시 2년 이하의 징역 또는 2,000만 원 이하의 벌금

● **관공서의 공휴일에 관한 규정**

구분	세부내용
공휴일	• 국경일 : 3·1절, 광복절, 개천절, 한글날 • 1월 1일, 설 및 추석연휴 3일 • 부처님오신날, 어린이날, 현충일, 크리스마스 • 공직선거법상 선거일 • 기타 정부에서 수시 지정일(임시공휴일)
대체공휴일	설·추석연휴 및 어린이날이 일요일 또는 다른 공휴일과 겹치면 다음 비공휴일을 공휴일로 정함(어린이날은 토요일이 겹치는 경우 포함)

창업기업의 경우 향후 공휴일도 법정휴일로 운영해야 한다는 점을 감안하여 특별한 상황이 아니라면 근무형태 및 휴일을 결정할 때 공휴일을 휴일로 정하는 것이 바람직합니다.

3. 근로자의 날

근로자의 날(5월 1일)은 법정휴일로서 주휴일과 함께 반드시 유급휴일로 운영해야 합니다. 다만 직원의 동의를 받아 근로자의 날에 근무하는 것은 가능합니다. 만일 근로자의 날에 근무를 하게 되면 휴일근무수당(통상임금의 150%)을 지급하거나, 근무시간의 1.5배에 상응하는 휴일을 부여(예를 들어 근로자의 날 8시간을 근무했다면 12시간(8시간×1.5배))해야 합니다.

4. 휴일대체근무

업무상 부득이하게 휴일근무를 하게 되면 휴일근무수당을 지급할 수도 있지만, '대체휴일'을 부여할 수도 있습니다. 이처럼 지정된 휴일(예 : 일요일을 주휴일로 지정)에 근무를 하고 다른 근무일을 휴일로 대체(예 : 수요일을 휴일로 대체)하는 것을 '대체휴일 또는 휴일대체'라고 합니다. 정상적으로 휴일대체가 이루어지는 경우 휴일근무가 정상근무로 인정되므로 휴일근무수당을 지급할 필요는 없습니다. 다만 휴일대체가 직원에게 불리할 수 있으므로 다음의 요건을 갖추어야 합니다.

① 근로자 대표와의 서면합의가 있어야 함
② 적어도 24시간 전에 해당 직원에게 교체할 휴일을 특정하여 고지해야 함

다만 근로자의 날은 휴일을 대체할 수 있는 법 규정이 없어서 휴일대체가 되지 않습니다. 따라서 앞에서 설명했듯이 근로자의 날에 근무를 했다면 통상임금의 150%에 해당하는 휴일근무수당을 지급하거나 1.5배의 휴일을 부여해야 합니다.

🎯 직원 6명인 회사의 휴일관리가 잘못된 사례는 무엇일까요?

① 1주일에 14시간 근무하는 아르바이트직원에게는 주휴수당을 지급하지 않는다.
② 2019년부터는 관공서의 공휴일을 의무적인 휴일로 부여해야 한다.
③ 근로자의 날에 근무하는 경우 휴일근무수당을 지급한다.
④ 휴일대체는 교체할 휴일을 특정하여 적어도 24시간 전에 고지한다.

정답은 ②입니다. 법 개정으로 관공서의 공휴일을 휴일로 부여해야 하는 것은 맞지만, 단계적 시행규정에 따라 직원이 6명인 회사의 경우 2022년 1월부터 의무적용 사업장이 됩니다(215쪽 내용 참조). 다만 의무적용시기 이전에 휴일로 운영하는 방식은 당연히 가능합니다.

05

휴가관리

일반적으로 회사에서의 휴가관리는 '연차유급휴가(이하 '연차휴가'라고 함)' 관리를 의미합니다. 과거에는 '쉬지 않고 일하는 것이 성실한 것'으로 생각하는 한국의 조직문화 특성 때문에 직원들이 원할 때 휴가를 사용하거나 남은 휴가에 대해 미사용수당을 지급해야 하는 연차휴가 관리가 제대로 이루어지지 않았습니다.

하지만 최근 일과 삶의 균형이 강조되면서 연차휴가 사용 및 연차휴가수당 미지급에 대한 직원들의 불만이 늘어나고 그에 따라 노동분쟁도 증가하고 있습니다. 이러한 경향에 따라 휴가관리에 대한 관리감독이 강화되고 있고, 최근에는 연차휴가를 강화하는 법 개정이 이루어지기도 했습니다.

여기에서는 연차휴가에 대한 자세한 사항과 경조휴가, 보상휴가, 모성보호휴가와 관련한 주요 사항에 대해 살펴보겠습니다.

누구나 사람 쓰기 전에는 그럴싸한 계획이 있다

1. 연차유급휴가

1) 연차휴가 관리가 필요한 사업장

연차휴가는 업종에 상관없이 상시근로자 수 5인 이상인 경우 의무적으로 부여해야 합니다. 연차휴가는 유급휴가이므로 연차휴가를 사용했다고 해서 임금을 공제할 수 없습니다.

창업기업의 경우 사업 초기에 상시근로자 수가 5인 미만이라면 연차휴가를 부여할 의무가 없으며, 사업장환경에 맞춰 휴가일수를 조정하면 됩니다. 다만 상시근로자 수가 5인 이상이 되는 시점부터는 법정일수만큼 연차휴가를 부여해야 합니다.

실무상 수습직원, 단기계약직, 일용직, 시간제직원 등 단기간 또는 단시간직원에게는 연차휴가를 부여하지 않는 경우가 있는데, 연차휴가 발생요건을 갖추었다면 일반직원과 마찬가지로 이들에게도 연차휴가를 부여해야 합니다. 또한 휴가를 사용하지 않았다면 연차휴가 미사용수당도 지급해야 합니다.

2) 연차휴가일수

연차휴가일수는 근무기간과 출근율에 따라 다음과 같이 달라집니다.

(1) 입사 후 1년 미만 직원

입사 후 1개월 만근을 하면 1일의 연차휴가가 발생합니다. 다만 만근 여부는 입사한 달 이후부터 판단하기 때문에 입사한 당월에는 연차휴가가 발생하지 않습니다. 즉, 입사 후 1년 미만 동안 결근이 없다면 총 11일의 연차휴가가 발생하는 것이지요. 다만 그 기간 중에 결근한 날이 있다면 해당 월에 대해서는 연차가 발생하지 않습니다. 예를 들어 1월 1일에 입사하여 12월 31일까지 3, 5, 7월에 결근이 있었다면 총 8일의 연차휴가가 발생하게 됩니다.

관련법이 개정되기 전에는 입사 1년 차 직원이 연차휴가를 사용하는 경우 2년 차에 발생할 15일의 연차휴가에서 공제했습니다. 결과적으로 입사 후 2년 동안 총 15일의 연차휴가만 사용할 수 있었던 것이지요. 하지만 2018년 5월 29일에 관련법이 개정됨으로써 입사 후 1년 차에 연차휴가를 사용하더라도 2년 차 연차휴가에서 공제할 수 없게 되었습니다. 즉, 입사 후 1년 차에는 11일(매월 만근 시 1일), 2년 차에는 15일의 연차휴가가 발생하여 입사 후 2년 동안 총 26일의 연차휴가를 사용할 수 있습니다.

(2) 입사 후 1년 이상 직원

입사 후 1년 이상이 된 직원의 1년간 출근율이 80% 이상인 경우 15일의 연차휴가가 발생합니다. 또한 다음 표와 같이 입사 3년 차에는 1일의 '가산휴가'가 부여되며, 이후 2년 단위로 1일의 가산휴가가 추가됩니다. 다만 총연차휴가일수는 25일을 넘지 않습니다.

●근무기간별 휴가일수(1년 미만 매월 만근, 출근율 80% 이상인 경우)

근무기간	1년 미만	1년	2년	3년	5년	10년	21년 ~
휴가일수	11일	15일	15일	16일	17일	19일	25일

가산휴가일수의 계산방법은 다음과 같습니다.

- 계산식 : (근무연수−1년)÷2＝휴가일수(소수점 이하 버림)
- 예) 근무기간이 4년인 경우 : 15일(기본)＋{(4−1)÷2}＝16일
  근무기간이 15년인 경우 : 15일(기본)＋{(15−1)÷2}＝22일

(3) 1년간 출근율이 80% 미만인 직원의 경우

과거에는 1년간 출근율이 80% 미만인 경우 연차휴가가 발생하지 않았습니다. 하지만 2012년에 관련법이 개정되어 1년간 80% 미만으로 출근한 직원에게도 1개월 만근 시 1일의 연차휴가가 발생하게 되었습니다. 이와 관련하여 출근율을 산정할 때는 산업재해로 인한 휴업기간, 출산 전후 휴가(유·사산휴가 포함), 육아휴직은 출근한 것으로 인정합니다.

관련 법조항

근로기준법 제60조(연차유급휴가)
① 사용자는 1년간 80퍼센트 이상 출근한 근로자에게 15일의 유급휴가를 주어야 한다.

② 사용자는 계속하여 근로한 기간이 1년 미만인 근로자 또는 1년간 80 퍼센트 미만 출근한 근로자에게 1개월 개근 시 1일의 유급휴가를 주어야 한다.

③ 삭제

④ 사용자는 3년 이상 계속하여 근로한 근로자에게는 제1항에 따른 휴가에 최초 1년을 초과하는 계속 근로 연수 매 2년에 대하여 1일을 가산한 유급휴 가를 주어야 한다. 이 경우 가산휴가를 포함한 총휴가일수는 25일을 한도 로 한다.

→ 위반 시 2년 이하의 징역 또는 2,000만 원 이하의 벌금

(4) 휴가일수 계산사례

① 직원 A는 2019년 3월 1일에 입사하여 2022년 3월 15일에 퇴사했으며, 근무기간 동안 매월 개근을 해서 80% 이상 출근조건을 충족하고 있습니다. A의 근무기간 중 총휴가일수는 며칠일까요?

직원 A의 근무연도별 휴가일수는 다음과 같습니다.

- 2019.3.1~2020.2.28 : 11일(1개월 개근 시 1일의 휴가 발생)
- 2020.3.1~2021.2.28 : 15일(입사 1년 이상)
- 2021.3.1~2022.2.28 : 15일(입사 2년 이상)
- 2022.3.1~2022.3.15 : 16일(입사 3년 이상 가산휴가 1일 추가)

따라서 A의 근무기간 중 총휴가일수는 57일이 됩니다.

② 직원 B는 2019년 1월 1일에 1년간의 계약직으로 입사하여 2019년 12월 31일에 퇴사했습니다. B는 근무기간 중 매월 만근했으며 연차휴가는 사용하지 않았습니다. B가 퇴직할 때 금전으로 보상해야 하는 휴가일수는 며칠일까요?

B가 입사 후 1년간 매월 만근을 했으므로 1개월 개근할 때마다 1일의 연차휴가가 발생하여 총 11일의 휴가가 발생합니다. 여기에 입사 후 만 1년이 되는 시점에 15일의 연차휴가가 추가로 발생하기 때문에 B가 퇴직하는 시점에 총휴가일수는 26일이 됩니다. B의 경우 퇴사로 인해 연차휴가를 사용할 수 없으므로 총휴가일수 26일 전체에 대해 금전으로 보상해야 합니다.

관련 판례

퇴사에 따른 연차휴가 보상 관련 판례 : 대법원 2003다48556
유급(연차휴가수당)으로 연차휴가를 사용할 권리는 근로자가 1년간 소정의 근로를 마친 대가로 확정적으로 취득하는 것이므로, 근로자가 일단 연차유급휴가권을 취득한 후에 연차유급휴가를 사용하기 전에 퇴직 등의 사유로 근로관계가 종료된 경우, 근로관계의 존속을 전제로 하는 연차휴가를 사용할 권리는 소멸한다 할지라도 근로관계의 존속을 전제로 하지 않는 연차휴가수당을 청구할 권리는 그대로 잔존하는 것이어서, 근로자는 근로관계 종료 시까지 사용하지 못한 연차휴가일수 전부에 상응하는 연차휴가수당을 사용자에게 청구할 수 있는 것이다.

3) 연차휴가 부여방법

(1) 휴가사용 방법

회사는 직원이 휴가를 청구하는 시기에 유급휴가를 부여해야 합니다. 다만 사업에 막대한 지장이 있는 경우 그 시기를 변경할 수 있습니다. 실무적으로는 직원이 연차휴가를 사용하기 전에 '연차휴가 사용신청서(254쪽 서식 참조)'를 제출하여 회사의 승인을 받게 됩니다.

관련 법조항

근로기준법 제60조(연차유급휴가)
⑤ 사용자는 제1항부터 제4항까지의 규정에 따른 휴가를 근로자가 청구한 시기에 주어야 하고, 그 기간에 대하여는 취업규칙 등에서 정하는 통상임금 또는 평균임금을 지급하여야 한다. 다만 근로자가 청구한 시기에 휴가를 주는 것이 사업 운영에 막대한 지장이 있는 경우에는 그 시기를 변경할 수 있다.
→ 위반 시 2년 이하의 징역 또는 2,000만 원 이하의 벌금

창업기업을 위한 TIP

직원 수가 적은 창업기업의 경우 직원들의 불규칙한 휴가사용으로 인해 업무에 지장이 생길 수 있습니다. 만일 이런 상황이 예상된다면 사전에 전체 직원에게서 휴가계획을 받아서 부서별, 직원별로 휴가사용일을 미리 조정하는 방식을 고려해볼 수 있습니다.

| 누구나 사람 쓰기 전에는 그럴싸한 계획이 있다

(2) 회계연도기준 적용

연차휴가는 원칙적으로 직원의 '입사일'을 기준으로 관리합니다. 하지만 직원이 많아지면 입사일이 각각 달라 휴가관리에 어려움이 생기기 때문에, 이런 경우 회사의 관리상 편의를 위해 '회계연도기준(통상적으로 1.1~12.31)'을 일괄 적용하여 연차휴가일수를 산정하고 관리하게 됩니다. 다만 회계연도기준 연차휴가일수 산정은 원칙적인 방법이 아니기 때문에 직원들에게 불리하게 적용되면 안 됩니다.

① 회계연도기준 연차휴가일수 계산사례

다음과 같이 222쪽과 같은 사례로 회계연도기준 연차휴가를 계산해 보겠습니다.

> 직원 A는 2019년 3월 1일에 입사하여 2022년 3월 15일에 퇴사했으며, 근무기간 동안 매월 개근을 해서 80% 이상 출근조건을 충족하고 있습니다. 회계연도를 기준으로 했을 때 A의 근무기간 중 총휴가일수는 며칠일까요?

회계연도를 기준으로 했을 때 직원 A의 근무연도별 휴가일수는 다음과 같습니다.

- 2019.3.1~2019.12.31 : 9일(1개월 개근 시 1일의 휴가 발생(4월~12월분))
- 2020.1.1~2020.2.28 : 2일(1개월 개근 시 1일의 휴가 발생(1월~2월분))
- 2020.1.1~2020.12.31 : 12.6일(입사 2년차 전년도 근무일수 비례 계산)

- 2021.1.1~2021.12.31 : 15일(입사 3년차)
- 2022.1.1~2022.3.15 : 15일(입사 4년차)

위의 계산에서 A의 2020년 휴가일수는 다음과 같이 직전 회계연도인 2019년 미재직일수 2개월(2019.1~2월)을 감안한 실제 재직기간에 대해 일할계산이 적용됩니다.

- 15일×306일(12개월-2개월)÷365일(연간일수)=약 12.6일

따라서 A의 근무기간 중 발생한 총휴가일수는 53.6일이 됩니다.

② 입사일 기준 연차휴가일수와 비교하여 퇴직 정산

앞서 입사일을 기준으로 계산한 직원 A의 총휴가일수는 57일로, 회계연도를 기준으로 계산한 53.6일보다 3.4일 많습니다. 이처럼 관리편의상 회계연도를 기준으로 연차휴가를 산정했더라도 직원 입장에서 입사일을 기준으로 산정했을 때보다 불리해서는 안 됩니다. 따라서 회사에서는 직원 A가 퇴사하기 전에 3.4일의 휴가를 추가로 부여하거나, 퇴직 정산 시 3.4일의 연차유급휴가 미사용에 따른 휴가수당을 추가로 지급해야 합니다.

이처럼 직원의 증가로 인해 관리편의상 연차휴가일수를 입사일이 아닌 회계연도를 기준으로 산출할 때는 직원들의 동의를 받아 관련 규정을 개정하는 등의 절차가 필요하며, 무엇보다 변경된 규정이 직원들에

게 불리하게 작용하지 않도록 관리해야 합니다. 또한 실무적으로 연차휴가 관리와 관련해서 다양한 사례가 발생할 수 있고, 관련 법규정을 이해하기 어려운 부분도 있는 만큼 전문가의 도움을 받아 휴가관리 체계를 수립하는 방법을 고려해볼 필요가 있습니다.

(3) 연차휴가의 대체사용

앞서 설명했듯이 연차휴가는 원칙적으로 직원이 청구하는 시기에 부여해야 하지만, 회사가 특정일을 휴무일로 정해 연차휴가를 사용하게 할 수도 있습니다. 다만 이러한 연차휴가대체는 회사가 일방적으로 실시할 수 없으며, '근로자대표와의 서면합의'가 있어야 합니다. 근로자대표란 사업 또는 사업장에 근로자의 과반수로 조직된 노동조합이 있는 경우에는 그 노동조합, 그러한 노동조합이 없는 경우에는 근로자의 과반수를 대표하는 자를 말합니다(근로기준법 제24조 제3항). 실무상으로는 직원 과반수 이상의 찬성으로 근로자대표를 선출하고, 이를 증명하기 위해 '근로자대표 선정서(256쪽 서식 참조)'를 작성합니다.

관련 법조항

근로기준법 제62조(유급휴가의 대체)
사용자는 근로자대표와의 서면합의에 따라 제60조에 따른 연차유급휴가일을 갈음하여 특정한 근로일에 근로자를 휴무시킬 수 있다.

이밖에 공휴일, 임시공휴일(선거일 등), 여름휴가 등을 휴일이나 약정휴가로 지정하지 않은 사업장에서 해당 공휴일 등에 휴무를 부여하면서 연차휴가를 대체 사용하는 식으로 처리하는 경우가 있습니다. 하지만 이런 방식은 앞서 설명했듯이 사업장의 규모에 따라 단계적으로 공휴일을 법정휴일로 부여하도록 한 법 개정(214쪽 내용 참조)에 따라 사업장별로 해당 법규정의 적용시기가 되면 연차휴가로 대체 사용할 수 없습니다.

다만 휴일과 휴일 사이의 근무일(소위 '샌드위치 데이')이나 창립기념일, 여름휴가 등을 연차휴가로 대체하는 방식은 향후에도 활용할 수 있습니다. 이런 경우 근로자대표와의 서면합의(255쪽 서식 참조)를 통해 대체하거나, 직원 개인별로 '연차휴가신청서(254쪽 서식 참조)'를 받아 처리하면 됩니다.

4) 연차유급휴가 미사용수당

1개월 만근 여부, 출근율, 근무기간에 따라 발생한 연차휴가는 1년간 사용해야 하며, 사용기간 동안 사용하지 않으면 더 이상 휴가를 사용할 수 없습니다.

관련 법조항

근로기준법 제60조(연차유급휴가)
⑦ 제1항부터 제4항까지의 규정에 따른 휴가는 1년간 행사하지 아니하면 소멸된다. 다만 사용자의 귀책사유로 사용하지 못한 경우에는 그러하지 아니하다.

다만 휴가사용기간이 지나거나 퇴직으로 인해 더 이상 휴가를 사용할 수 없게 된 시점에 미사용일수가 있다면 회사에서는 그에 대해 '연차유급휴가 미사용수당(이하 연차수당)'을 지급해야 합니다.

(1) 지급시기

휴가사용시기가 끝난 다음 날에 연차수당을 지급해야 하지만, 실무적으로는 통상 지급일이 속한 임금지급일에 지급하고 있습니다. 예를 들어 2018년 1월 1일에 입사한 직원은 2019년 1월 1일에 15일의 연차휴가가 발생하며, 1년간(2019.1.1~2019.12.31) 휴가를 사용할 수 있고, 만약 휴가 미사용일수가 있다면 2020년 1월 임금지급일에 연차수당을 지급받게 됩니다.

(2) 지급액

연차휴가 미사용일수에 해당 직원의 일급을 곱해서 계산된 금액을 지급해야 합니다. 이때 일급은 해당 직원이 연차휴가를 사용할 수 있었던 마지막 달의 임금을 기준으로 산출합니다.

(3) 1년 미만 근무자 퇴사 시 연차수당 정산방법

1년 미만 근무자의 경우 1개월 개근 시 1일의 연차휴가가 발생하므로 퇴직시점까지 개근한 개월 수만큼 휴가가 발생합니다. 따라서 발생한 휴가일에서 퇴사 시까지 사용한 일수를 공제하고 나머지 미사용일수에 대한 연차수당을 지급해야 합니다. 예를 들어 2019년 4월 1일에 입사하여 같은 해 9월 30일에 퇴사한 직원이 3일의 휴가를 사용했다면 3일(발생 6일-사용 3일)에 대한 연차수당을 지급해야 합니다.

(4) 연차휴가의 이월사용

앞서 설명했듯이 연차휴가는 1년간의 사용기간이 지나면 사용할 수 없으며, 미사용일수에 대한 수당을 지급해야 합니다. 다만 회사와 직원이 합의하여 연차수당 대신 연차휴가를 이월하여 사용하는 방식을 활용할 수는 있습니다. 따라서 창업기업으로서 연차수당 지급이 부담스럽거나, 업무특성상 이월사용이 가능하다면 이월사용 방식을 고려해볼 수 있습니다.

관련 행정해석

연차유급휴가의 이월사용 가능 여부 판단 행정해석 : 근로기준정책과-3079
노사 당사자는 휴가청구권이 소멸되는 미사용휴가에 대하여 금전보상 대신 이월하여 사용하도록 합의하는 것은 가능할 것이나, 근로자의 의사에 반해 사용자가 이를 강제할 수는 없을 것으로 사료됨. 한편, 미사용한 휴가일수에 대한 수당청구권은 휴가사용이 이월된 연차휴가의 휴가청구권이 소멸된 직후의 임금지급일에 발생한다고 할 것임

---

5) 연차휴가 사용촉진제도

근로기준법에서는 연차휴가 사용을 촉진하기 위한 규정을 두고 있습

니다(257~258쪽 서식 참조). 이러한 규정에 따라 회사가 사용촉진 절차를 이행했음에도 불구하고 직원이 연차휴가를 사용하지 않는 경우 미사용 휴가에 대해 보상하지 않아도 됩니다.

관련 법조항

근로기준법 제61조(연차유급휴가의 사용촉진)

사용자가 제60조 제1항 및 제4항에 따른 유급휴가의 사용을 촉진하기 위하여 다음 각 호의 조치를 하였음에도 불구하고 근로자가 휴가를 사용하지 아니하여 제60조 제7항 본문에 따라 소멸된 경우에는 사용자는 그 사용하지 아니한 휴가에 대하여 보상할 의무가 없고, 제60조 제7항 단서에 따른 사용자의 귀책사유에 해당하지 아니하는 것으로 본다.

1. 제60조 제7항 본문에 따른 기간이 끝나기 6개월 전을 기준으로 10일 이내에 사용자가 근로자별로 사용하지 아니한 휴가일수를 알려주고, 근로자가 그 사용시기를 정하여 사용자에게 통보하도록 서면으로 촉구할 것

2. 제1호에 따른 촉구에도 불구하고 근로자가 촉구를 받은 때부터 10일 이내에 사용하지 아니한 휴가의 전부 또는 일부의 사용시기를 정하여 사용자에게 통보하지 아니하면 제60조 제7항 본문에 따른 기간이 끝나기 2개월 전까지 사용자가 사용하지 아니한 휴가의 사용시기를 정하여 근로자에게 서면으로 통보할 것

위와 같은 연차촉진제도는 규모가 비교적 크고, 회계연도 기준으로 연차휴가를 부여하는 회사에서 많이 활용되고 있습니다. 다만 1년 미만 근무자와 1년 미만 80% 미만 출근한 직원에게 부여하는 1개월 개근 시 1일의 휴가의 경우 이러한 사용촉진 대상에서 제외됩니다.

● 회계연도기준(1.1~12.31) 연차휴가 사용촉진 시기

사용시기 지정요구 (회사 → 직원)	사용시기 지정 통보 (직원 → 회사)	휴가시기 지정 통보 (회사 → 직원)	휴가 사용 (직원)
미사용일수를 알려 주고, 남은 휴가에 대한 사용시기 지정 요구	미사용휴가 사용시기 통보	직원이 사용시기를 지정하지 않은 경우 회사가 휴가사용 일 자를 특정하여 통보	휴가사용 지정일에 휴가 사용, 미사용 시 연차휴가 보상의 무 면제
7.1 ~ 7.10	10일 이내 (7.10~7.20)	7.20~10.31	~12.31

연차휴가 사용촉진제도는 법에서 정한 절차를 정확히 지켜야 하고 장기간 잘 관리해야 한다는 어려움이 있습니다. 실제로 이러한 제도를 도입했다가 관리상 실수로 인해 종종 절차준수의 적법성 여부를 따지는 분쟁이 발생하고 있으므로 주의가 필요합니다.

지금까지는 대부분의 창업기업에서 임금이나 근무시간 관리에 비해 휴가관리가 소홀히 다루어져왔던 것이 사실입니다. 하지만 앞서 설명했듯이 휴가 관련 법규정이 개정되고, 일과 삶의 균형에 대한 직원들의 요구가 늘어남에 따라 휴가관리에 대한 중요성도 커지고 있습니다. 실제로 창업기업에서 채용면접을 볼 때 "연차휴가가 있나요?", "휴가일수가 며칠인가요?" 등 지원자들의 연차휴가 관련 질문이 늘어나고 있고, 연봉이 만족스럽더라도 휴가제도가 제대로 갖춰져 있지 않은 회사에는 입사를 꺼리는 사례도 발생하고 있습니다. 따라서 상대적으로 인재확보가 쉽지 않은 창업기업 입장에서는 사업 초기부터 직원들에 대한 연차휴가 관리에 신경 쓸 필요가 있습니다.

2. 경조휴가

경조휴가는 직원들에게 생기는 경사(결혼, 칠순 등)와 조사(사망 등)에 대해 부여하는 휴가를 말합니다. 경조휴가는 연차휴가와는 달리 법정휴가가 아니므로 휴가부여 여부를 회사가 자체적으로 결정할 수 있습니다. 즉, 회사 여건상 경조휴가를 부여하지 않거나 무급휴가로 처리한다고 해서 법 위반이 되지는 않습니다. 다만 일반적으로는 대부분의 회사가 연차휴가와 별도로 경조휴가를 유급으로 부여하고 있습니다.

경조휴가를 부여하는 경우 다음 쪽 표와 같은 경조사규정이나 복리후생규정을 두고 경조사에 따른 휴가일수, 금액 및 물품의 지원내용 등을 규정하거나, 경조사 관련 내용을 취업규칙에 포함시키기도 합니다. 따라서 창업기업의 경우에도 회사의 사정에 맞게 경조사 관련 기준을 정하여 운영하면 됩니다.

●경조휴가일수 및 경조금 지급 관련 규정사례

구분	휴가일수	경조금 (만 원)	비고
본인 결혼	5일	50	
본인 및 배우자 부모의 회갑 또는 칠순	1일	20	
본인 사망		100	10만 원 상당의 조화, 화환 등 경조물품 지원
배우자, 본인 및 배우자의 부모, 자녀 사망	5일	50	
형제 및 자매, 조부모 사망	3일	30	
출산, 돌잔치, 자녀입학 등 회사의 상황에 맞춰 경조사 항목 추가 가능	1일	10	

3. 보상휴가

앞서 설명했듯이 연장근무, 야간근무, 휴일근무에 대해서는 원칙적으로 통상임금의 50%를 가산하여 시간외근무수당을 지급해야 합니다. 하지만 '근로자대표와의 서면합의'를 통해 보상휴가제도를 도입함으로써 가산수당을 지급하는 대신 보상휴가를 부여할 수 있습니다. 이 경우 가산수당 지급액에 상응하는 보상휴가를 부여해야 하는데, 예를 들어 6시간의 연장근무가 있었다면 6시간의 150%인 9시간의 보상휴가를 부여해야 합니다. 보상휴가제도는 회사 입장에서 수당지급으로 인한 인건비 부담이 있고, 직원들도 수당지급보다는 보상휴가를 원하는 경우에 도입을 검토해볼 수 있습니다.

누구나 사람 쓰기 전에는 그럴싸한 계획이 있다

근로기준법 제57조(보상휴가제)
사용자는 근로자대표와의 서면합의에 따라 제56조에 따른 연장근로·야간근로 및 휴일근로에 대하여 임금을 지급하는 것을 갈음하여 휴가를 줄 수 있다.

4. 모성보호휴가 등

노동법에는 여성과 관련된 보호규정, 특히 자녀의 임신과 출산, 육아와 관련된 모성보호규정이 많습니다. 따라서 이러한 규정이 적용되는 여성직원이 많은 창업기업의 경우 관련 노동법 준수사항을 숙지하여 인사관리에 반영할 필요가 있습니다. 즉, 여성직원의 채용과 업무배치 시에 모성보호조항을 감안해야 하며, 특히 출산휴가와 육아휴직의 사용신청을 금지하거나 해당 직원에게 불이익을 주는 조치 등은 엄격히 금지된다는 사실에 유의해야 합니다. 만약 이런 법규정을 위반하면 다른 법을 위반했을 때보다 엄격한 처벌을 받게 됩니다.

여기서는 위와 같이 중요한 의미가 있는 모성보호규정 및 일·가정 양립지원을 위한 보호규정에 대해 자세히 살펴보겠습니다.

1) 여성직원의 시간외근무 제한

여성직원에게 야간근무와 휴일근무를 시킬 때는 반드시 본인의 동의를 받아야 합니다. 또한 임신 중이거나 출산 후 1년 미만인 여성직원에 대해서도 연장·야간·휴일근무에 대한 법적인 제한이 있습니다(202쪽 내용 참조).

2) 생리휴가

여성직원이 생리휴가를 청구하면 회사는 특별한 사정이 없는 한 해당 직원이 신청한 시기에 휴가를 부여해야 합니다. 생리휴가는 무급휴가로서, 휴가를 사용하는 경우 임금에서 공제할 수 있습니다. 다만 상시근로자 수 5인 미만 사업장의 경우 생리휴가를 부여할 법적 의무가 없습니다.

관련 법조항

근로기준법 제73조(생리휴가)
사용자는 여성근로자가 청구하면 월 1일의 생리휴가를 주어야 한다.
→ 위반 시 500만 원 이하의 벌금

---

3) 임신 중인 여성의 보호

(1) 임신기간 중 근무시간 단축

임신기간 중 근무시간 단축 관련 법규정은 임신 중인 여성직원의 유산이나 조산을 예방하기 위해 2014년에 신설되었으며, 상시근로자 수와 상관없이 '전 사업장'에 적용됩니다. 이러한 법규정에 따라 여성직원이 근로시간 단축 개시 예정일의 3일 전까지 임신기간, 근로시간 단축 개시 및 종료예정일, 근무개시 및 종료시각 등을 정해 의사의 진단서를 첨부하여 사용자에게 제출하면 근로시간 단축을 허용(근로기준법 시행령 제43조의2)해야 하며, 이 기간 동안 임금을 감액할 수 없습니다.

관련 법조항

근로기준법 제74조(임산부의 보호)
⑦ 사용자는 임신 후 12주 이내 또는 36주 이후에 있는 여성근로자가 1일 2시간의 근로시간 단축을 신청하는 경우 이를 허용하여야 한다. 다만 1일 근로시간이 8시간 미만인 근로자에 대하여는 1일 근로시간이 6시간이 되도록 근로시간 단축을 허용할 수 있다.
⑧ 사용자는 제7항에 따른 근로시간 단축을 이유로 해당 근로자의 임금을 삭감하여서는 아니 된다.
→ 위반 시 500만 원 이하의 과태료

---

(2) 태아검진 시간의 허용

일반적으로 태아검진은 주말이나 휴가를 이용하여 받기 때문에 실제로 사업현장에서 여성직원들이 근무시간 중에 태아검진 시간을 요청하는 경우는 많지 않습니다. 하지만 직원의 요청이 있다면 사용자는 유급으로 태아검진 시간을 부여해야 합니다. 다만 상시근로자 수 5인 미만 사업장의 경우 태아검진 시간을 부여할 의무가 없습니다.

● 정기건강진단 실시기준(모자보건법 시행규칙 별표 1)

구분	시기
임신 28주까지	4주마다 1회
임신 29주에서 36주까지	2주마다 1회
임신 37주 이후	1주마다 1회

관련 법조항

근로기준법 제74조2(태아검진시간의 허용 등)
① 사용자는 임신한 여성근로자가 「모자보건법」 제10조에 따른 임산부 정기건강진단을 받는 데 필요한 시간을 청구하는 경우 이를 허용하여 주어야한다.
② 사용자는 제1항에 따른 건강진단시간을 이유로 그 근로자의 임금을 삭감하여서는 아니 된다.

4) 출산여성의 보호 등

(1) 출산 전후 휴가

① 출산 전후 휴가일수

출산 전후 휴가는 총 90일을 부여해야 하며, 특히 출산 후에는 45일 이상의 휴가를 부여해야 합니다. 또한 최근 다태아(쌍둥이 이상) 임신이 많아지는 점을 감안하여 해당 임산부에게는 출산 전후 휴가를 추가로 부여하도록 규정하고 있습니다(총 120일, 출산 후 60일 이상). 다만 출산 전후 휴가기간 중 휴일이 포함되더라도 추가로 휴가를 부여할 필요는 없으며, 90일(다태아 임신의 경우 120일)을 초과하여 휴가를 부여하는 경우 별도의 회사규정이 없으면 추가 휴가일수에 대해서는 무급으로 처리하면 됩니다.

관련 법조항

근로기준법 제74조(임산부의 보호)
① 사용자는 임신 중의 여성에게 출산 전과 출산 후를 통하여 90일(한 번에 둘 이상 자녀를 임신한 경우에는 120일)의 출산전후휴가를 주어야 한다. 이 경우 휴가기간의 배정은 출산 후에 45일(한 번에 둘 이상 자녀를 임신한 경우에는 60일) 이상이 되어야 한다.
→ 위반 시 2년 이하의 징역 또는 2,000만 원 이하의 벌금

---

② 출산 전후 휴가의 분할사용

일반적으로는 여성직원들이 출산휴가를 연속하여 사용하지만, 유·사산 경험이 있는 등 특정 사유에 해당되는 경우 휴가를 나누어 사용할 수 있도록 규정하고 있습니다. 다만 이 경우에도 출산 후 휴가기간이 45일 이상 되어야 하기 때문에 이를 고려하여 출산 전 휴가일수를 나누어 사용해야 합니다.

(2) 유산·사산휴가

임신 중 유산·사산을 한 경우에도 출산과 마찬가지로 휴가를 부여해야 합니다. 다만 휴가일수는 임신기간에 따라 다음과 같이 달라집니다.

1. 11주 이내인 경우 : 유산 또는 사산한 날부터 5일까지

2. 12주 이상 15주 이내인 경우 : 유산 또는 사산한 날부터 10일까지

3. 16주 이상 21주 이내인 경우 : 유산 또는 사산한 날부터 30일까지

4. 22주 이상 27주 이내인 경우 : 유산 또는 사산한 날부터 60일까지

5. 28주 이상인 경우 : 유산 또는 사산한 날부터 90일까지

유·사산휴가는 출산 전후 휴가와 달리 해당 직원이 의료기관의 진단서와 함께 휴가청구 사유와 유산·사산 발생일 및 임신기간 등을 적은 유산·사산휴가 신청서를 회사에 제출하여 청구해야 합니다. 다만 설사 직원의 유·사산휴가 청구가 없더라도 회사 차원에서 해당 직원이 심신을 회복할 수 있도록 충분한 휴가기간을 부여할 필요가 있습니다.

관련 법조항

근로기준법 제74조(임산부의 보호)
③ 사용자는 임신 중인 여성이 유산 또는 사산한 경우로서 그 근로자가 청구하면 대통령령으로 정하는 바에 따라 유산·사산휴가를 주어야 한다. 다만 인공 임신중절 수술(모자보건법 제14조 제1항에 따른 경우는 제외한다)에 따른 유산의 경우는 그러하지 아니하다.
→ 위반 시 2년 이하의 징역 또는 2,000만 원 이하의 벌금

(3) 출산 전후 휴가 및 유산·사산휴가에 따른 임금지급

회사는 직원이 출산 전후 휴가를 사용하는 90일 중 60일은 유급이므로 임금을 지급해야 합니다. 다만 대부분의 창업기업이 해당되는 우선 지원대상기업은 유급으로 지원해야 하는 최소 60일에 대해서도 국가에서 출산 전후 휴가급여를 지원(대기업의 경우에는 마지막 30일만 최대 180만 원을 지원함)하고 있으므로 실제 지급해야 하는 통상임금에서 국가지원금을 뺀 차액만 직원에게 지급하면 됩니다.

국가에서 지급하는 출산 전후 휴가급여는 상한금액이 정해져 있으며, 일정 기간마다 상향 조정되고 있습니다. 2019년 기준 상한액은 540만 원(3개월, 180만 원)이며, 다태아 출산의 경우 지급액이 추가(4개월, 720만 원)됩니다.

관련 법조항

근로기준법 제74조(임산부의 보호)
④ 제1항부터 제3항까지의 규정에 따른 휴가 중 최초 60일(한 번에 둘 이상 자녀를 임신한 경우에는 75일)은 유급으로 한다. 다만 남녀고용평등과 일·가정 양립지원에 관한 법률 제18조에 따라 출산전후휴가급여 등이 지급된 경우에는 그 금액의 한도에서 지급의 책임을 면한다.
→ 위반 시 2년 이하의 징역 또는 2,000만 원 이하의 벌금

위의 내용을 기준으로 월 통상임금 300만 원을 받는 직원의 출산 전후 휴가급여(2019년 기준)를 계산해보면 다음과 같습니다.

① 1일 ~ 60일 : 월 통상임금 300만 원 지급

　　　　　　　(회사가 120만 원 지급+고용보험에서 180만 원 지급)

② 61일 ~ 90일 : 회사지급 없음, 고용보험에서만 180만 원 지급

다만 고용보험에서 지급하는 출산 전후 휴가급여를 받으려면 출산 전후 휴가가 끝난 날 이전에 고용보험 피보험 단위기간이 통산하여 180일 이상이 되어야 하며, 해당 일수는 토요일(토요일이 무급휴무일인 경우)을 제외하고 산정해야 합니다. 만일 고용보험 피보험 단위기간이 180일이 되지 않아서 고용보험에서 출산휴가급여를 받지 못하면 회사에서 60일 동안 월 통상임금의 100%를 지급해야 합니다.

유·사산휴가의 경우에도 휴가일수만큼 휴가급여를 지급해야 하며, 고용보험에서 동일한 기준으로 지원을 받을 수 있습니다.

지금까지 살펴본 출산 전후 휴가, 출산 전후 휴가 분할사용, 유·사산휴가 및 출산 전후 휴가급여에 대한 사항은 상시근로자 수와 상관없이 전 사업장에 적용됩니다. 또한 회사에서 출산 전후 휴가나 유·사산휴가를 사용한 직원에게 인사상 불이익을 주는 것은 금지되며, 해당 휴가 사용기간은 출근한 것으로 처리하여 연차휴가를 산정해야 합니다. 특히 출산 전후 휴가기간 및 그 후 30일 동안은 해고가 절대 금지됩니다.

📊◉ 창업기업을 위한 TIP

여성직원의 출산 전후 휴가로 인한 업무공백이 예상된다면 업무대체자를 확보하는 등 사전에 인력관리 계획을 수립할 필요가 있습니다. 또한 해당 직원이 출산 전후 휴

> 가를 사용한 뒤에 회사에 복귀하지 않고 퇴직할 수도 있고, 육아휴직을 연이어 사용하여 장기간 자리를 비울 수도 있기 때문에 해당 직원에게서 복직 여부 및 육아휴직 사용계획을 사전에 파악하여 대비할 필요가 있습니다.

(4) 배우자 출산휴가

출산한 배우자가 있는 남성직원이 출산한 날부터 30일 이내에 배우자 출산휴가를 청구하면 회사는 휴가를 부여해야 합니다. 만일 이와 관련하여 회사 내부적으로 정해진 규정이 없다면 연속하여 3일간의 유급휴가를 부여해야 합니다. 법규정상 배우자 출산휴가는 5일까지 신청이 가능하지만 회사가 반드시 5일을 부여해야 하는 것은 아니며, 5일의 휴가를 부여한다면 4일째부터는 무급휴가로 처리하면 됩니다. 또한 휴가기간 중 일요일나 공휴일이 포함되더라도 휴가일수가 추가되지는 않습니다. 즉, 직원이 금요일에 3일간의 배우자 출산휴가를 신청하면 일요일에 휴가가 종료됩니다.

이처럼 배우자 출산휴가기간 중 주말이 포함되는 경우에는 일반적으로 해당 직원이 목요일과 금요일은 본인의 연차휴가를 사용하고, 월요일부터 수요일까지 배우자 출산휴가를 청구하여 사용하고 있습니다.

관련 법조항

남녀고용평등과 일·가정 양립지원에 관한 법률 제18조2(배우자 출산휴가)
① 사업주는 근로자가 배우자의 출산을 이유로 휴가를 청구하는 경우에 5

일의 범위에서 3일 이상의 휴가를 주어야 한다. 이 경우 사용한 휴가기간 중 최초 3일은 유급으로 한다.

② 제1항에 따른 휴가는 근로자의 배우자가 출산한 날부터 30일이 지나면 청구할 수 없다.

→ 위반 시 500만 원 이하의 과태료

※ 현재의 배우자 출산휴가기간을 10일까지 확대하고, 우선지원대상기업 직원의 유급휴가 5일분(최대 200만 원)에 대해 정부에서 지원할 예정입니다. 또한 출산일로부터 90일 이내로 신청기간을 확대하고, 1회 분할사용도 가능하도록 법 개정이 추진되고 있으므로 법이 개정되면 시행시기에 맞춰 변경 적용해야 합니다.

5) 육아지원

(1) 육아휴직

① 육아휴직 신청

회사는 직원(남녀불문)이 육아휴직을 청구하면 이를 허용해야 합니다.

관련 법조항

남녀고용평등과 일 · 가정 양립지원에 관한 법률 제19조(육아휴직)
① 사업주는 근로자가 만 8세 이하 또는 초등학교 2학년 이하의 자녀(입양한 자녀를 포함한다)를 양육하기 위하여 휴직(이하 '육아휴직'이라 한다)을

신청하는 경우에 이를 허용하여야 한다. 다만 대통령령으로 정하는 경우에
는 그러하지 아니하다.
→ 위반 시 500만 원 이하의 벌금

육아휴직은 자녀별로 신청할 수 있지만, 다음의 경우에는 회사가 육
아휴직을 부여하지 않아도 됩니다.

관련 법조항

**남녀고용평등과 일·가정 양립지원에 관한 법률 시행령 제10조(육아휴직의
적용 제외)**
1. 육아휴직을 시작하려는 날(이하 '휴직개시예정일'이라 한다)의 전날까지
해당 사업에서 계속 근로한 기간이 6개월 미만인 근로자
2. 같은 영유아에 대하여 배우자가 육아휴직(다른 법령에 따른 육아휴직을
포함한다)을 하고 있는 근로자

다만 육아휴직기간이 겹치지 않는다면 동일한 자녀에 대해 부부가 각
각 육아휴직을 사용(각각 1년씩 최대 2년)할 수 있습니다.

직원이 육아휴직을 청구하려면 휴직개시 예정일 30일 전까지 영유아
정보와 휴직개시일 및 종료일(1년 이내의 기간) 등을 기입한 신청서를 회사
에 제출해야 합니다.

② 육아휴직기간 중 급여 등

육아휴직기간 중 회사는 직원에게 임금을 지급할 의무가 없습니다. 다만 육아휴직을 30일 이상 부여받은 직원의 육아휴직을 시작한 날 이전 피보험 단위기간이 통산하여 180일 이상인 경우 고용보험에서 다음과 같은 방식으로 육아휴직급여를 지급하고 있습니다.

- 육아휴직 시작일부터 3개월까지
  → 통상임금의 100분의 80(상한액 : 월 150만 원, 하한액 : 월 70만 원)
- 4개월째부터 육아휴직 종료일까지
  → 통상임금의 100분의 50(상한액 : 월 120만 원, 하한액 : 월 70만 원)

다만 직원의 장기근속을 유도하기 위해 육아휴직급여액 중 일부(100분의 25)를 해당 직원이 육아휴직 후 직장에 복귀하여 6개월 이상 계속 근무하는 경우에 합산하여 일시불로 지급하고 있습니다.

한편, 고용노동부에서는 육아휴직 사용을 촉진하기 위해 '아빠 육아휴직 보너스' 제도를 운영하고 있습니다. 이 제도에 따라 같은 자녀에 대해 부모가 순차적으로 모두 육아휴직을 사용하는 경우, 두 번째 사용한 사람에게는 3개월간의 육아휴직급여를 통상임금의 100%(상한액 250만 원)로 상향하여 지급합니다.

(2) 육아기 근로시간 단축

육아휴직 대신 육아를 위해 근무시간 단축을 신청하는 제도를 말합니다. 육아휴직과 동일하게 1년간 사용할 수 있으며, 단축 후 근무시간은 주당 15시간 이상 30시간 미만으로 정해야 합니다. 회사에서는 직원의 단축된 근무시간에 비례하여 임금과 휴가일수를 조정할 수는 있지만, 기타 인사상 불이익을 주어서는 안 됩니다.

다만 다음과 같은 경우 회사에서 직원의 근무시간 단축을 허용하지 않아도 됩니다.

- 단축개시 예정일의 전날까지 해당 사업장에서 계속 근로한 기간이 1년 미만인 직원
- 같은 영유아의 육아를 위해 배우자가 육아휴직을 하고 있는 직원

직원이 육아기 근로시간 단축을 30일 이상 사용하는 경우 고용지원센터에서 다음과 같이 육아휴직급여액을 기준으로 해당 직원의 단축 전후 소정근로시간에 비례하여 육아기 근로시간단축 지원금을 지급합니다.

- 통상임금의 80%(하한액 50만 원, 상한액 150만 원)×(단축 전 소정근로시간−단축 후 소정근로시간)÷단축 전 소정근로시간

관련 법조항

남녀고용평등과 일·가정 양립지원에 관한 법률 제19조2(육아기 근로시간 단축)
① 사업주는 제19조 제1항에 따라 육아휴직을 신청할 수 있는 근로자가 육

아휴직 대신 근로시간의 단축(이하 '육아기 근로시간 단축'이라 한다)을 신청하는 경우에 이를 허용하여야 한다. 다만 대체인력 채용이 불가능한 경우, 정상적인 사업운영에 중대한 지장을 초래하는 경우 등 대통령령으로 정하는 경우에는 그러하지 아니하다.

→ 위반 시 500만 원 이하의 과태료

(3) 육아휴직과 육아기 근로시간 단축의 사용형태

육아휴직이나 육아기 근로시간 단축을 원하는 직원은 다음 중 하나의 방법을 선택하여 사용할 수 있습니다. 다만 어느 방법을 사용하든 그 총기간이 1년을 넘을 수 없습니다.

---

1. 육아휴직의 1회 사용
2. 육아기 근로시간 단축의 1회 사용
3. 육아휴직의 분할사용(1회만 할 수 있음)
4. 육아기 근로시간 단축의 분할사용(1회만 할 수 있음)
5. 육아휴직의 1회 사용과 육아기 근로시간 단축의 1회 사용

---

(4) 사업주 지원제도

① 육아휴직 등 부여 지원금

직원에게 육아휴직이나 육아기 근로시간 단축을 부여하는 사업주를 지원하는 제도를 말합니다. 육아휴직의 경우 직원 1인당 월 30만 원을, 육아기 근로시간 단축의 경우에도 월 30만 원을 1년 한도로 지원합니

다. 다만 1개월분이 지급된 이후에 나머지 지원금은 해당 직원의 육아휴직 등이 끝난 후 6개월 이상 고용이 유지되는 경우 일괄 지급됩니다.

② 대체인력 지원금

출산 전후 휴가, 유산·사산휴가, 육아휴직 등의 시작일 전 60일이 되는 날 이후 회사에서 대체인력을 고용하여 30일 이상 계속 고용하고, 출산 전후 휴가, 유산·사산휴가, 육아휴직 등이 끝난 후 복직한 직원을 30일 이상 계속 고용하는 경우 월 60만 원의 대체인력 지원금을 지원합니다. 최근 우선지원대상기업의 인수인계기간인 2개월 동안 지원금을 추가지원(월 60만 원→월 120만 원)하도록 법이 개정되었습니다. 다만 새로 대체인력을 고용하기 전 3개월부터 고용 후 1년까지 고용조정으로 기존 직원을 이직(퇴직)시키지 않아야 합니다.

📊◎ 창업기업을 위한 TIP

정부에서는 창업기업을 위해 다양한 출산·육아 관련 사업주 지원제도를 운영하고 있으며, 대상범위와 지원금액을 지속적으로 확대하고 있습니다. 앞서 살펴본 출산 전후 휴가 및 육아휴직 등을 부여하는 경우 정부에서 지원하는 제도를 적극 활용하기 바랍니다. 고용노동부에서 주기적으로 발간하는 〈임신 출산 육아 관련 제도 및 정부 지원 안내서〉 등을 통해 자세한 내용을 확인할 수 있으며, 지원금 신청절차 등은 관할 고용지원센터에 문의하면 안내받을 수 있습니다.

6) 직장 내 성희롱 예방교육

대표 또는 직장동료로 인한 성희롱(성추행 등)사건이 발생하면 성희롱을 당한 당사자뿐만 아니라 회사 전체가 큰 피해를 입게 됩니다. 따라서 직장 내 성희롱이 일어나지 않도록 관리하는 것이 최선입니다. 만약 직장 내 성희롱이 발생했다면 철저하게 피해자 입장에서 사건을 처리하는 것이 중요합니다. 이와 함께 직장 내 성희롱 예방교육을 통해 성희롱사건을 사전에 예방하는 노력을 기울여야 합니다. 직장 내 성희롱 예방교육 준수 여부는 고용노동부 사업장 필수점검 사항이기도 합니다.

관련 법조항

남녀고용평등과 일·가정 양립지원에 관한 법률 제13조(직장 내 성희롱 예방교육)
① 사업주는 직장 내 성희롱을 예방하고 근로자가 안전한 근로환경에서 일할 수 있는 여건을 조성하기 위하여 직장 내 성희롱의 예방을 위한 교육(이하 '성희롱 예방교육'이라 한다)을 매년 실시하여야 한다.
② 사업주 및 근로자는 제1항에 따른 성희롱 예방교육을 받아야 한다.
③ 사업주는 성희롱 예방교육의 내용을 근로자가 자유롭게 열람할 수 있는 장소에 항상 게시하거나 갖추어두어 근로자에게 널리 알려야 한다.
→ 위반 시 500만 원 이하의 과태료

---

(1) 교육대상

임직원 전체가 교육을 받아야 합니다. 특히 회사 대표도 반드시 교육에 참여해야 한다는 점에 유의해야 합니다. 만일 교육을 실시하는 시점에 출장이나 휴가 등으로 불참한 직원들이 있다면 이들을 대상으로 추가로 교육을 실시해야 합니다.

(2) 실시시기

성희롱 예방교육은 1년(1.1~12.31) 중 1회 이상 실시해야 합니다. 참고로 직원 전체 회의나 교육연수, 종무식, 워크숍 등 직원들이 최대한 많이 참석하는 행사를 활용하면 교육시간을 더욱 효율적으로 운용할 수 있습니다.

(3) 교육강사 및 내용

성희롱 교육강사에게 요구되는 별도의 자격은 없습니다. 따라서 반드시 외부강사를 활용할 필요는 없으며, 관련 교육이 가능한 사업주나 관리자를 활용하여 회사 자체적으로 실시해도 됩니다. 교육시간은 1시간 정도가 적당하며, 교육내용은 따로 준비해도 좋지만 고용노동부나 여성가족부에서 발간한 교육자료(파워포인트 자료 등) 또는 동영상자료를 활용하는 것이 효율적입니다.

(4) 교육방법

성희롱 예방교육은 원칙적으로 강의식으로 진행해야 합니다. 단순히 임직원들에게 교육자료를 배포·게시하거나 이메일로 보내는 등 교육내용이 정확히 전달되었는지 여부가 확인되지 않는 방법은 인정되지 않습니다. 다만 다음의 경우에는 교육자료를 게시·배포하는 방법만으로도 교육이 인정됩니다.

① 상시 10명 미만의 직원을 고용하는 사업

② 사업주 및 직원 모두가 남성 또는 여성 중 어느 한 성으로 구성된 사업

상시근로자 수 30인 미만 사업장의 경우 관할 고용노동(지)청에 유선으로 신청하여 직장 내 성희롱 예방교육 전문강사를 무료로 지원받을 수 있습니다.

(5) 교육실시 이후 절차

성희롱 예방교육을 실시한 후에 관할 고용노동(지)청에 통보할 의무는 없지만, 다음과 같은 조치를 통해 교육을 실시했다는 사실을 증명할 수 있어야 합니다(259쪽 서식 참조).

① 교육진행 사진
② 교육 참가자의 서명(대표의 서명 필요, 미참석자는 별도의 교육실시 후 서명 받음)
③ 교육자료를 자유롭게 열람할 수 있는 장소에 게시하거나 비치

📊◉ 창업기업을 위한 TIP

직장 내 성희롱 예방교육은 반드시 외부강사를 통해 받을 필요가 없음에도 불구하고 '외부강사를 통해서만 교육을 실시해야 하므로 강사를 파견해주겠다' 하고 접근하는 경우(주로 회사 대표전화나 공문형태의 팩스)가 많습니다. 이런 경우 대부분 금융상품 판매 등 다른 목적이 있어서 접근하는 것이므로 주의가 필요합니다. 만일 회사 내부에 마땅한 사람이 없어서 외부강사를 통해 교육을 실시하려고 한다면 고용노동부에 교육을 신청하거나, 자격을 갖춘 전문강사를 초빙하는 것이 좋습니다.

휴 가 신 청 서

소 속		성 명	
직 위		생년월일	
휴가기간	~		
휴가구분	연차휴가, 반차휴가, 경조휴가( ), 병가, 기타( )		

■ 사 유

※ 증빙서류(첨부) :

년   월   일

위 신청인   (인)

(회사명) 대표 귀하

연차유급휴가 대체 합의서

(회사명)와(과) 근로자 대표 _____은(는) 근로기준법 제60조(연차유급휴가)에 의한 연차유급휴가를 부여함에 있어, 근로기준법 제62조에 의거하여 다음과 같이 합의한다.

- 다 음 -

1. 대체 사용하고자 하는 휴가 : 근로기준법 제60조에 의한 연차유급휴가

2. 합의적용기간 : 20   . 1. 1. ~ 20   . 12. 31. (1년간)

3. 연차휴가 대체일을 다음의 날로 합의한다.
   단 휴가대체사용일과 휴일이 같은 날인 경우에는 휴일사용으로 한다.

대체 휴가일
(※합의에 따라 대체휴가일 결정)

4. 연차유급휴가 총 일수 중 대체휴가로 사용하고 남은 잔여일수에 대하여는 별도로 사용함을 원칙으로 하며, 사업의 운영상 부득이 사용하지 못한 연차휴가일수에 대하여는 수당으로 지급한다.

5. 근로자 대표가 퇴사하는 경우에도 제2항의 합의적용기간 내에는 동 합의의 효력은 존속한다.

위 사항은 (회사명)와(과) 근로자 대표의 자유로운 의사에 따라 합의하였음을 확인한다.

20   년   1월   1일

(회 사 명)   근로자 대표

대표 :   (서명 또는 인)   성명 :   (서명 또는 인)

근로자 대표 선정서

1. 근로자 대표 인적사항

성명	
생년월일	
입사일	

2. 내용

근로기준법 제62조에 의거 연차유급휴가일을 특정한 근로일로 대체함에 있어서 상기인 _____을(를) 근로자 대표로 선정하여 사용자와 서면 합의하는 것에 대하여 아래의 근로자들은 동의함.

3. 선정일자

20   년   월   일

4. 동의인 목록

순번	성명	서명·날인	순번	성명	서명·날인
1			6		
2			7		
3			8		
4			9		
5			10		

누구나 사람 쓰기 전에는 그럴싸한 계획이 있다

미사용 연차휴가일수 통지서

대상자 (부서/성명)					
연차휴가 발생대상기간	. 1. 1. ~ . 12. 31.				
연차휴가 사용대상기간	. 1. 1. ~ . 12. 31.				
발생일수	일	사용일수	일	미사용일수	일

_____년 7월 20일 까지 미사용 연차휴가일수에 대한 사용시기를 지정하여 붙임서식을 제출하여 주시기 바랍니다. 제출이 없는 경우 회사가 연차휴가일자를 임의로 지정할 예정이며, 휴가일 지정 후에도 휴가를 사용하지 않는 경우 연차유급휴가미사용수당이 지급되지 않음을 알려드립니다.

_____년 7월 10일

미사용 연차휴가 사용시기 지정서

대상자 (부서/성명)	

_____년 7월 10일 통지받은 미사용 연차휴가 통지에 따라 아래와 같이 휴가사용 시기를 지정하여 통보합니다.

■ 통지받은 미사용 휴가일수 : ____일

월	일자	월	일자
7월		10월	
8월		11월	
9월		12월	

_____년 7월 20일

연차휴가 사용시기 지정 통지서

대상자 (부서/성명)	

_____년 7월 10일 미사용 연차휴가일수 및 미사용 연차휴가 사용시기 지정을 요청하였으나, 지정서가 제출되지 않았습니다. 이에 근로기준법에 따라 연차휴가일을 회사가 지정하여 통지하오니 해당 일에 연차휴가를 사용하시기 바랍니다. 지정일에 휴가를 사용하지 않는 경우 연차휴가는 소멸하며, 연차유급휴가 미사용수당도 지급되지 않음을 알려드립니다.

■ 잔여 휴가일수 : _____일

월	일자	월	일자
7월		10월	
8월		11월	
9월		12월	

_____년   7월 21일

〈참고 : 일하는 시간은 줄이고 성과는 높이는 근로시간 매뉴얼, 한국경총, 2017.12〉

누구나 사람 쓰기 전에는 그럴싸한 계획이 있다

직장 내 성희롱 예방교육 일지

참석 인원	구분	남	여	계	비고(미실시 이유)		
	대상 인원				휴가 : 　　　교육 :		
	실시 인원				출장 : 　　　기타 :		
	미실시 인원						
교육일시	20 　년 　월 　일 (　요일) ○○:○○ ~ ○○:○○						
교육장소							
강　사							
교육내용 (예시)	교육방법				교재		
	1. 직장 내 성희롱 관련 법령 - 2. 사내 성희롱 발생시 처리절차 및 조치기준 - 3. 사내 성희롱 피해근로자의 고충상담 및 구제절차 - 4. 사내 성희롱 행위자에 대한 징계조치 - 취업규칙의 징계양정 및 행위자에 대한 징계절차 등 5. 양성 평등한 직장문화 : 직장 내 일·가정 양립지원제도 등 6. 질의응답						
붙임	1. 교육진행 사진　2. 동영상 등 교육자료						

교육 참석자 명단

NO	부서	성명	서명	NO	부서	성명	서명
1				11			
2				12			
3				13			
4				14			
5				15			
6				16			
7				17			
8				18			
9				19			
10				20			

〈출처 : 직장 내 성희롱 예방 · 대응 매뉴얼, 고용노동부, 2018년 6월 수정〉

직원평가는 어떻게 해야 할까?

반도체 관련 장비를 유통하는 P 사의 W 대표는 창업 후 2년 만에 직원이 20명으로 늘어나자, 직원들에 대한 공정한 평가와 보상이 가능한 제도 도입을 고민하게 되었습니다. W 대표는 고민 끝에 자신이 창업 전에 재직했던 회사의 평가제도를 가져와 P 사의 상황에 맞게 수정하여 활용하기로 했습니다. W 대표가 다녔던 회사는 국내 최대의 제조업체로서 직원평가제도가 훌륭하기로 명성이 높았기 때문에 W 대표는 큰 걱정 없이 그런 결정을 내릴 수 있었습니다. 하지만 실제로 해당 제도를 직원들의 평가에 적용해본 결과 여러 가지 문제들이 발생했고, 결국 제도를 폐기하는 상황에 이르렀습니다. W 대표의 결정에는 어떤 문제가 있었던 것일까요?

1. 평가제도는 복잡할수록 좋다?

평가제도를 자체적으로 개발하지 않고 다른 회사의 제도를 그대로 모방하는 경우가 많습니다. 특히 창업기업의 경우 더욱 그러한 경향을 보입니다. 하지만 아무리 우수한 평가제도라도 우리 회사에 맞지 않으면 쓸모가 없습니다. 실제로 MBO, CSF, BSC 같은 지표를 활용한 평가 시스템을 도입하고 평가에 많은 노력을 기울였는데도 평가 결과가 현실을 반영하지 못하거나 직원들이 평가결과를 수용하지 못하는 사례가 많이 발생합니다. 위의 사례도 마찬가지입니다. 중소기업에 적합하지 않은 대기업의 평가제도를 도입한 데다 업종도 달랐기 때문에 애초에 무리가 있었던 제도도입이었던 것이지요. 화려하고 좋은 명품 옷이라도 나에게 어울리지 않거나 치수가 맞지 않는다면 입지 않는 편이 더 낫습니다.

2. 우리 회사만의 이해하기 쉬운 평가제도면 충분합니다

창업 초기에는 일반적으로 직원 수가 적기 때문에 직원 개개인을 평가하기가 어렵지 않습니다. 필자가 여러 기업에서 상담을 하고 때로는 면접평가위원으로 참석하면서 느낀 사실은 '직원을 평가하는 눈은 대부분 비슷하다'는 것입니다. 따라서 창업 초기에는 굳이 회사 실정에 맞지도 않는 어렵고 복잡한 평가제도를 운영할 필요가 없으며, 직원들의 근무태도와 업무능력 등 핵심적인 요소들을 평가할 수 있는 단순한 제도면 충분합니다.

3. 평가제도는 공정해야 하며, 상황에 맞게 수정해나가야 합니다

평가제도는 기본적으로 공정해야 합니다. 즉, 성과에 따라 승진과 보상 등을 차등적으로 적용하기 위해서는 명확한 평가기준이 있어야 하며, 그 기준을 직원들이 수용할 수 있어야 합니다. 또한 직원 수가 증가하여 단순한 평가제도만으로는 직원 개개인의 성과를 명확히 파악할 수 없게 되는 시점에는 기존의 제도를 보다 정교하게 수정하여 평가의 공정성을 지속적으로 유지해나가야 합니다.

6장

•

임금관리

배고프면 그 누구도 애국자가 될 수 없다.

— 윌리엄 쿠퍼(영국의 시인) —

※ 직원들이 일한 보상으로 지급하는 금품의 개념으로 연봉, 월급, 급여, 봉급, 임금, 일당, 일급, 주급, 시급 등 다양한 용어들이 사용되고 있으나, 여기서는 '임금'으로 통일해서 사용하되 구체적 설명이 필요한 경우에만 다른 용어를 사용하겠습니다.

01

임금관리의 기본

1. 임금관리 원칙

임금이란 급여, 봉급 등 어떤 명칭으로 불리느냐에 상관없이 '사용자가 근로자에게 근로의 대가로서 지급하는 일체의 금품'을 의미합니다(근로기준법 제2조). 즉, 회사나 대표가 지급하는 금품이라고 해서 무조건 임금으로 인정되지는 않으며, '근로의 대가'로서 지급해야만 임금으로 인정됩니다.

■ 마음씨 좋은 대표일까? 악덕업주일까?

평소 사람 좋기로 소문난 A 대표는 직원들 잘 챙기기로 유명합니다. 경제적 어려움이 있는 직원에게 보너스를 주기도 하고, 밤늦게까지 일한 직원에게 따로 돈 봉투를 챙겨주기도 했습니다. 회사 일이 바빠도 직원이 원하면 언제든 휴가를 부여했고,

직원 경조사도 꼬박꼬박 챙겼습니다. 그런 A 대표에게 어느 날 고용노동부에서 출석요구서가 날라 왔습니다. 회사를 퇴사한 직원이 연장근무수당과 연차휴가수당을 받지 못했다며 고용노동부에 '임금체불'로 진정을 접수한 것입니다. 이 일로 관할 고용노동지청에서 조사를 받게 된 A 대표는 최선을 다해 직원을 배려했는데 법을 지키지 않은 악덕업주의 입장에 놓이게 된 사실이 너무 억울했습니다.

노무사로서 활동하면서 안타까운 마음을 느꼈던 사례 중 하나입니다. 나름대로 직원을 배려하며 관리했는데 도리어 법을 어긴 대표가 되고 마는 이와 같은 사례는 대부분 임금관리 원칙을 지키지 않음으로써 발생합니다. 대표가 지켜야 할 임금관리 원칙은 다음과 같이 매우 단순합니다.

① 법으로 지급의무가 정해져있는 임금은 예외 없이 지급합니다. 기본임금 이외에 시간외근무수당, 연차수당, 퇴직금 등이 이러한 임금에 해당됩니다.
② 법으로 정해지지 않았더라도 근로계약서나 취업규칙 등을 통해 직원과 약속한 임금을 반드시 지급해야 합니다. 상여금 및 직책수당 등 약정수당이 이러한 임금에 해당됩니다.

한마디로 지급할 의무가 있는 임금은 반드시 지급해야 한다는 원칙입니다. 예를 들어 직원에게 10시간 연장근무를 시키고 50만 원의 '연장근무수당' 대신 100만 원의 '격려금'을 지급하더라도 법적으로는 임금 50만 원을 체불한 대표가 됩니다. 격려금은 지급할 의무가 없는 임금인 반면, 연장근무수당은 법적으로 반드시 지급해야 하는 임금이기 때문이지요.

2. 임금 여부 판단

회사가 지급하는 금품이 근로의 대가인 임금인지 아닌지를 구분하는 것은 매우 중요한 의미가 있습니다. 연장근무·야간근무·휴일근무에 대한 법정수당 계산, 퇴직금 계산, 4대 보험료 관리 등이 모두 근로의 대가로서 받는 임금을 기준으로 결정되기 때문입니다. 반대로 지급의무가 없거나, 호의로 지급하는 금품은 근로의 대가가 아니므로 위와 같은 법정수당 계산 등에 영향을 주지 않습니다. 그럼 대표적으로 어떤 금품들이 임금에 해당하는지 살펴보겠습니다.

1) 경조금 및 격려금

경조금은 사업주에게 지급의무가 없으며, 호의를 갖고 부정기적으로 지급하는 금품이기 때문에 근로의 대가인 임금에 해당하지 않습니다. 다만 경조금의 지급대상과 금액을 회사규정으로 정해놓았다면 그 기준에 따라 경조금을 지급해야 합니다. 하지만 이 경우에도 해당 경조금이 임금에 해당하지는 않기 때문에 법정수당이나 퇴직금 등을 계산할 때 반영하지는 않습니다.

또한 회사에 대한 기여도나 직원 개인의 사기진작 차원에서 지급하는 격려금 역시 임금으로 인정하지 않습니다.

2) 식사제공

직원들에게 식사를 제공하거나, 식권을 지급하는 경우는 직원들에 대한 복리후생으로 보기 때문에 임금으로 인정하지 않습니다. 다만 회사의 규정 및 근로계약에 따라 일정액을 월급에 포함하여 식대(금전)로 지급하는 경우에는 임금으로 인정합니다.

3) 실비정산

숙박비, 주유비, 작업복 구입비 등 업무상 필요하여 사용된 비용을 실비정산 차원에서 지급하는 금품은 임금으로 인정하지 않습니다.

4) 상여금 및 성과급

매달, 분기별, 반기별, 명절 등 특정 시기를 정해서 계속적·정기적으로 지급되고, 그 지급액이 확정되어 있는 정기상여금은 임금에 해당합니다. 반면에 회사의 경영성과에 따라 지급이 결정되는 경영성과급은 일반적으로 임금으로 보지 않습니다. 다만 사전에 정해진 지급조건에 따라 지급 여부가 결정되는 개인성과급은 임금에 해당하므로 퇴직금 산정 시 해당 성과급을 반영해야 합니다.

5) 임원의 보수

임원은 근로기준법상 근로자가 아니므로 임원에게 지급되는 보수 역시 근로기준법상 임금에 해당하지 않습니다. 다만 회사 내부적으로는 임원이라고 불리지만 실제로는 임원이 아닌 경우가 많습니다. 이처럼

'무늬만 임원'인 경우 근로자로 보기 때문에 해당 임원이 받는 보수는 임금에 해당합니다. 또한 통상적으로 등기임원은 대부분 임원으로 인정되지만, 실제 임원인지 여부는 여러 가지 사실관계를 종합적으로 따져 판단해야 합니다(46쪽 내용 참조).

🎯 다음 중 근로기준법상 임금에 해당하는 것은 무엇일까요?

① 부친상을 당한 직원에게 회사 명의로 100만 원을 지급함
② 추석 명절을 맞아 회사규정에 따라 기본급 100%의 상여금을 지급함
③ 출장을 다녀온 직원에게 숙박비 등 실비정산 금액을 지급함
④ 올해 경영성과가 좋아 처음으로 전 직원에게 경영성과급을 지급함

답은 정기상여금에 해당하는 ②번입니다. 참고로 ①은 경조사금, ③은 실비정산, ④는 경영성과급에 해당합니다.

02

임금의 종류

임금은 목적에 따라 통상임금과 평균임금으로 구분됩니다. 실무상 통상임금은 법정수당 계산에, 평균임금은 퇴직금 계산에 중요하게 활용되므로 정확한 이해가 필요합니다.

1. 통상임금

1) 통상임금 판단기준

통상임금이란 정기적이고 일률적으로 소정(所定)근로 또는 총근로에 대해 지급하기로 정한 시간급 금액, 일급 금액, 주급 금액, 월급 금액 또는 도급 금액을 말합니다(근로기준법 시행령 제6조). 즉, 통상임금이 되려면 소정근로의 대가, 정기성, 일률성, 고정성이라는 조건을 갖춰야 합니다.

| 누구나 사람 쓰기 전에는 그럴싸한 계획이 있다

① **소정근로의 대가** : 근로자가 소정근로시간에 통상적으로 제공하기로 정한 근로에 관하여 사용자와 근로자가 지급하기로 약정한 금품
② **정기성** : 미리 정해진 일정한 기간마다 정기적으로 지급되는지 여부
③ **일률성** : 모든 근로자 또는 일정한 조건 또는 기준에 달한 근로자에게 지급되는지 여부
③ **고정성** : 명칭과 관계없이, 소정근로시간을 근무한 근로자가 그 다음날에 퇴직하더라도 근로의 대가로 당연하고도 확정적으로 지급받게 되는 최소한의 임금

통상임금을 기준으로 계산하는 수당
연장·야간·휴일근무수당, 해고예고수당, 연차유급휴가 미사용수당, 법정휴가수당(출산휴가 등) 및 법정유급휴일수당

그럼 회사에서 직원에게 지급하는 금품 중에서 어떤 것들이 통상임금에 해당하는지 살펴보겠습니다.

(1) 상여금

정기적인 지급이 확정되어 있는 상여금(매월 또는 분기별 지급 등)은 통상임금에 해당합니다. 다만 최근 판례에서는 정기상여금이라도 '특정일에 재직하고 있는 직원에게만 지급한다는 조건이 붙은 상여금'에 대해서는

통상임금에서 제외한다고 판단하고 있습니다. 예를 들어 '명절상여금 지급시점에 재직하고 있는 직원에게만 상여금을 지급하고, 지급시점 이전에 퇴직한 직원에게는 근무기간에 따라 일할계산하여 지급하지 않는다'라는 규정이 있는 경우 통상임금에 포함되지 않습니다.

(2) 기술·근속·직책(직급)수당 등

기술이나 자격보유자에게 지급되는 수당인 기술수당(자격수당, 면허수당 등)과 근속기간에 따라 지급 여부나 지급액이 달라지는 근속수당, 직책이나 직급에 따라 지급 여부나 지급액이 달라지는 직책·직급수당 등은 통상임금에 해당합니다. 즉, 기본급처럼 일정 기준에 따라 지급되는 약정수당들이 통상임금에 포함됩니다.

(3) 성과급

근무실적을 평가하여 지급 여부나 지급액이 결정되는 성과급은 통상임금에 해당하지 않지만, 성과와 관계없이 최소한으로 보장되는 성과급의 경우 최소보장 금액만큼은 통상임금에 해당합니다. 명칭만 성과급일 뿐 실질적으로는 정기상여금과 동일하게 판단할 수 있습니다.

■ 직책수당을 제외하고 연장근무수당을 산정한 사례

K 사에서는 영업팀장으로 승진한 W에게 직책수당을 지급하려고 합니다. 그런데 평소 야근이 많은 W에게 통상임금에 해당하는 직책수당을 지급하게 되면 연장근무수당도 늘어나게 되

어 고민입니다. 이에 K 사는 W와 직책수당을 지급하되, 연장근무수당은 직책수당을 포함하지 않고 기존 방식대로 산출하기로 합의했습니다.

앞서 계속해서 강조했듯이 근로계약 당사자 간 합의와 관계없이 합의사항이 관련 노동법에서 규정하고 있는 기준에 미달하면 해당 합의는 무효가 됩니다. 따라서 위 사례에서도 직책수당을 통상임금에 포함시키지 않기로 합의한 사항이 법규정에 위반되므로 K 사에서는 W의 직책수당을 포함하여 연장근무수당을 재산정하여 그 차액만큼을 추가로 지급해야 합니다.

2) 통상임금 산정방법

통상임금은 원칙적으로 '시급'을 기준으로 산정합니다. 통상임금을 산정하는 이유가 각종 수당을 지급하기 위해서인데, 그 수당들이 모두 시급을 기준으로 산출하기 때문입니다. 따라서 통상임금을 산정하려면 회사에서 일급, 주급, 월급 등 어떤 형식으로 임금을 지급하든 모두 시간급으로 환산해야 합니다. 그럼 각각의 임금지급 형태에 따라 어떻게 통상임금(시급)을 산출해야 하는지 살펴보겠습니다.

(1) 일급인 경우

일급금액을 1일의 소정근무시간으로 나눠서 시급을 산출합니다. 예를 들어 일급이 8만 원이고 소정근무시간이 8시간이라면 시급은

10,000원이 됩니다. 다만 8시간 이상 근무하여 초과근무가 발생하는 경우에는 가산수당을 고려하여 시급을 계산해야 합니다.

🎯 다음 사례에서 시급은 얼마일까요?

직원이 10명인 회사에서 서류 분류 아르바이트를 하는 Y의 일급은 10만 원입니다. Y의 근무시간은 오전 9시부터 오후 8시까지이고, 휴식시간은 오후 12시부터 1시까지입니다. Y의 시급은 얼마일까요?

Y의 근무시간은 총체류시간인 11시간에서 휴식시간 1시간을 제외한 10시간입니다. 일급 100,000원을 근무시간 11시간으로 나누면 시급은 약 9,090원입니다. 근무시간을 11시간으로 산정한 이유는 1일 소정근무시간(8시간)을 초과하는 2시간에 대해 50%를 가산한 3시간을 반영했기 때문입니다. 다만 상시근로자 수 5인 미만 사업장의 경우 가산수당이 발생하지 않기 때문에 11시간이 아닌 10시간을 적용하여 시급을 산출해야 합니다.

이때 실무상 일급이 당해연도 최저임금 이하로 결정되지 않아야 한다는 데 주의해야 합니다. 이를 판단하기 위해서는 위와 같은 방식으로 시급을 산출하여 당해연도 최저임금과 비교해보아야 합니다. 위 사례의 경우 Y의 시급(9,090원)이 2019년 기준 최저임금인 8,350원 이상이므로 최저임금 위반에 해당하지 않습니다.

(2) 월급인 경우

월 임금을 월의 통상임금 산정 기준시간 수로 나눠서 시급을 산출합니다. 월 통상임금 산정 기준시간은 다음과 같이 산출합니다.

법정근무시간은 1일 8시간, 1주 40시간입니다. 한 달 근무시간을 산출하려면 다음과 같이 한 달 평균 '주' 수를 계산해보아야 합니다.

365일÷12개월÷7일＝4.34523…(4.34주 또는 4.345주로 사용함)

위의 계산에 따라 한 달의 평균 주 수를 4.345주로 적용하면 다음과 같이 기본근무시간이 산출됩니다.

• 기본근무시간 : 4.345주×40시간(1주 근무시간)＝약 174시간

또한 근로기준법상 1주를 만근하면 1일의 유급휴일을 부여해야 하므로, 통상임금을 계산할 때는 다음과 같이 기본근무시간에 유급주휴시간(1주 8시간)을 합산해야 합니다.

((40시간(기본근무시간)+8시간(유급주휴시간))×4.345주＝약 209시간

대부분의 사업장이 토요일을 유급휴일이 아닌 무급휴일로 정하기 때문에 실무상 정규직원의 월 통상임금 산정 기준시간은 일반적으로 위와 같이 '209시간'을 적용하고 있습니다.

다음 사례에서 시급은 얼마일까요?

마케터로 일하는 P의 연봉은 2,508만 원입니다. P는 주 5일 근무를 하고 있으며, 근무시간은 오전 9시부터 오후 6시까지, 휴식시간은 오후 12시부터 1시까지입니다. P의 시급은 얼마일까요?

P의 연봉이 2,508만 원이므로 월 급여는 209만 원(2,508만 원÷12개월)입니다. 따라서 월 급여 209만 원을 위에서 산출한 월 통상임금 산정 기준시간인 209시간으로 나누면 시급은 10,000원으로 계산됩니다.

위와 같이 월 급여를 분석하여 통상시급을 산출하는 것은 앞으로 설명할 법정근무수당 계산, 최저임금 판단, 포괄산정임금제 설계 등에 있어서 매우 중요한 의미가 있습니다. 이와 관련한 상세한 내용과 사례 등은 해당 부분에서 자세히 살펴보겠습니다.

 창업기업을 위한 TIP

통상임금은 실무상 중요한 법정수당들을 산출하는 데 큰 영향을 미치기 때문에 관련 법적 분쟁도 많이 발생하고 있습니다. 창업기업에서는 임금체계를 단순하게 설계(기본급 이외에 직책수당 등 약정수당을 최소화)함으로써 불필요한 법적 분쟁을 예방하고, 임금관리 부담을 줄일 필요가 있습니다.

누구나 사람 쓰기 전에는 그럴싸한 계획이 있다

2. 평균임금

1) 평균임금의 개념

평균임금이란 평균임금을 산정해야 할 사유가 발생한 날 이전 3개월 동안에 해당 직원에게 지급된 임금의 총액을 그 기간의 총일수로 나눈 금액을 말하며, 취업한 지 3개월 미만인 직원의 평균임금도 이에 준하여 계산합니다(근로기준법 제2조 제1항). 평균임금은 퇴직금, 휴업수당, 재해보상금의 산출과 감급액(근로계약 위반 등에 따른 내부징계로써 직원의 임금에서 차감하는 금액, 감봉이라고도 함)의 제한에 활용되는데, 실무상으로는 주로 퇴직금 산출에 활용됩니다. 평균임금은 통상임금을 포함하는 개념이며, 여기에 앞서 살펴본 임금 여부 판단기준(267쪽 내용 참조)에 따라 임금으로 인정되는 금품들이 평균임금에 포함됩니다. 즉, 통상임금에 해당되지 않는 임금이라도 평균임금에는 포함될 수 있습니다.

2) 평균임금 산정방법

$$1일\ 평균임금 = \frac{사유발생일\ 이전\ 3월간의\ 임금총액}{사유발생일\ 이전\ 3월간의\ 총일수}$$

(1) 사유발생일

평균임금을 계산해야 하는 이유에 따라 사유발생일이 정해집니다. 즉, 퇴직금은 퇴직한 날, 휴업수당은 휴업한 날 등이 사유발생일이 됩니다.

(2) 3월간의 임금총액

3개월 동안 지급받은 임금 전액, 즉 '임금에 해당하는 모든 금품'이 포함됩니다. 따라서 임금으로 인정받지 못하는 실비정산, 성과에 따른 성과급, 경조금 등은 임금이 아니므로 평균임금 산정에서 제외됩니다 (267쪽 내용 참조).

한편, 상여금과 연차수당을 평균임금 산정에 반영할 때는 주의가 필요합니다. 평균임금을 산정할 때는 연간(12개월) 지급된 상여금 중 3개월분만 반영해야 하며, 연차수당(퇴직금 산정에 필요한 경우 퇴직 전년도에 지급한 수당) 역시 3개월분(3/12)만 반영해야 하기 때문입니다. 특히 퇴직금 계산을 위해 평균임금을 산정할 때 상여금과 연차수당을 누락하는 경우가 있으므로 주의가 필요합니다.

(3) 3월간의 총일수

초일 불산입원칙에 따라 평균임금 산정사유 발생일은 제외하고 달력상 역으로 3개월을 계산하며, 총일수 산정에 포함되는 월의 일수에 따라 89일에서 92일 사이로 결정됩니다. 다만 다음과 같이 평균임금을 계산할 때 제외되는 기간과 임금을 법적으로 규정하고 있는데, 이는 해당 기간의 임금을 포함하면 평균임금이 적게 산정됨으로써 직원에게 불리해지는 것을 방지하기 위해서입니다.

평균임금 계산에서 제외되는 주요 기간과 임금(근로기준법 시행령 제2조)

1. 수습기간

2. 사용자의 귀책사유로 휴업한 기간

3. 출산 전후 휴가기간

4. 업무상 부상 또는 질병으로 요양하기 위해 휴업한 기간

5. 육아휴직기간

평균임금의 구체적인 산출방법에 대해서는 '08 퇴직금관리'(327쪽)에서 자세히 살펴보겠습니다.

3. 통상임금과 평균임금의 관계

평균임금은 일반적으로 통상임금보다 큽니다. 앞서 설명했듯이 평균임금에는 통상임금뿐만 아니라 임금으로 인정되는 다른 금품들도 포함되기 때문이지요. 다만 평균임금이 적게 산출됨으로써 직원이 퇴직금 계산에 있어서 불이익을 당하는 상황을 방지하기 위해 평균임금이 통상임금보다 적게 산출되면(퇴직 직전 결근 등으로 임금총액이 적어지는 경우 등) 통상임금을 평균임금으로 합니다.

근로기준법 제2조(정의)

② 산출된 평균임금이 그 근로자의 통상임금보다 적으면 그 통상임금액을 평균임금으로 한다.

누구나 사람 쓰기 전에는 그럴싸한 계획이 있다

03

임금(시급, 월급, 연봉 등) 결정

원칙적으로 임금수준은 회사와 직원 간 합의로 정해야 하지만, 신입 직원의 경우에는 일반적으로 회사가 사전에 정한 기준을 수용하는 방식을 따르고 있습니다. 특히 창업기업의 경우 사업 초기에 재정상황이 넉넉지 않아 이런 방식이 많이 사용되고 있는데, 그렇더라도 임금은 사업 특성에 맞게 합법적이고 효과적으로 결정해야 합니다. 여기서는 임금을 결정할 때 중요하게 고려해야 할 사항에 대해 살펴보겠습니다.

1. 최저임금을 고려해야 합니다

회사에서 임금을 결정할 때 경영성과나 개인의 업무성과, 승진 여부, 타 회사의 임금수준, 전년도 임금 및 다른 직원과의 형평성 등과 함께 반드시 고려해야 할 중요한 요소가 바로 '최저임금'입니다. 사실 몇 년 전만 해도 아르바이트직원의 임금을 결정할 때만 최저임금을 따졌습니다.

하지만 최근 최저임금이 급격히 인상됨에 따라 정규직원의 임금을 결정할 때도 최저임금을 고려할 필요가 생겼습니다. 특히 임금수준이 상대적으로 낮은 창업기업의 경우 임금을 결정할 때 최저임금 위반 여부를 반드시 따져보아야 합니다.

1) 최저임금의 적용범위

최저임금은 '무조건' 지켜야 하는 절대기준으로, 모든 산업, 모든 직원에게 적용됩니다. 즉, 아르바이트직원이든 외국인이든 직원의 성격과 관계없이 사업장에서 고용한 직원이 1인 이상이면 무조건 적용됩니다.

2) 적용시기

최저임금은 최저임금위원회에서 결정(통상적으로 6월 말에서 7월 초에 결정)하여 당해연도 8월에 고시합니다. 이렇게 결정·고시된 최저임금은 다음연도 1월 1일부터 12월 31일까지 적용됩니다.

◎ 연봉계약기간 중 최저임금이 변경되면 어떻게 처리할까요?

....

연봉계약기간이 2019년 5월 1일부터 2020년 4월 30일까지인데, 이런 경우에도 2020년에 최저임금 변경에 따라 연봉을 조정해야 할까요?

....

연봉계약기간 중이라도 최저임금이 변경되었다면 해당 최저임금 수준에 맞춰 연봉을 조정해야 합니다. 위 사례의 경우 계약기간 중 연봉을 시급으로 환산(275쪽 내용 참조)한 금액이 2020년 적용 최저임금 기준에 미달한다면, 2020년 1월 1일~4월 30일까지의 임금에 대해서는 기존의 연봉금액에서 최저임금에 미달한 금액을 추가로 지급해야 합니다.

3) 최저임금 위반 여부의 판단

직원의 임금이 최저임금에 위반되는지 여부는 '최저임금에 포함되는 임금과 실제 근무시간을 비교'해서 판단합니다.

(1) 최저임금 판단을 위한 임금의 범위

최저임금법에서는 최저임금에 포함되는 임금과 포함되지 않는 임금을 구분하고 있습니다. 최저임금에 포함되는 임금의 범위는 통상임금과 유사하게 판단하며, 실무적으로는 '최저임금에 포함되지 않는 임금'을 아는 것이 도움이 됩니다. 이와 관련하여 최근 최저임금의 상승으로 인한 사업장의 어려움을 덜어주고자 최저임금 산입범위를 확대하는 법 개정이 이루어졌으며, 해당 규정은 2019년부터 순차적으로 적용됩니다.

관련 법조항

최저임금법 제6조(최저임금의 효력)
④ 매월 1회 이상 정기적으로 지급하는 임금을 산입(算入)한다. 다만 다음 각 호의 어느 하나에 해당하는 임금은 산입하지 아니한다.

---

1. 근로기준법 제2조 제1항 제8호에 따른 소정(所定)근로시간(이하 '소정근로시간'이라 한다) 또는 소정의 근로일에 대하여 지급하는 임금 외의 임금으로서 고용노동부령으로 정하는 임금
2. 상여금, 그 밖에 이에 준하는 것으로서 고용노동부령으로 정하는 임금의 월 지급액 중 해당 연도 시간급 최저임금액을 기준으로 산정된 월 환산액의 100분의 25에 해당하는 부분
3. 식비, 숙박비, 교통비 등 근로자의 생활 보조 또는 복리후생을 위한 성질의 임금으로서 다음 각 목의 어느 하나에 해당하는 것
가. 통화 이외의 것으로 지급하는 임금
나. 통화로 지급하는 임금의 월 지급액 중 해당 연도 시간급 최저임금액을 기준으로 산정된 월 환산액의 100분의 7에 해당하는 부분

임금총액 중 매월 정기적으로 지급되는 기본급, 직무수당, 직책수당 등의 임금(통상임금과 유사)은 최저임금에 포함됩니다. 다만 1개월을 초과하는 기간으로 산정되거나, 지급조건이 사전에 정해지지 않고 임시적·불규칙적으로 지급되는 임금은 최저임금에 포함되지 않습니다. 또한 소정근무시간 이외에 지급되는 연차수당, 시간외근무수당(연장, 야간, 휴일근무수당), 직원의 생활을 보조하는 복리후생 성격의 수당 이외의 복리후생(식사제공, 기숙사제공, 통근차량제공 등)도 최저임금 산입범위에서 제외됩니다.

한편, 1회 이상 정기적으로 지급되는 상여금과 현금으로 지급되는 복리후생비의 경우(식대 및 교통비 등)는 최저임금 산입범위를 확대하는 법 개정에 따라 다음과 같은 비율을 기준으로 최저임금에 포함하도록 했습

니다.

● **정기상여금, 현금성 복리후생비의 최저임금 미산입비율**

※정기상여금, 현금성 복리후생비 중 해당 연도 시간급 최저임금액을 월 단위로 환산한 금액
  의 아래 비율

연도	2019	2020	2021	2022	2023	2024~
정기상여금	25%	20%	15%	10%	5%	0%
현금성 복리후생비	7%	5%	3%	2%	1%	0%

위와 같이 임금항목 중 매월 지급하는 정기상여금이나 현금으로 지급되는 복리후생비는 2019년부터 단계적으로 최저임금에 포함되며, 2024년부터는 100% 포함됩니다.

🎯 식대 20만 원 중 최저임금에 포함되는 임금은 얼마일까요?

A 사는 전 직원에게 임금에 포함하여 식대 20만 원을 지급하고 있습니다. 2019년 기준 최저임금에 포함되는 식대는 얼마일까요?

2019년 최저임금(8,350원)을 기준으로 계산한 월 단위 환산임금은 다음과 같습니다.

• 8,350원×209시간(275쪽 내용 참조)=1,745,150원

여기에 2019년 기준 현금성 복리후생비의 미산입비율인 7%를 적용하면, 최저임금에 포함되지 않는 식비 등의 복리후생비는 약 122,161원(1,745,150원×7%)이 됩니다. 그런데 현재 A 사에서는 직원들에게 식대 20만 원을 지급하고 있으므로 해당 식대에서 122,161원을 제외한 77,839원은 최저임금에 포함됩니다.

🎯 2019년 기준 최저임금에 포함되는 임금은 총 얼마일까요?

....

(단위 : 만 원)

임금 항목	기본급	직책수당	상여금	연장 근무수당	식대	총액
금액	180	20	50	40	10	300

....

위의 표에서 기본급과 직책수당은 최저임금에 포함되며 연장근무수당은 제외됩니다. 상여금과 식대는 다음과 같이 2019년 기준 월 단위 최저임금 환산액 1,745,150원에서 285쪽 표의 비율로 계산한 금액을 제외한 금액이 최저임금에 포함됩니다.

- 정기상여금 :

500,000원−436,288원(=1,745,150원×25%)=63,712원

- 식대(복리후생비) :

100,000원−122,161원(=1,745,150원×7%)=−22,161원

위의 계산처럼 정기상여금 중 63,712원은 최저임금에 포함되며, 식대는 최저임금 산입범위 미만이므로 최저임금에서 제외됩니다. 따라서 위 사례에서 최저임금에 포함되는 총임금은 다음과 같습니다.

- 기본급 1,800,000원+직책수당 200,000원+상여금 63,712원 =2,063,712원

(2) 최저임금은 '시급'을 기준으로 판단합니다

연봉, 월급 등 임금지급 방식과 관계없이 최저임금 준수 여부를 판단하려면 직원의 임금총액에서 최저임금에 포함되는 임금만을 추출하여 소정근무시간을 반영한 시급을 산출해야 합니다. 최저임금 위반 여부는 이렇게 산출된 시급을 당해연도 최저임금과 비교하여 판단합니다. 위의 사례를 기준으로 보면, 최저임금에 포함되는 총임금인 2,063,712원을 정규직원의 일반적인 월 통상임금 산정 기준시간인 209시간으로 나눈 금액이 9,874원이기 때문에 2019년 기준 최저임금(8,350원) 위반에 해당하지 않습니다.

🎯 직원 B가 받는 일급은 최저임금 위반에 해당할까요?

직원 B는 오전 9시에 출근해서 오후 6시에 퇴근(점심식사시간은 오후 1시부터 2시까지)하며, 일급 65,000원을 받고 있습니다. B의 일급은 최저임금 위반에 해당할까요?

B의 근무시간은 총체류시간인 9시간에서 휴식시간 1시간을 제외한 8시간입니다. 따라서 B의 시급은 8,125원(65,000원÷8시간)이 됩니다. 해당 시급은 2018년 최저임금(7,530원)을 기준으로는 최저임금 위반이 아니지만, 2019년 최저임금(8,350원)을 기준으로는 최저임금 위반에 해당합니다. 따라서 회사에서는 B에게 2019년 1월부터는 일급을 66,800원(8,350원×8시간) 이상 지급해야 합니다.

(3) 수습직원의 최저임금 준수 여부 판단

근로계약기간을 1년 이상으로 정한 경우 수습기간 3개월까지만 최저임금의 최대 10%를 감액적용(최저임금의 90%)할 수 있으며, 단순노무직종 직원의 경우에는 감액할 수 없습니다(118쪽 내용 참조). 따라서 수습기간 동안 임금을 감액한다면, 수습기간 중 적용된 임금총액에서 최저임금에 포함되는 임금만을 소정근무시간으로 나누어 산출한 시급과 2019년도 최저임금 8,350원에 10% 감액을 적용한 금액인 7,515원을 비교하여 최저임금 위반 여부를 판단해야 합니다.

(4) 법정근무시간(1주 40시간)을 초과하는 연장근무가 상시적인 경우 최저임금 판단

최저임금 준수 여부는 실제 근무시간을 기준으로 판단합니다. 따라서 고정적인 연장근무에 따른 수당을 반영하여 연봉이나 월 임금을 결정하는 경우(소위 '포괄산정임금계약')에는 해당 금액을 기준으로 최저임금 위반 여부를 판단해야 합니다. 포괄산정임금계약에 대해서는 311쪽에서 상세히 설명하겠습니다.

(5) 최저임금을 위반하는 근로계약의 효력

회사와 직원 간에 임금을 최저임금 미만으로 받기로 약정한다면 최저임금 위반이 되지 않는다고 생각하는 경우가 있습니다. 하지만 최저임금법은 무조건 준수해야 하는 강행법규로서 최저임금 미만으로 임금을 정하는 당사자 간 약정은 법적인 효력이 없습니다. 따라서 최저임금법을 위반하는 경우 정해진 처벌을 받는 것은 물론, 최저임금에 미달하는 금액만큼 추가로 임금을 지급해야 합니다.

관련 법조항

최저임금법 제6조(최저임금의 효력)
① 사용자는 최저임금의 적용을 받는 근로자에게 최저임금액 이상의 임금을 지급하여야 한다.
② 사용자는 이 법에 따른 최저임금을 이유로 종전의 임금수준을 낮추어서는 아니 된다.
③ 최저임금의 적용을 받는 근로자와 사용자 사이의 근로계약 중 최저임금액에 미치지 못하는 금액을 임금으로 정한 부분은 무효로 하며, 이 경우 무효로 된 부분은 이 법으로 정한 최저임금액과 동일한 임금을 지급하기로 한 것으로 본다.
→ 위반 시 3년 이하의 징역 또는 2,000만 원 이하의 벌금

---

2. 총액인건비를 반영해야 합니다

회사에서는 매월 고정임금 이외에 퇴직금, 4대 보험료, 복리후생비,
시간외근무수당 등의 추가적인 인건비가 발생합니다. 따라서 회사에서
직원의 임금을 결정할 때는 이처럼 다양한 명목으로 발생하는 인건비를
예상하여 전체 인건비 계획을 세워야 합니다.

특히 창업기업의 경우 최저임금의 지속적 상승에 따라 총액인건비 관
리의 중요성이 더욱 강조되고 있습니다. 실제로 총액인건비를 고려한
임금의 결정기준 없이 상황에 따라 개별 직원의 임금을 산정했다가 몇
년 후 임금관리에 애를 먹는 사례가 많이 발생합니다. 또한 신입직원과
경력직원 간, 직급 및 직책 간 적정 임금수준을 유지하는 측면에서도 총
액인건비를 고려한 임금관리가 중요합니다.

만일 최저임금 인상 등에 따른 임금인상에 대비하기 위해 인건비 조
정이 필요한 경우라면 다음과 같은 조치들을 고려해볼 수 있습니다.

1) 직원 수 조정

상시근로자 수 5인 미만 사업장에는 시간외근무수당 지급의무, 연차휴가 부여의무 등이 적용되지 않기 때문에, 상시근로자 수가 4인인지 5인인지에 따라 인건비 차이(가산수당, 연차수당 등)가 발생하게 됩니다. 따라서 총인건비가 부담되는 경우라면 이를 기준으로 상시근로자 수를 조정해볼 수 있습니다. 예를 들어 현재 상시근로자 수가 2명인 회사에서 원래 3명의 신입직원을 채용할 계획이었으나 총인건비가 부담된다면 2명의 신입직원만 채용하거나 경력직원과 신입직원을 각각 1명씩 채용하는 식으로 계획을 변경해볼 수 있습니다. 다만 이러한 의사결정을 위해서는 사전에 연간 인건비계획이 마련되어 있어야 합니다.

2) 근무체계 변경

직원 수를 줄이지 않고 전체 직원이나 일부 직원의 근무시간을 조정하여 최저임금 수준을 유지하는 식으로 총인건비 부담을 줄여볼 수도 있습니다. 예를 들어 출근시간을 늦추거나 퇴근시간을 앞당기는 식으로 출퇴근시간을 조정하거나, 근무시간 중 휴식시간을 늘리는 방식으로 실제 근무시간을 줄여볼 수 있습니다. 또한 회사나 개별 직원의 상황을 고려하여 정규직직원을 시간제직원으로 전환하거나 근무일을 축소하는 방식(주 6일에서 주 5일 근무, 휴일 및 휴가 증가) 등으로 근무체계를 변경할 수도 있습니다. 다만 근무시간이나 근무체계 변경은 회사가 일방적으로 할 수 없고 직원과 합의하여 결정해야 하며, 합의사항을 회사규정이나 근로계약에 명확히 반영함으로써 그와 관련한 분쟁을 예방해야 합니다.

04

임금구성 및 지급방법

1. 임금구성

임금구성과 관련한 법률규정은 없으므로 회사의 사정에 맞춰 자유롭게 결정하면 됩니다. 일반적으로 임금은 기본급과 각종 수당(법정수당 및 약정수당) 등의 항목으로 구성되는데, 이와 관련하여 임금항목을 효율적으로 결정하는 방법에 대해 살펴보겠습니다.

1) 임금항목은 단순하게 구성하는 방식이 효율적입니다

다음과 같이 A와 B라는 임금구성 사례를 기준으로 어느 쪽이 더 효율적으로 임금항목을 구성하고 있는지 알아보겠습니다.

A	
임금항목	금액
기본급	2,200,000
식대	100,000
자가운전보조금	200,000
육아수당	100,000
연장근무수당	150,000
합계	2,750,000

공제내역 생략

B	
임금항목	금액
기본급	1,600,000
상여금	200,000
직책수당	200,000
직무수당	200,000
식대	100,000
자가운전보조금	200,000
육아수당	100,000
연장근무수당	150,000
합계	2,750,000

공제내역 생략

앞서 설명했듯이 A, B 모두 법적으로는 문제가 없으나, A가 상대적으로 단순해보입니다. 두 항목구성의 차이는 B의 경우 A의 기본급에 해당하는 금액을 기본급 이외에 상여금, 직책수당, 직무수당으로 구분해놓았다는 점입니다. 그 이외에는 A, B 모두 같은 항목으로 구성되어 있고 임금총액도 같습니다.

문제는 임금의 성격 및 구성에 따라 평균임금 및 통상임금이 달라지고, 그에 따라 최저임금 포함 여부도 달라진다는 데 있습니다. 즉, B와 같이 임금항목을 복잡하게 구성할수록 의도치 않게 최저임금법을 위반

할 소지도 커질 수 있습니다. 과거에는 법정수당을 적게 지급하려는 의도로 임금항목을 다양하게 구성함으로써 기본급을 낮추기도 했으나, 최근 통상임금 관련 판례를 통해 통상임금 범위가 늘어나면서 그러한 방식에 의한 실질적인 법적 효과가 거의 없어졌습니다. 이처럼 실무적으로 임금항목을 다양하게 구분할 필요성이 많지 않으므로 가급적 기본급 항목으로 통합하여 운영하는 방식이 효율적입니다.

따라서 창업기업의 경우 사업 초기에 임금항목을 설계할 때부터 약정수당은 최소화하고 가급적 기본급으로 통합 운영하는 것이 좋습니다. 또한 이미 임금항목이 복잡하게 구성되어 있는 상황이라면 직원들과 협의하여 임금항목을 단순화할 필요가 있습니다.

2) 비과세수당의 활용

근로소득 중 일정한 조건을 갖춘 임금항목에 대해서는 세법상으로 비과세를 인정하고 있습니다. 직원 입장에서는 근로소득에 대한 비과세를 인정받으면 해당 금액만큼 세금을 공제받을 수 있을 뿐만 아니라, 4대 보험료 산정 기준금액에서도 제외되어 4대 보험료가 적게 부과되는 효과를 얻을 수 있습니다. 예를 들어 월 임금 300만 원 중에서 비과세수당이 40만 원 포함되어 있다면, 근로소득세와 4대 보험료는 260만 원을 기준으로 부과됩니다. 회사 입장에서도 직원의 비과세수당만큼 4대 보험료 회사부담분을 절약하는 효과를 얻을 수 있습니다.

특히 창업기업에서는 임금 못지않게 4대 보험료 회사부담분에 대한 부담도 크기 때문에 요건에 맞는 비과세수당을 임금항목에 추가함으로써 보험료부담을 줄일 필요가 있습니다. 창업기업에서 적용할 수 있는 주요 비과세수당으로는 식대, 자가운전보조금, 보육수당, 연구수당이 있습니다. 해당 비과세수당의 명칭이 반드시 일치할 필요는 없지만, 비과세를 인정받으려면 다음과 같이 각 수당별로 정해진 요건을 충족해야 합니다.

(1) 식대(식대보조비, 식사지원비 등)

회사에서 식사를 제공받지 않는 직원이 식대로 지급받는 금액 중 월 10만 원까지 비과세가 됩니다. 하지만 사내식당이나 외부식당에서 식사를 제공받는 경우에는 비과세혜택을 받을 수 없습니다. 또한 회사에서 식대를 20만 원 지급하더라도 비과세는 10만 원까지만 인정되므로 식대 명목으로 그 이상의 금액을 지급할 필요가 없습니다.

(2) 자가운전보조금(차량유지비, 차량지원비 등)

직원이 자신의 소유로 된 차량을 직접 운전하여 회사업무에 이용하고, 실제 여비를 지급받는 대신 차량의 소요경비로 받는 금액 중 월 20만 원까지는 비과세가 됩니다. 다만 직원의 명의(부부공동명의 포함)로 등록된 차량에 대해서만 비과세 적용을 받을 수 있습니다.

(3) 출산·보육수당(육아수당 등)

6세 이하 자녀의 보육과 관련하여 회사에서 받는 금액 중 월 10만 원까지는 비과세가 됩니다. 다만 자녀가 많아도 10만 원까지만 비과세가 인정됩니다. 맞벌이의 경우에는 해당 비과세혜택을 각각 적용받을 수 있습니다.

(4) 연구보조비 또는 연구활동비

중소기업이나 벤처기업의 기업부설연구소 및 연구개발 전담부서에서 연구활동에 직접 종사하는 직원에게 지급하는 금액 중 월 20만 원까지는 비과세가 적용됩니다.

이밖에 생산직직원의 시간외근무수당, 해외 파견직원의 국외근로소득에 대한 비과세혜택도 있으므로 해당 요건을 확인하여 비과세수당 적용을 고려해볼 필요가 있습니다.

반대로 일부 업체에서 자가운전보조금을 전 직원에게 무조건 지급하거나, 사내식당을 운영하면서도 직원들에게 식대를 지급하는 등 요건에도 맞지 않는 비과세수당을 지급하다가 세무당국에 적발되어 세금을 추징당하는 사례가 있습니다. 또한 최근에는 4대 보험 관리기관(특히 건강보험)에서 비과세요건을 남용한 사례를 조사하여 누락된 보험료를 한꺼번에 부과(3년분)하는 사례도 많습니다. 이런 점을 감안하여 임금에 포함되는 비과세항목은 요건에 맞게 관리해야 합니다.

창업 초기 또는 직원이 많지 않은 창업기업의 경우 세무사 등을 통해 급여처리를 하는 경우가 많습니다. 이런 경우 자가운전보조금이나 육아수당 등 요건을 갖추고 있음에도 비과세수당을 적용하지 못하는 사례를 자주 볼 수 있습니다. 따라서 창업기업은 인건비절감 측면에서 사업 초기부터 비과세수당을 적용한 임금관리에 신경쓸 필요가 있습니다. 만일 외부에 급여관리 업무를 위탁하고 있다면 해당 위탁업체에 비과세수당 적용가능성 여부를 검토해달라고 요청하기 바랍니다.

2. 임금의 지급방법

1) 통화지급 원칙

임금은 원칙적으로 통화(=화폐)로 지급해야 합니다. 화폐 대신 현물로 임금을 지급하면 직원이 사용상 불이익을 받기 때문에 임금을 통화로 지급할 것을 법률로 강제하고 있습니다. 예를 들어 회사의 제품이나 주식, 상품권 등으로 임금을 지급하는 방식은 인정되지 않습니다.

2) 직접지급 원칙

임금은 직원에게 직접 지급해야 하며, 제3자에게 지급할 수 없습니다. 직원이 원해서 제3자에게 지급하는 경우에도 법률 위반이 된다는 사실에 유의해야 합니다. 직원이 미성년자인 경우에도 임금은 미성년자 본인에게 직접 지급해야 합니다.

간혹 직원의 개인사정(신용불량상태 등)으로 본인의 통장계좌로 임금을 받지 못해서 회사와의 합의에 의해 가족이나 친구 등의 계좌로 임금을 받는 경우가 있는데, 이 또한 직접지급 원칙에 위반됩니다. 이런 경우에는 다른 사람 명의의 통장계좌에 입금하는 방법보다는 해당 직원에게 임금을 직접 현금으로 지급하고 임금을 직접 수령했다는 확인(확인증이나 수령증 등 본인 서명이 있는 서류)을 받아두는 방법을 활용하는 것이 낫습니다. 이와 관련하여 민사집행법상 월 150만 원까지의 임금은 압류가 금지된다는 사실도 참조할 필요가 있습니다.

3) 전액지급 원칙

임금은 반드시 전액을 지급해야 하며, 일부를 제하고 지급할 수 없습니다. 예를 들어 직원이 업무상 과실 등의 이유로 회사에 끼친 손실액을 임금에서 공제하고 지급하는 방식은 금지됩니다. 회사와 직원 간 약속이 있더라도 이러한 임금지급 방식은 원칙적으로 인정되지 않습니다.

■ 손해배상액을 공제하고 퇴직금을 지급한 사례

A 사에 근무하던 직원 S는 중대한 실수로 인해 회사에 큰 손실을 끼치게 되었습니다. 이에 S는 자신의 실수로 생긴 손해액 일부를 회사에 배상하기로 합의하고 퇴사하게 되었습니다. 이런 합의에 따라 A 사에서는 S에게 3년 근무에 대한 퇴직금 중에서 손해배상금을 공제한 후 나머지 퇴직금만 지급했습니다.

퇴직금 역시 근로의 대가인 임금에 해당하기 때문에 전액을 지급해야 합니다. 따라서 위 사례의 경우 원칙적으로 일단 S의 퇴직금 전액을 지급하고, 손해배상금은 별도로 받아야 합니다. 다만 직원의 자발적인 동의나 선택이 있는 경우 예외적으로 임금상계를 할 수 있습니다. 이런 경우 법률분쟁을 예방하는 차원에서 직원이 자발적으로 임금이나 퇴직금 상계를 선택했다는 사실을 서면(310쪽 서식 참조)으로 작성해두는 것이 좋습니다.

또한 직원이 임금을 현금 대신 회사의 제품 등 현물로 받기를 원하는 경우에도 가급적 임금에서 공제하는 방식보다는 일단 임금을 전액 지급하고 나서 직원이 해당 현물을 따로 구매하는 방식을 취하는 것이 좋습니다.

다만 가불금의 경우 직원의 요청에 따라 미래에 지급할 임금을 미리 지급한 형태이기 때문에 전액지급 원칙 위반에 해당하지 않습니다.

4) 정기일지불 원칙

임금은 매월 1회 이상 정해진 날에 지급해야 합니다. 여기서 매월은 1일부터 말일까지를 의미합니다. 다만 부정기적으로 지급되는 수당은 예외로 합니다.

실무적으로 중도입사자의 입사한 달의 임금을 다음 달로 미루어 다음 달 임금과 한꺼번에 처리하여 정기일지불 원칙을 위반하는 사례가 있습니다. 하지만 입사한 달의 근무기간이 짧더라도 해당 월 임금은 해당 월 임금지급일에 일할계산하여 지급할 필요가 있습니다.

중도입사자 이외에도 일부 회사들이 자금사정 등을 이유로 직원들의 임금지급일을 지키지 않는 사례가 종종 발생하는데, 이는 명백히 정기일지불 원칙 위반사항이 됩니다. 회사에서는 이런 법 위반이 발생하지 않도록 주의를 기울여야 하며, 무엇보다 대부분의 직원들이 임금지급일에 맞춰 경제적 계획을 세운다는 점을 고려하여 임금지급일을 반드시 지키도록 노력해야 합니다.

관련 법조항

근로기준법 제43조(임금지급)
① 임금은 통화(通貨)로 직접 근로자에게 그 전액을 지급하여야 한다. 다만 법령 또는 단체협약에 특별한 규정이 있는 경우에는 임금의 일부를 공제하거나 통화 이외의 것으로 지급할 수 있다.
② 임금은 매월 1회 이상 일정한 날짜를 정하여 지급하여야 한다. 다만 임시로 지급하는 임금, 수당, 그 밖에 이에 준하는 것 또는 대통령령으로 정하는 임금에 대하여는 그러하지 아니하다.
→ 위반 시 3년 이하의 징역 또는 3,000만 원 이하의 벌금

누구나 사람 쓰기 전에는 그럴싸한 계획이 있다

05

법정수당 계산실습

직책수당, 직무수당, 기술수당 등의 약정수당은 회사의 규정 및 당사자 약정으로 지급 여부가 결정되는 반면, 법정수당은 법으로 지급이 강제됩니다. 대표적인 법정수당으로는 연장근무수당, 야간근무수당, 휴일근무수당, 연차유급휴가 미사용수당(이하 연차수당), 주휴수당이 있습니다.

법정수당은 사전에 지급 여부가 정해지는 것이 아니라(포괄산정임금제는 예외(311쪽 내용 참조)) 해당 요건이 충족되었을 때 지급의무가 발생합니다. 이와 관련하여 지급요건을 갖췄음에도 회사에서 법정수당을 지급하지 않아서 잦은 노동분쟁이 발생하고 있다는 사실과, 법정수당 지급 여부는 고용노동부의 사업장 점검 시 주요 점검대상이 된다는 사실을 감안하여 실무적으로 정확히 관리할 필요가 있습니다.

1. 지급요건

1) 상시근로자 수에 따른 지급요건

시간외근무수당(연장·야간·휴일근무수당) 및 연차수당은 상시근로자 수가 '5인' 이상인 경우부터 지급의무가 발생합니다. 다만 '주휴수당'의 경우 상시근로자 수에 관계없이 '모든 사업장'에 지급의무가 있습니다.

2) 법정수당의 기본계산단위는 '통상임금(시급)'입니다

법정수당은 '시급'을 기준으로 계산하기 때문에, 수당계산을 위해서는 우선 직원별 통상임금을 산출해야 합니다. 통상임금 계산방법은 273쪽 설명을 참조하기 바라며, 시간외근무수당의 경우 산출된 시급에 50%를 가산(가산수당)하여 지급해야 합니다.

2. 법정수당 계산사례

1) 시간외근무수당 계산

기본근무현황이 다음과 같은 H 사를 기준으로 시간외근무수당을 계산하는 방법을 알아보겠습니다.

> • 직원 수 : 정규직 5명, 계약직 2명, 시간제직원(아르바이트) 3명
> • 근무시간 : 월요일~금요일 09:00~18:00 / 휴식시간 : 12:00~13:00
> • 휴무일/휴일 : 토요일은 무급휴무일, 일요일은 주휴일

> • 연차유급휴가 : 근속기간에 따라 연차휴가 부여
> • 임금 : 임금구성은 기본급 및 직책수당으로만 구성

① 기획팀장인 A는 사업계획 수립업무를 마무리하기 위해 추가근무를 했습니다. A는 야근을 위해 저녁 6시부터 1시간 동안 식사를 한 뒤 7시부터 다시 업무를 시작해서 오후 11시에 퇴근했습니다. 연봉이 4,800만 원인 A의 시간외근무수당은 얼마일까요?

일단 H 사는 상시근로자 수 10명인 회사이므로 법정가산수당 지급의무가 있습니다. H 사의 소정근무시간은 1주 40시간이므로 월 통상임금 산정 기준시간은 209시간(275쪽 내용 참조)이며, 임금은 기본급 및 직책수당으로 구성되어 있어서 임금 전체가 통상임금과 일치합니다. 이를 기준으로 A 팀장의 통상시급을 계산해보면 다음과 같습니다.

• 4,800만 원(연봉)÷12개월÷209시간=19,139원

A 팀장의 추가근무시간은 저녁식사시간을 제외하고 오후 7시부터 11시까지 총 4시간이므로 연장근무수당은 다음과 같이 계산됩니다.

• 19,139원(통상시급)×4시간×1.5(가산임금)=114,834원

또한 A 팀장의 시간외근무시간 중에는 오후 10시부터 11시까지의 야

간근무가 포함되어 있으므로 추가로 다음과 같이 계산된 야간근무수당을 지급해야 합니다.

- 19,139원(통상시급)×1시간×0.5(가산임금)=9,570원

따라서 위 사례에서 A 팀장의 시간외근무수당은 연장근무수당과 야간근무수당을 합친 총 124,404원입니다.

② 관리팀의 C 대리(월급 209만 원)는 밀린 급여업무 처리를 위해 토요일에 평일근무와 동일하게 오전 9시에 출근해서 6시에 퇴근했습니다. C 대리가 중간에 1시간 동안 점심식사를 했다면 시간외근무수당은 얼마일까요?

C 대리의 월 임금이 209만 원이므로 이를 통상임금으로 환산하면 10,000원(209만 원÷209시간)이 됩니다. H 사는 토요일을 무급휴무일로 운영하기 때문에 토요일 근무는 휴일근무가 아닌 '연장근무'에 해당됩니다. 따라서 C 대리가 토요일 오전 9시부터 오후 6시까지 근무하고 중간에 점심시간이 1시간 있었으므로 총연장근무시간은 8시간이 되며, 이에 따라 연장근무수당이 다음과 같이 계산됩니다.

- 10,000원(통상시급)×8시간×1.5(가산임금)=120,000원

만일 C 대리가 해당 시간외근무를 토요일이 아닌 일요일에 했다면 시

간외근무수당 금액은 똑같지만, 명목은 연장근무수당이 아닌 휴일근무수당이 됩니다. 참고로 회사 내부적으로 특별한 규정이 없다면 토요일 근무는 휴일근무가 아닌 연장근무로 처리합니다.

③ H 사에서는 고객응대를 위해 대리 이하 직원들에게 교대로 일요일 근무를 시키고 있으며, 각 직원의 임금수준과 상관없이 일요일 근무에 대해 정액 7만 원을 지급하고 있습니다. 이런 상황에서 신입직원 W(연봉 2,200만 원)가 일요일 오전 10시부터 오후 5시까지 근무(점심식사시간 1시간)하고 7만 원을 받았다면 법적으로 문제가 없을까요?

W의 연봉을 통상시급으로 환산한 금액은 8,772원(2,200만 원÷12개월 ÷209시간)입니다. 일요일은 휴일근무에 해당하고, W가 일요일에 점심식사시간 1시간을 제외하고 6시간을 근무했으므로 휴일근무수당은 다음과 같이 계산됩니다.

• 8,772원(통상시급)×6시간×1.5(가산임금)=78,948원

따라서 C는 현재 법적 기준보다 휴일근무수당을 8,948원(78,948원-70,000원) 적게 받고 있으므로 회사에서는 그만큼의 수당을 추가로 지급해야 합니다.

특히 H 사의 경우 임금수준과 상관없이 일요일 근무에 대해 정액 7만 원을 지급하고 있으므로 임금수준이 높은 직원일수록 법적 기준에 미달

하는 수당액이 커질 수밖에 없습니다. 따라서 현재의 정액지급 방식을 법정수당 계산방식으로 바꾸거나 그 기준에 맞춰 정액수당액을 인상할 필요가 있습니다.

2) 연차수당 계산

근로기준법에서는 직원의 근속기간에 따라 연차휴가가 발생하도록 규정하고 있습니다. 이러한 규정에 따라 회사에서는 직원 개인별로 발생한 연차휴가를 휴가사용기간 동안 사용하게 하고, 해당 기간 내에 사용하지 못한 일수에 대해서는 금전으로 보상해야 하는데, 이를 '연차수당'이라고 합니다. 다음 사례를 통해 연차수당을 계산하는 방법에 대해 알아보겠습니다.

🎯 P 대리의 연차수당은 얼마일까요?

사회적기업 L 사에서 근무하는 P 대리의 연봉은 2,400만 원입니다. 입사 3년 차인 P 대리가 1년간 8일의 연차휴가를 사용하고 연차휴가 사용시점이 모두 경과했다면 회사에서는 P 대리에게 연차휴가수당을 얼마나 지급해야 할까요?

연차수당은 일반적으로 통상임금으로 계산하며, 계산식은 다음과 같습니다.

> • 연차수당＝일급(통상임금÷209시간×8시간)×연차휴가 미사용일수

위 사례에서 P 대리의 통상시급은 9,570원(2,400만 원÷12개월÷209시간)이고, 이를 일급으로 환산하면 76,560원(9,570원×8시간)이 됩니다. 입사 3년 차인 P 대리의 연차휴가는 총 16일(221쪽 내용 참조)이고, 이 중에서 8일을 사용했으므로 사용하지 않은 연차휴가는 8일입니다. 따라서 P 대리의 연차수당은 다음과 같이 계산됩니다.

> • 76,560원(일급)×8일(미사용 연차휴가)＝612,480원

이와 관련하여 법정수당을 지급하기 위해 일급을 산출할 때 '월 급여를 30일로 나누어 계산'하는 경우가 많은데, 이는 법정계산방식이 아닙니다. 만일 위의 사례를 이런 방식으로 계산하면 일급이 66,667원(200만 원÷30일)으로 산출됩니다. 이럴 경우 법정계산방식으로 일급을 산출했을 때보다 연차수당을 적게 지급하게 됨으로써 결과적으로 법적 기준을 위반하게 된다는 사실에 유의해야 합니다.

3) 주휴수당 계산

회사는 1주 동안 소정근로일을 개근한 직원에게 유급 주휴일을 부여해야 하는데, 해당 주휴일에 대해 지급하는 수당이 '주휴수당'입니다. 사실 월급제나 연봉제의 경우 대부분 주휴수당을 임금에 포함하여 지급하기 때문에 실무적으로 크게 문제될 일이 없습니다. 참고로 기본근무시

간을 209시간으로 산정하는 방식이 주휴수당을 임금에 포함하는 방식에 해당합니다(275쪽 내용 참조).

실무적으로는 1주간 근무시간이 40시간 미만인 직원이 있는 경우 주휴수당 계산의 필요성이 생기게 되며, 주로 시간제직원이 이런 경우에 해당합니다. 그럼 사례를 통해 주휴수당을 계산하는 방법에 대해 알아보겠습니다.

🎯 다음 시간제직원의 주휴수당은 얼마일까요?

P 사에서 근무하는 시간제직원 K는 시급 9,000원을 받고 있으며, 월~금요일 오전 10시부터 오후 5시까지 근무하고 중간에 1시간의 휴식시간을 부여받고 있습니다. K가 소정근무일을 만근하는 경우 주휴수당은 얼마일까요?

K의 1일 근무시간은 휴식시간을 제외하고 6시간이며, 주 5일 근무이므로 1주간의 근무시간은 30시간입니다. 주휴수당은 4주를 평균하여 1주간의 소정근무시간이 15시간 이상인 경우에 한해 지급의무가 발생하므로, K는 주휴수당 지급대상이 됩니다. 주휴수당은 다음과 같이 계산합니다.

> • 주휴수당=(1주간 총근무시간÷40시간)×8시간×시급

위의 계산식처럼 주휴수당은 1주간의 법정근무시간인 40시간을 한도로 하기 때문에, 1주 근무시간이 40시간을 넘는 경우 근무시간과 상관없이 주휴수당은 8시간분만 지급하면 됩니다. 위의 계산식에 따라 K의 주휴수당은 다음과 같이 계산됩니다.

- (30시간÷40시간)×8시간×9,000원=54,000원

실무적으로 아르바이트직원을 포함한 시간제직원에 대한 주휴수당 미지급과 관련한 분쟁이 많이 발생하고 있는 만큼, 주휴수당 지급요건을 갖춘 시간제직원에 대한 주휴수당을 누락하지 않도록 주의해야 합니다.

임금상계 동의서

소 속		성 명	
부서 및 직위		생년월일	
퇴직일			

상기 본인은 회사와의 합의로 결정한 임금상계에 대하여 다음과 같이 동의합니다.

- 다 음 -

1. 본인은 (   ) 사유로 발생한
₩(_____)에 대하여 본인이 지급받을 임금에서 상계하는 것에 동의
합니다.

2. 임금상계 방식은 다음과 같습니다.

> (예) 매월 임금에서 ₩(_____)를 (   )월간 공제함.
> (예) 지급받을 퇴직금에서 ₩(_____)를 공제한 후 지급함.

3. 본인은 자유로운 의사로 임금상계에 동의하였음을 다시 한 번 확인하며, 이후 이
와 관련한 어떠한 이의제기도 하지 않겠습니다.

년   월   일

위 동의인   (서명)

(회사명) 대표 귀하

누구나 사람 쓰기 전에는 그럴싸한 계획이 있다

06

포괄산정임금제

포괄산정임금제는 해당 제도에 대한 정확한 이해를 바탕으로 운영해야만 법적인 문제가 발생하지 않습니다. 여기에서는 포괄산정임금제의 개념과 유효요건, 실무상 유의해야 할 사항에 대해 살펴보겠습니다.

1. 포괄산정임금제의 개념 및 종류

일반적인 법정수당 지급방식은 기본임금을 정한 후, 소정근무시간 이외에 추가근무가 발생한 경우 법으로 정해진 계산법(통상임금의 150%)에 따라 시간외근무수당을 계산하여 기본임금과 함께 지급하는 것입니다. 따라서 이 경우 매월 임금총액이 시간외근무시간에 따라 달라집니다.

반면에 포괄산정임금제(포괄임금제, 포괄역산제 등 다양한 명칭으로 불림)는 근무시간과 상관없이 법정수당을 기본급에 포함하여 지급하거나, 정액으로 지급하는 방식을 말합니다. 따라서 포괄산정임금제를 운영하게 되면 특별한 경우를 제외하고는 매월 임금이 동일합니다.

"우리는 월급에 추가근무수당이 포함되어 있어서 수당을 따로 지급
하지 않습니다."

실무상 위와 같은 생각으로 포괄산정임금제가 남용되고 있는 문제가
있습니다. 특히 연장근무수당이나 야간근무수당을 법적인 가산임금 지
급기준보다 부족하게 지급하는 문제가 많이 발생하고 있습니다. 실제로
포괄산정임금제를 적용하는 회사에서 발생하는 대부분의 노동분쟁이
법정가산임금을 정확히 지급하지 않는 데서 발생하곤 합니다. 따라서
포괄산정임금제를 적용하려면 여기에서 설명하는 유효요건에 맞게 도
입·운영해야 합니다.

포괄산정임금제의 종류에는 정액급제와 정액수당제가 있습니다. '정
액급제'는 기본급을 미리 정해놓지 않고 법정수당을 합한 금액을 월 급
여액 또는 일당으로 지급하는 방식입니다. '정액수당제'는 기본급은 정
해놓되 근로시간에 관계없이 법정수당을 일정액으로 지급하는 방식입
니다. 다만 여기서는 실무상 주로 사용되는 '정액수당제'를 중심으로 포
괄산정임금제의 전반적인 사항을 살펴보겠습니다.

"우리는 연봉제로 운영하기 때문에, 연봉 안에 수당, 퇴직금 등이
모두 포함되어 있습니다."

위와 같이 연봉제를 포괄산정임금제와 유사한 개념으로 이해하는 경우가 많습니다. 즉, 연봉제를 각종 법정수당이 모두 포함된 근로계약으로 인식하거나, 심지어 퇴직금까지 포함된 임금으로 인식하기도 합니다. 그러다보니 1년간 정해진 연봉을 매달 급여(연봉의 12분의 1 또는 13분의 1)로 지급하면 임금지급과 관련된 법적 의무를 다하는 것으로 생각하고, 연장근무나 야간근무에 대해서도 추가수당을 지급하지 않습니다. 물론 이런 경우에도 연봉계약을 유효한 포괄산정임금제 방식으로 체결했다면 법적으로 문제가 없을 수 있습니다. 하지만 단순히 '연봉계약을 했으니 수당지급 의무가 없다'는 생각은 연봉제와 포괄산정임금제의 차이를 이해하지 못한 데서 생긴 오해로써, 법적으로 문제가 될 수 있습니다.

2. 포괄산정임금제의 유효요건

1) 근무시간 산정이 어려운 경우

포괄산정임금제는 근로시간 산정이 어려운 경우에 한해 예외적으로 인정됩니다. 근로시간 산정이 어려운 경우란 '근로시간 산정이 물리적으로 불가능하거나 거의 불가능한 경우'를 의미합니다. 근무시간과 무관하게 임금을 지급한다는 포괄산정임금제의 특성이 직원에게 불리하게 작용할 수 있기 때문에 매우 제한적으로 도입을 허용하고 있는 것이지요.

이러한 제한에 의해 근무시간 산정이 불가능하지 않은 상황에서 '법정수당이 다 포함되어 있다'라는 식으로 운영하는 포괄산정임금제는 법적으로 인정받지 못합니다. 따라서 정액급제 형태의 포괄산정임금제는 활용하지 않는 것이 좋습니다.

특히 '일반 사무직'을 대상으로 정액급제 형태로 포괄산정임금제를 운영하면 법 위반이 될 가능성이 매우 큽니다. 사무직은 대부분 출·퇴근 시간이 정해져 있고 근무시간 관리도 어렵지 않기 때문에 '근로시간 산정이 어려운 경우'에 해당하지 않기 때문입니다.

2) 직원들의 명시적 합의

회사에 포괄산정임금제를 적용하려면 근로계약을 체결할 때 직원들에게 포괄산정임금제도의 운영취지 및 계산방법 등을 알려주고 동의를 받아야 합니다.

● **포괄산정임금제 적용 동의조항 작성사례**

> 월 급여에는 근무상황 및 업무특성을 반영하여 시간외근무에 대한 수당이 포함되어 있으며(포괄산정임금제) 직원은 이에 동의한다.
> 동의자 성명 :   (서명)

3. 포괄산정임금제의 실무상 활용

1) 근무시간 운영형태가 고정적인 시간외근무를 포함하고 있는 경우

앞서 설명했듯이 포괄산정임금제는 법정수당을 실제 근무시간에 따라 지급하지 않는다는 점에서 직원에게 불리할 수 있기 때문에 도입이 엄격히 제한됩니다. 다만 우리나라 기업의 상당수가 법정근무시간을 초과하는 근무형태가 많기 때문에 실무상 편의를 위해 포괄산정임금제 형식의 근로계약을 체결하는 경우가 많습니다. 예를 들면 1주 50시간의 근무가 사전에 확정되는 경우 10시간의 고정연장근무가 발생하는데, 해당 연장근무에 대한 법정수당을 포함하여 임금을 결정하는 형태를 말합니다.

2) 직원에게 불리하게 적용되면 안 됩니다

포괄산정임금제에 따라 임금에 법정수당을 포함하여 지급하더라도 법적 기준 이하로 수당을 지급해서는 안 되며, 법적 기준에 미달하는 경우 수당을 추가로 지급해야 합니다.

🎯 **다음의 포괄산정임금제는 법적으로 문제가 없을까요?**

....

총직원 수가 20명이고 포괄산정임금제를 적용하는 K 사에서 근무하는 P 대리의 근무형태와 임금이 다음과 같다면, 법적으로 문제가 없을까요?

- 총직원 수 : 20명
- 근무형태 : 월~금요일 09:00~20:00(점심시간 12:00~13:00)
- 임금 : 월 240만 원(기본급 190만 원, 연장근무수당 50만 원)

....

P 대리의 근무시간은 점심시간 1시간을 제외하고 1일 10시간, 1주 50시간이므로 법정근무시간인 1주 40시간을 초과하는 10시간의 연장

근무가 고정적으로 발생하고 있습니다. 275쪽에서 설명한 한 달 평균 주 수를 적용하여 계산한 P 대리의 월 연장근무시간은 43.45시간(10시간 ×4.345주)이고, 통상시급은 9,091원(기본급 190만 원÷209시간)입니다. 따라서 이를 기준으로 P 대리의 법정연장근무수당을 계산해보면 다음과 같습니다.

- 9,091원(통상시급) × 43.45시간(월 연장근무시간) × 1.5(가산수당) =592,506원

위의 계산결과처럼 현재 P 대리는 법적 기준보다 연장근무수당을 92,506원(592,506원-500,000원) 부족하게 받고 있음으로, K 사에서는 해당 금액만큼의 수당을 P 대리에게 추가로 지급해야 합니다.

결국 위의 포괄산정임금제 사례는 법적 기준을 충족하지 못한 위법한 계약이 됩니다. 따라서 K 사에서는 P 대리의 총임금을 2,492,506원(기본급 190만 원+연장근무수당 592,506원) 이상으로 조정하여 다시 유효한 포괄산정임금계약을 체결해야 합니다.

최근 급격한 최저임금 인상의 영향으로 직원들의 통상시급 자체가 최저임금 미만으로 책정되고 이를 기준으로 계산한 시간외근무수당 역시 법적 기준에 못 미치는 사례가 많이 발생하고 있습니다. 따라서 포괄산정임금제를 도입하는 경우에도 최저임금을 정확히 반영하여 통상시급과 시간외근무수당을 책정하도록 유의해야 합니다.

3) 근로계약서에 통상시급과 연장근무시간 및 수당금액을 명확히 표시해야 합니다

앞의 K 사 사례의 경우 P 대리와 근로계약서를 작성할 때 다음과 같이 임금조항에 통상시급과 임금에 포함되는 연장근무시간과 수당금액을 명확히 표기해야만 법률분쟁을 예방할 수 있습니다.

구분	금액	계산방법
기본급	1,900,000원	통상시급 : 9,091원(기본근무시간 209시간)
연장근무수당	592,506원	9,091원×43.45시간(연장근무시간)×1.5
합계	2,492,506원	

4) 운영상 유의사항

(1) 연장근무시간 한도 준수

법적으로 정해진 1주 연장근무시간의 한도는 휴일근무를 포함하여 '12시간'입니다. 따라서 포괄산정임금제 도입에 의해 고정 연장근무시간을 포함하더라도 법적 한도인 12시간을 초과하지 않아야 합니다.

(2) 고정 연장근무시간 이상 근무 시 추가지급 여부 등

포괄산정임금계약상 고정 연장근무시간을 매월 40시간으로 설정했더라도 실제 연장근무시간이 50시간이었다면 10시간에 대한 추가 연장근무수당을 지급해야 합니다.

그렇다면 위와 같은 조건에서 실제 연장근무시간이 30시간에 불과했다면 10시간의 고정 연장근무시간 부족분에 대해 감액할 수 있을까요? 이런 경우에는 임금감액 없이 임금 전액을 지급해야 합니다. 포괄산정 형태의 임금계약은 기본임금과 일정 시간의 법정수당을 지급하기로 사전에 '확정적'으로 정한 계약이기 때문입니다.

(3) 연차수당 및 퇴직금 포함 금지

포괄산정임금제에 의한 임금에 고정적인 시간외근무수당은 포함시킬 수 있지만, 연차수당과 퇴직금은 포함시킬 수 없습니다. 연차수당을 포괄산정임금에 포함시키면 직원의 휴가사용을 제약할 수 있기 때문에 인정하지 않으며, 퇴직금의 경우 퇴직을 해야만 비로소 확정되는 금액이기 때문에 임금에 포함하여 지급하더라도 정당성을 인정받을 수 없습니다.

07

임금관리 시 유의사항

1. 지각, 조퇴, 결근 시 임금감액 방법

최근 창업한 회사에는 젊고 개성이 강한 직원이 많습니다. 이들에게는 여러 가지 장점이 있지만, 그에 반해 다음 사례와 같이 지각, 조퇴, 결근 등 근무태도가 불량하다는 문제들도 발견됩니다.

▌지각 3번에 1일 임금을 감액한 사례

제품디자인회사를 창업하여 3년째 운영하고 있는 N 대표는 요즘 큰 고민이 있습니다. 회사의 디자이너들이 실력은 뛰어난데 지각이 너무 잦기 때문입니다. 고민 끝에 N 대표는 근태관리 강화 차원에서 지각을 3번 하면 1일 결근처리를 하기로 했습니다. N 대표의 결정에 법적인 문제는 없을까요?

위 사례와 같이 직원들의 근태문제를 고민하는 회사에서 지각 3번에 1일 결근처리와 같은 해결책을 활용하기도 하는데, 이는 법을 위반하는 인사조치에 해당합니다.

임금은 무노동 무임금 원칙이 적용되는 동시에, 일한 대가를 정확히 지급해야 한다는 원칙이 적용됩니다. 따라서 직원이 지각, 조퇴, 결근으로 인해 근무를 제공하지 못한 시간만큼만 임금을 정확히 공제해야 합니다. 그렇지 않고 위의 사례처럼 지각 3번에 결근 1회 처리, 조퇴 2번에 결근 1회 처리와 같은 방식을 적용하여 실제로 근무를 제공하지 못한 시간보다 더 많은 임금을 공제하면 '임금체불'이 됩니다. 다만 결근의 경우 해당 결근일의 임금공제에 추가하여 1주일 만근을 전제로 부여하는 주휴수당을 지급하지 않아도 되기 때문에, 결국 2일의 임금을 공제할 수 있습니다.

또한 결근 2번에 임금 20%를 감액하는 식으로 임금을 총액기준으로 감액하는 경우에도 감액총액이 실제로 근무를 제공하지 못한 시간 이상의 금액이라면 임금체불에 해당합니다.

2. 감봉액의 제한

직원의 근무태도가 불량하거나 업무상 과실을 범했을 때 징계 차원에서 감봉을 하는 경우가 있습니다. 이러한 경우 회사 내부상황에 따라 감봉액 수준을 임금의 10%, 임금의 20% 등으로 정하는 경우가 많은데, 근로기준법에서는 이러한 감봉에 대해서도 한도를 규정하고 있습니다.

관련 법조항

근로기준법 제95조(제재 규정의 제한)
취업규칙에서 근로자에 대하여 감급(減給)의 제재를 정할 경우에 그 감액은 1회의 금액이 평균임금의 1일분의 2분의 1을, 총액이 1임금지급기의 임금총액의 10분의 1을 초과하지 못한다.
→ 위반 시 500만 원 이하의 벌금

예를 들어 월급이 300만 원이고 1일 평균임금이 10만 원이라면, 감봉할 수 있는 월 1회 한도금액은 1일 평균임금 10만 원의 50%인 5만 원까지이며, 감봉이 가능한 최대한도액은 월 총임금 300만 원의 10%인 30만 원까지입니다. 즉, 사례의 경우 회사에서는 해당 직원에 대해 매달 5만 원씩 6개월까지를 최대한도로 감봉할 수 있습니다.

물론 회사 입장에서는 생각보다 최대감봉한도가 적어서 감봉조치에 따른 효과를 의심할 수 있습니다. 하지만 감봉조치는 금전적인 부분을 떠나서 직원의 잘못된 행동에 대한 재발을 방지하는 효과가 있고, 해당 직원이 동일하거나 다른 형태의 잘못을 다시 저질렀을 때 좀 더 무거운 징계나 정당한 해고조치를 하기 위한 근거로 사용된다는 취지로 이해해야 합니다. 또한 다른 직원에게도 선례가 되어 직장질서를 바로 잡는 계기가 될 수도 있습니다.

3. 임금의 일할계산 방법

임금은 산정기간(예 : 매월 1일부터 말일까지)을 정해 해당 기간을 기준으로 정산한 후 임금지급일에 지급합니다. 그렇다면 임금산정기간 중간에 입사하거나 퇴사하는 직원의 임금은 어떻게 산정할까요? 이런 경우 회사 내부적으로 정한 처리규정이나 직원과 사전에 합의한 약정이 있다면 그 기준에 따라 처리하면 됩니다. 만일 그러한 규정이나 약정이 없는 경우에는 일반적으로 '일할계산' 방식을 활용합니다. 다만 어떤 방식을 활용하든 직원들에게 불리하게 적용되지 않아야 한다는 점에 유의해야 합니다.

일할계산은 재직일수(휴일을 포함한 일수)를 그 달의 일수로 나누는 방식을 말합니다. 예를 들어 매달 30일이 임금지급일인 사업장에서 6월 21일까지 근무하고 퇴사한 직원이 있다면 다음과 같이 일할계산을 하면 됩니다.

•해당 월 임금×21일÷30일(해당 월의 전체 일 수)

만일 월 임금이 300만 원인 직원이 6월 21일까지 근무하고 퇴사했다면 위의 일할계산법에 따라 다음과 같이 월 임금을 계산하여 지급하면 됩니다.

• 3,000,000원×21일÷30일(6월의 전체 일 수)＝210만 원

4. 가불금의 처리방법

임금지급일 전 직원의 가불요청을 회사가 반드시 허용할 필요는 없으며, 회사와 해당 직원의 사정을 종합적으로 고려하여 가불 여부를 결정하면 됩니다. 다만 가불을 해주더라도 이미 발생한 임금범위 내에서만 허용해야 한다는 점에 유의해야 합니다. 즉, 임금지급 후 15일이 지난 시점에 가불을 요청했다면 최대 15일만큼의 임금만 가불해줘야 합니다. 그렇지 않고 이미 발생한 임금범위보다 더 많은 금액(예 : 월 급여 전체)을 가불해주는 경우 해당 직원이 갑자기 퇴사했을 때 현실적으로 추가로 지급된 임금을 환수하기가 어렵다는 문제가 발생하게 됩니다.

5. 직원 퇴사 시 임금지급기한

직원이 퇴사하면 퇴사일로부터 14일 이내에 퇴사 시까지 발생한 임금을 지급해야 합니다. 또한 퇴직금 역시 퇴사일로부터 14일 이내에 지급해야 합니다. 예를 들어 회사의 임금지급일이 25일인데 직원이 4월 1일에 퇴사했다면 퇴사 시까지 발생한 임금과 퇴직금 모두를 4월 25일이 아니라 퇴사일로부터 14일 이내인 4월 15일 전에 지급해야 합니다. 다만 특별한 사정이 있어서 직원과 합의하는 경우에는 퇴사일로부터 14일 이후로 지급일을 연장할 수 있습니다. 이런 경우 '금품청산 연장동의서(326쪽 서식 참조)' 작성을 통해 해당 직원의 동의를 받아두어야 합니다.

6. 경영사정에 의한 휴업조치 시 임금지급(휴업수당)

사용자의 귀책사유에 의한 휴업이란 사용자의 경영장애로 인한 자금난, 주문감소, 생산감축 등으로 휴업하는 경우를 의미하며, 천재지변 등 기업 외적인 사정에 의한 휴업은 제외됩니다. 이러한 휴업은 전 직원을 대상으로 하거나, 특정 직원만 휴업하게 하는 등 다양한 형태로 운용할 수 있습니다. 다만 어떤 방식으로 운용하든 직원의 책임으로 인한 휴업이 아닌 회사의 경영상 책임에 따른 휴업이기 때문에, 휴업대상 직원에게는 평소에 받았던 임금(평균임금)의 70%를 휴업수당으로 지급해야 합니다. 물론 직원 개인 사정으로 휴업하는 경우에는 회사에서 임금을 지급할 의무가 없습니다.

관련 법조항

근로기준법 제46조(휴업수당)
① 사용자의 귀책사유로 휴업하는 경우에 사용자는 휴업기간 동안 그 근로자에게 평균임금의 100분의 70 이상의 수당을 지급하여야 한다. 다만 평균임금의 100분의 70에 해당하는 금액이 통상임금을 초과하는 경우에는 통상임금을 휴업수당으로 지급할 수 있다.
→ 위반 시 3년 이하의 징역 또는 3,000만 원 이하의 벌금

다만 휴업수당 지급의무는 상시근로자 수 5인 이상 사업장에만 적용되므로, 4인 이하 창업기업의 경우 휴업수당 지급의무가 없습니다.

 창업기업을 위한 TIP

경영사정이 악화되었을 때 무조건 휴업을 선택하는 것보다는 직원들의 동의를 얻어 개인 연차휴가 사용으로 대체하거나 무급순환휴직을 활용하여 함께 위기를 극복해나 가는 방식을 활용해볼 수 있습니다.

금품청산 연장동의서

소 속		성 명	
부서 및 직위		생년월일	
퇴직일			

상기 본인은 퇴직자로서 잔여 금품청산(퇴직금 등)에 대하여 20 . . . 까지 기간을 연장하여 청산하는 것에 동의합니다.

년   월   일

위 동의인   (서명)

(회사명) 대표 귀하

누구나 사람 쓰기 전에는 그럴싸한 계획이 있다

08

퇴직금관리

입사한 직원이 1년 이상 계속해서 근무하고 퇴사하면 퇴직금을 지급해야 합니다. 퇴직금 관련 사항은 근로자퇴직급여보장법에서 퇴직금제도와 퇴직연금제도로 구분하여 규정하고 있습니다. 여기서는 퇴직금제도를 중심으로 퇴직금관리에 대한 전반적인 내용을 살펴보고, 퇴직연금제도에 대해서도 간단히 살펴보도록 하겠습니다.

1. 퇴직금 발생요건

직원이 1년 이상 계속해서 근무하면 퇴직사유와 상관없이 퇴직금이 발생합니다. 회사에 심각한 피해를 입히고 퇴사하더라도 퇴직금은 지급해야 하지만, 계속근무기간이 1년에서 1일이라도 모자라면 퇴직금이 발생하지 않습니다. 또한 4주간을 평균하여 1주간의 소정근무시간이 15시간 미만인 초단시간직원의 경우 1년 이상 근무하더라도 퇴직금이 발생하지 않습니다. 참고로 초단시간직원의 경우 퇴직금뿐만 아니라 주휴수당과 연차휴가도 발생하지 않습니다.

퇴직금 발생요건인 계속근무연수는 근무시작 첫날부터 실질적으로 근무한 마지막 날까지로 산정합니다.

🎯 다음 중 퇴직금 지급의무가 없는 경우는 무엇일까요?

① 계약직으로 6개월 근무 후 다시 계약직으로 재계약하고 나서 7개월 근무 후 퇴사한 경우

② 수습기간 3개월 후 정식직원으로 전환되고 나서 11개월 근무 후 퇴사한 경우

③ A 사에서 8개월 근무 후 A 사가 B 사로 흡수됨에 따라 B 사 소속으로 4개월 근무 후 퇴사한 경우

④ 5개월 근무 후 회사의 승인을 받아 1개월간 병가휴직을 하고 나서 복직 후 5개월 20일을 근무하고 퇴사한 경우

정답은 ④번입니다. 휴직사유에 따라 계속근무 인정 여부가 달라질 수 있으나, 회사의 승인을 받은 휴직이라면 원칙적으로 계속근무기간에 포함됩니다. 하지만 ④의 경우 전체 근무기간이 1년이 되지 않아 퇴직금 지급의무는 없습니다.

①의 경우 2회의 계약직 계약으로 총 1년 1개월간 근무했고 근무기간도 연속되므로 퇴직금을 지급해야 합니다. 간혹 1년 미만의 계약직 계약을 반복했다는 이유로 퇴직금을 지급하지 않는 사례가 있는데, 계속

근무기간은 정규직인지 계약직인지 여부와는 상관없기 때문에, 이를 기준으로 퇴직금 지급 여부를 판단할 수 없습니다. 다만 계약직 계약 종료 후 일정 단속기간을 가진 후에 다시 계약직 계약을 하는 경우에는 양 기간을 연속된다고 판단하지 않고, 각각의 기간을 따져 퇴직금 지급 여부를 결정합니다.

②의 경우 수습기간은 계속근무기간에 포함되고, 수습기간을 포함한 총근무기간이 1년 2개월이기 때문에 퇴직금을 지급해야 합니다.

③의 경우 합병 또는 영업양도 사례로 볼 수 있으며, 특별한 약정이 없는 한 기존의 근무조건이 합병회사 또는 양수회사로 승계됩니다. 따라서 사례의 경우 A 사와 B 사에서 근무한 총근무기간이 12개월이 되므로 퇴직금을 지급해야 합니다.

📊 창업기업을 위한 TIP

자금력이 약한 창업기업 입장에서는 사업기간이 길어질수록 직원들의 퇴직금 누적액이 인건비부담 요인으로 작용할 수 있습니다. 따라서 인건비관리 차원에서 직원들의 계약기간을 연장하거나 연봉인상 등을 결정할 때는 그에 따른 퇴직금(누적퇴직금)까지 감안할 필요가 있습니다.

2. 퇴직금 계산방법

퇴직금 지급규정은 상시근로자 수와 상관없이 모든 사업장에 적용됩니다. 다만 상시근로자 수 5인 미만 사업장의 경우 2010년 12월 1일부터 2012년 12월 31일까지의 기간에 대해서는 퇴직금 산정금액의 50%를 감액적용할 수 있으나, 2013년부터는 100%를 지급해야 합니다. 따라서 2013년 이후에 창업한 기업인 경우 상시근로자 수와 관계없이 퇴직금을 100% 지급해야 합니다.

퇴직금은 계속근무연수 1년에 대해 30일분의 평균임금을 곱해서 산출하며, 계산방법은 다음과 같습니다.

> • 퇴직금＝1일 평균임금×30일×재직기간(재직일수÷365일)

평균임금은 퇴직일 이전 3개월간 받은 임금총액을 그 기간의 총일수로 나누어 산정합니다(277쪽 내용 참조). 통상적으로 근무기간 1년에 대한 퇴직금은 마지막 근무월의 임금이라고 생각하면 이해하기 편합니다. 또한 간혹 기본급을 기준으로 퇴직금을 산정한다고 이해하는 경우가 있는데, 퇴직금은 평균임금, 즉 임금총액을 기준으로 산정합니다.

🎯 다음 사례에서 퇴직금은 얼마일까요?

• 입사일 : 2018년 3월 1일 / 퇴사일 : 2020년 6월 1일
 (참고로 퇴직일은 마지막 근무한 날의 다음 날짜로 합니다. 따라서 이 경우는 2020년 5월 31일까지 실제 근무한 사례입니다.)
• 월 급여 : 250만 원

퇴직금을 계산하려면 우선 다음과 같이 퇴직일 이전 3개월간 총임금을 해당 일수로 나눠서 1일 평균임금을 구해야 합니다.

- 7,500,000원(250만 원×3개월)÷92일[(31일(3월)+30일(4월)+31일(5월)]=약 81,521.74원

다음은 재직기간을 계산해야 하는데, 사례의 경우 총재직기간이 2년 3개월이고 일수로는 823일이 됩니다.

위에서 계산한 평균임금과 재직일수를 퇴직금 계산공식에 넣어 계산해보면 총퇴직금이 다음과 같이 산출됩니다.

- 81,522원×30일×(823일÷365일)=약 5,514,444원

참고로 다음 쪽 그림과 같은 고용노동부 사이트(www.moel.go.kr)에 있는 퇴직금 계산기를 활용하면 간편하게 퇴직금을 계산할 수 있습니다.

퇴직금 계산기

※퇴직금 계산은 고용노동부 사이트(www.moel.go.kr)의 퇴직금 계산기를 활용하면 편리합니다.

1. 고용노동부 사이트 홈화면 메뉴 중 퇴직금(퇴직금 계산기) 메뉴 선택

2. 다음 메뉴(퇴직연금 안내) 하단에서 퇴직금 계산기 메뉴 선택

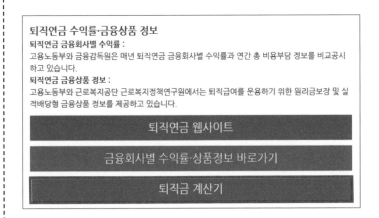

3. 퇴직금 계산기에 항목별 입력사항 입력 후 계산 버튼 클릭

입사일자: 2018 년 3 월 1 일
퇴직일자: 2020 년 6 월 1 일 ①입력
재직일수: 823 일

②클릭 평균임금계산 기간보기

※ 퇴직일자는 마지막으로 근무한 날의 다음날자를 기재.
※ 재직일수 중 제외기간이 있는 경우는 [재직일수]를 수정할 것.

퇴직전 3개월 임금 총액 계산(세전금액)   ③입력   임금초기화

기간	기간별일수	기본금	기타수당
2020.3.1 ~ 2020.3.31	31 일	2,500,000 원	0 원
2020.4.1 ~ 2020.4.30	30 일	2,500,000 원	0 원
2020.5.1 ~ 2020.5.31	31 일	2,500,000 원	0 원
	일	0 원	0 원
합계	92 일	7,500,000 원	0 원

※ 기간별 일수는 제외하여야 할 날이 있을 경우 수정 가능

연간상여금 총액: 0 원
연차수당: 0 원

1일 평균임금: 81,521.74 원 평균임금계산 ④클릭
1일 통상임금: 원 ⑤클릭
퇴직금: 5,514,443.17원 퇴직금계산 엑셀로 결과보기

* 1일 통상임금이 1일 평균임금보다 클 경우 1일 통상임금을 기준으로 퇴직금이 계산됩니다.
* 회사내규등에따라 실제 지급액과가 차이가 있을 수 있습니다.

3. 퇴직금 중간정산

퇴직금은 원칙적으로 퇴직 후에 발생합니다. 하지만 직원이 퇴직 전에 이미 근로를 제공한 기간에 대해 퇴직금 지급을 요구하면 퇴직금을 미리 정산하여 지급하게 되는데, 이를 '퇴직금 중간정산'이라고 합니다. 퇴직금 중간정산은 사업주가 일방적으로 할 수 없으며 직원의 요구가

있어야만 가능합니다. 다만 퇴직금 중간정산은 직원이 다음의 사유에 해당될 때만 요구할 수 있습니다.

관련 법조항

근로자퇴직급여보장법 시행령 제3조(퇴직금의 중간정산 사유)
① 무주택자인 근로자가 본인 명의로 주택을 구입하는 경우
② 무주택자인 근로자가 주거목적으로 전세금 또는 보증금을 부담하는 경우(사업장에 근로하는 동안 1회로 한정)
③ 근로자 본인, 배우자 또는 부양가족의 질병·부상으로 6개월 이상 요양이 필요로 하는 요양비용을 근로자가 부담하는 경우
④ 퇴직금 중간정산신청일로부터 최근 5년 이내 파산선고를 받거나 개인회생절차 개시결정을 받은 경우
⑤ 임금피크제를 실시하여 임금이 줄어드는 경우
⑥ 근로자와 합의에 따라 소정근로시간을 1일 1시간 또는 1주 5시간 이상 변경하여 그 변경된 소정근로시간에 따라 3개월 이상 계속 근로하기로 한 경우
⑦ 근로시간 단축으로 근로자의 퇴직금이 감소되는 경우
⑧ 태풍, 홍수 등 천재지변으로 고용노동부장관이 정한 사유와 요건에 해당하는 경우

위와 같은 사유에 해당되면 퇴직금 중간정산 신청서(344쪽 서식 참조)와 증빙서류(주택매매계약서, 전세계약서, 병원진단서, 파산선고문 등)를 제출하여 퇴직금 중간정산을 요구할 수 있습니다. 다만 직원이 요구했다고 해서 회사가 무조건 퇴직금 중간정산을 해줄 의무는 없습니다. 하지만 회사 입

장에서도 퇴직금을 중간정산해주는 것이 경제적으로 불리하지 않기 때문에 일반적으로 요건에 해당되면 중간정산을 승인해주고 있습니다.

퇴직금 중간정산과 관련한 서류는 해당 직원이 실제로 퇴직한 후 5년간 보관해야 합니다.

퇴직금을 정상적으로 중간정산한 후에는 퇴직금 산정을 위한 근무기간을 새롭게 계산(퇴직금 중간정산 이후 기간부터 실제 퇴직 시까지)해서 해당 직원이 실제 퇴직할 때 해당 기간에 따른 퇴직금을 지급해야 합니다. 이때 퇴직금 중간정산 이후 퇴직 시까지의 잔여근무기간이 1년 미만이더라도 해당 기간에 대한 퇴직금을 지급해야 한다는 사실에 주의해야 합니다. 즉, 퇴직금 중간정산은 직원에게 지급해야 하는 전체 퇴직금 중 일부분을 해당 직원의 요구에 의해 먼저 지급하는 개념으로 이해하면 됩니다.

🎯 다음 사례에서 퇴직금 중간정산과 퇴직금 정산은 어떻게 하면 될까요?

....

- •입사일 : 2019년 1월 1일, 퇴사일 : 2020년 10월 1일
- •월 급여 : 250만 원
- •중간정산 요청일시 : 2020년 1월 2일
- •중간정산 요청기간 : 2019.1.1~2019.12.31

....

위의 경우 1년에 대한 퇴직금 중간정산을 요청한 사례이므로 앞서 설명했듯이 대략 한 달분의 급여(330쪽 내용 참조)에 해당하는 약 250만 원

을 지급하면 됩니다. 또한 해당 직원이 퇴직금 중간정산을 받고 나서 9개월 후에 퇴사했으므로 실제 퇴사 시에는 잔여근무기간인 9개월에 대한 퇴직금을 정산하여 지급해야 합니다.

4. 퇴직금 지급기한

앞서 설명했듯이 퇴직금은 퇴직일부터 14일 내에 지급해야 하므로, 퇴직금을 임금지급일에 맞춰 지급하려다 지급기한을 넘기는 일이 없어야 합니다. 만일 퇴직금지급이 어려운 상황이라면 사전에 퇴직당사자와 합의하여 지급기간을 연장할 수 있으며, 이런 경우 해당 직원에게서 금품청산 연장동의서(326쪽 서식 참조)를 받아두어야 합니다.

퇴직한 직원이 임금이나 퇴직금을 지급받을 권리는 3년간 유지됩니다. 따라서 퇴직한 직원이 미지급된 퇴직금지급을 요청하거나, 임금관리상 실수로 일부 미지급한 퇴직금이 있다면 추후에라도 정확히 지급해야 합니다.

관련 법조항

근로자퇴직급여보장법 제9조(퇴직금의 지급)
사용자는 근로자가 퇴직한 경우에는 그 지급사유가 발생한 날부터 14일 이내에 퇴직금을 지급하여야 한다. 다만 특별한 사정이 있는 경우에는 당사자 간의 합의에 따라 지급기일을 연장할 수 있다.
→ 위반 시 3년 이하의 징역 또는 2,000만 원 이하의 벌금

---

5. 퇴직연금

1) 개념 및 종류

퇴직연금 제도는 회사가 사내에 적립하던 퇴직금제도를 대체하는 제도로서, 회사가 매년 금융기관에 적립하는 퇴직금에 해당하는 금액을 직원이 퇴직할 때 연금 또는 일시금으로 지급받는 방식으로 운용됩니다. 퇴직연금은 법적으로 가입이 강제되지는 않기 때문에, 기존에 퇴직금제도를 운용하던 회사가 반드시 퇴직연금 제도로 전환해야 하거나, 기업을 창업할 때 무조건 퇴직연금 제도를 운용할 필요는 없습니다.

현행 퇴직연금 제도는 다음과 같이 확정급여형, 확정기여형, 개인형 퇴직연금의 3종류로 운용되고 있습니다.

(1) 확정급여형(DB : Defind Benefit)

직원이 지급받을 퇴직급여 수준이 사전에 결정되어 있는 형식입니다. 이 형식을 따를 경우 회사가 퇴직급여(월 평균임금×근속연수) 지급재원을 금융기관에 적립하게 되며, 퇴직적립금에 따른 금융기관의 운영성과(투자수익 등)는 회사의 이익이 됩니다. 확정급여형에 가입한 직원이 받는 퇴직금액은 기존 퇴직금제도에 의해서 받는 금액과 일치합니다. 주로 임금상승률이 높고 규모가 큰 기업에서 이 형식을 활용하고 있습니다.

(2) 확정기여형(DC : Defined Contribution)

사용자의 부담금수준이 사전에 확정되어 있고, 직원이 받을 퇴직금이 재직기간 중 투자성과에 따라 변동되는 형식입니다. 이 형식을 따를 경우 회사는 정기적으로 직원의 개인계좌에 자산(연간 임금총액의 12분의 1 이상)을 적립하고, 적립금의 운영성과는 회사가 아닌 직원에게 귀속됩니다. 따라서 퇴직 시에 직원이 회사적립금과 운영수익금을 퇴직급여로 지급받게 됩니다. 주로 임금상승률이 높지 않고 규모가 작은 기업에서 이 형식을 활용하고 있습니다.

(3) 개인형 퇴직연금(IRP : Individual Retirement Pension)

직원이 일시금으로 수령한 퇴직급여를 적립·운용하기 위해 퇴직연금사업자에게 본인 명의의 저축계정을 설정하고, 퇴직하거나 직장을 옮길 때 받은 퇴직금을 해당 계좌에 적립하여 연금 등 노후자금으로 활용할 수 있게 하는 형식입니다. 이 형식을 따를 경우 회사에서 받은 퇴직금 이외에 직원 본인이 추가납입을 할 수 있으며, 세제혜택까지 추가로 받을 수 있습니다.

퇴직연금은 연금 또는 일시금 중 하나의 방식을 선택하여 수령할 수 있습니다. 다만 연금으로 수령하기 위해서는 55세 이상, 가입기간 10년 이상 조건이 충족되어야 합니다.

2) 도입절차

퇴직연금 제도는 퇴직금제도와 달리 회사뿐만 아니라 퇴직연금 관리기관인 금융기관이 연계되어 운영됩니다. 따라서 퇴직연금 제도를 도입하려면 우선 적합한 금융기관을 알아보고 해당 금융기관에서 제도도입에 대한 도움을 받는 것이 좋습니다. 현재 주요 은행, 증권사, 보험사에서 퇴직연금 사업을 하고 있으며, 별도의 퇴직연금 전담부서를 운용하고 있습니다.

(1) 퇴직연금의 종류 결정

퇴직연금 제도를 도입하려면 직원들에게 퇴직연금 도입취지를 설명하고, 회사 경영상황과 직원의 의견을 토대로 퇴직연금의 종류를 결정해야 합니다. 이때 확정기여형과 확정급여형을 혼합하는 형태도 가능합니다. 다만 창업기업의 경우 관리상의 부담을 줄이는 측면에서 가급적 단일한 형태로 가입하는 것이 좋습니다.

(2) 근로자대표 동의 및 퇴직연금규약 작성

도입할 퇴직연금 제도에 대한 의견이 모아지면 근로자대표의 동의(또는 근로자 과반수 이상의 동의)를 얻어 퇴직연금 제도에서 정한 사항을 담아 퇴직연금규약을 작성해야 합니다.

(3) 고용노동부 신고

퇴직연금규약신고서, 근로자대표동의서, 퇴직연금규약을 첨부하여 사업장 관할 고용노동(지)청에 신고해야 합니다. 퇴직연금규약을 변경하는 경우에도 변경신고를 해야 합니다. 퇴직연금 제도 도입 및 변경에 따른 신고를 하지 않으면 500만 원 이하의 과태료가 부과됩니다.

> **창업기업을 위한 TIP**
>
> 창업기업의 경우 사업 초기에는 일반적으로 직원들의 이직이 잦으므로 계속해서 근무할 직원이 어느 정도 결정되는 시점에 퇴직연금 가입을 검토하는 것이 좋습니다. 또한 근로복지공단에서 상시근로자 수 30인 미만 사업장을 대상으로 퇴직연금 도입 관련 지원사업(pension.kcomwel.or.kr)을 하고 있으므로 해당 사업을 활용해보기 바랍니다.

6. 퇴직금관리 시 유의사항

1) 퇴직금지급 대상

실무적으로 정식 근로계약이 아닌 프리랜서나 개인사업자(4대 보험을 가입하지 않고 3.3%의 소득세를 공제하는 인력 등) 형태로 1년 이상 근무했던 인력과 계약이 종료되었을 때 퇴직금분쟁이 발생하는 경우가 많습니다. 이와 관련해 퇴직급지급 여부는 계약의 형태나 4대 보험 가입 여부와 상관없이 근로자성 판단(50쪽 내용 참조) 여부에 따라 결정된다는 사실에 유의해야 합니다.

특히 창업기업의 경우 사업 초기에 프리랜서 등 단기간 인력을 고용하는 경우가 많은데, 이런 경우에 만일 퇴직금 지급의사가 없다면 가급적 계약기간을 1년 이상으로 설정하지 않아야 합니다. 또한 부득이하게 1년 이상의 근로계약을 해야 한다면 근로자성 여부를 따져 프리랜서계약이 아닌 계약직이나 정규직 근로계약을 통해 관계를 명확히 설정함으로써 법적 분쟁을 최소화할 필요가 있습니다.

프리랜서나 개인사업자 이외에도 아르바이트, 일용직, 외국인직원과의 퇴직금분쟁도 증가하고 있는 만큼 신분과 상관없이 퇴직금지급 기준을 충족하는 경우 정확히 퇴직금을 지급함으로써 분쟁을 최소화해야 합니다.

2) 퇴직금 포기약정의 효력

퇴직금청구권을 미리 포기하기로 하는 약정은 무효입니다. 즉, 직원이 입사하면서 퇴직금을 지급받지 않기로 회사와 약정하고 합의서(각서 등)를 작성했더라도 해당 합의는 법적인 효력이 없습니다.

반면에 직원이 퇴직한 상황에서 퇴직금청구권을 사후에 포기하는 약정은 유효합니다. 다만 이런 경우 해당 직원에게서 퇴직금을 포기한다는 약정을 서면으로 받아두어야 합니다.

관련 판례

퇴직금 포기약정의 효력 : 대법2018다21821, 2018다25502
원고가 피고에게 고용되어 약 10년간 근무하다가 퇴직 후 약 10개월에 걸

처 밀린 급여와 퇴직금 등 명목으로 1,180만 원을 지급받으면서 '본인은 귀사에 밀린 급료(퇴직금 포함)를 모두 정리하였으므로 더 이상의 추가금액을 요구하지 않을 것을 약속한다'는 각서를 작성하였는 바, 원고가 퇴직 후 수개월이 지나 각서를 작성한 것을 비롯해서 작성경위와 문언에 비추어 위 각서는 원고가 퇴직금청구권을 미리 포기하였음을 확인하는 것이 아니라 퇴직으로 발생한 퇴직금청구권을 사후에 포기한 것으로 보아야 하므로, 피고가 원고에게 퇴직금을 지급할 의무가 없다.

3) 퇴직금을 연봉이나 월급에 포함하여 지급하는 약정의 효력

퇴직금은 직원이 실제 퇴직해야만 비로소 발생하기 때문에 근무기간 중에는 퇴직금 지급의무 자체가 발생하지 않습니다. 또한 임금에 퇴직금을 포함하여 지급하는 약정은 퇴직금을 사전에 포기하는 것과 같은 효과가 있기 때문에 법적으로 인정되지 않습니다. 따라서 직원에게 임금에 퇴직금을 포함하여 지급했더라도 해당 직원이 퇴직 후 퇴직금을 청구하면 추가로 퇴직금을 지급해야 하고, 임금에 포함해 지급했던 퇴직금은 별도의 민사소송을 통해 반환을 요청해야 합니다. 하지만 현실적으로 소송을 통해 해당 퇴직금을 돌려받기는 어려우므로 어떠한 경우에도 임금에 퇴직금을 포함하여 지급해서는 안 됩니다.

퇴직금을 임금에 포함한 경우의 효력에 관한 판례
대구지법 2006가단2947
근로계약에서 퇴직금을 미리 연봉 속에 포함시켜 지급하였다 하더라도 이는 근로기준법 제34조에서 정하는 법정퇴직금 지급으로서의 효력이 없다.

대구지법 2011노74
매월 지급하는 급여에 퇴직금 명목의 금원을 포함시켜 지급하고 퇴직 시에는 퇴직금을 지급하지 아니한 것은 퇴직금 지급의무 위반이다.

4) 법인전환, 영업양도, 합병 등 기업변경 시 퇴직금 처리방법

개인회사에서 법인회사로 전환되거나, 기업의 인수·합병 등으로 직원의 소속 회사가 변경되는 경우 계속 근무하고 있는 직원들의 퇴직금을 어떻게 처리해야 하는지가 실무적으로 문제가 될 수 있습니다. 이런 경우에 특별한 약정이 없다면 원칙적으로 기존 직원의 근무조건은 새로운 소속 회사로 승계됩니다. 즉, 기존 회사에서의 임금, 근속기간 등 근무조건이 새로운 회사에 승계되기 때문에 회사 변경과 관계없이 해당 직원들의 퇴직금은 과거 회사에 입사한 시점부터 새로운 회사에서 퇴직하는 시점까지의 근무기간 전체로 계산됩니다. 결과적으로 퇴직금지급 책임은 새로운 회사에서 부담하게 됩니다.

퇴직금 중간정산 신청서

소 속		성 명	
부서 및 직위		생년월일	
입사일		중간정산 대상기간	

■ 중간정산 사유

① 무주택자의 주택구입 ② 무주택자의 전세금 또는 임차보증금 부담
③ 본인, 배우자, 부양가족의 6개월 이상의 요양 ④ 최근 5년 이내의 파산선고
⑤ 최근 5년 이내의 회생절차개시결정 ⑥ 임금피크제 실시
⑦ 소정근무시간 단축 ⑧ 근무시간 단축으로 퇴직금이 감소되는 경우
⑨ 천재지변 등으로 인해 피해를 입은 경우

상기 본인은 (회사명) 에 근무하는 직원으로서 상기 중간정산 사유 중
_____ 사유로 _____부터 _____까지의
퇴직금을 중간정산하여 지급받고자 동 중간정산 신청서와 관련 증빙서류 일체를
제출하오니 지급하여 주시기 바랍니다.

*첨부 : 중간정산사유 증빙서류 일채 1부

신청일   년   월   일

신청인 _____(서명)

(회사명) 대표 귀하

09
임금 관련 분쟁 및 정부의 인건비 지원제도 활용

1. 임금 관련 분쟁발생 시 대처요령

직원이 재직기간이나 퇴직 후에 정당한 임금을 받지 못했다고 주장함으로써 회사와 임금 관련 분쟁이 발생하는 경우가 있습니다. 시간외 근무수당, 연차수당, 퇴직금이 이러한 분쟁의 주요 요인이 됩니다. 특히 상대적으로 인사 시스템이 잘 갖춰져 있지 않은 창업기업의 경우 의도치 않게 법적 기준에 못 미치는 임금을 지급하게 됨으로써 이러한 분쟁을 겪게 될 가능성이 많습니다.

회사에 이러한 임금 관련 이의가 접수되면 우선 '사실확인'을 해야 합니다. '우리는 잘못이 없다', '그럴 리 없다', '어떻게 그럴 수 있느냐?' 하는 식의 감정적 대응은 분쟁해결에 도움이 되지 않습니다. 사실확인 후에 직원의 요구가 정당하다면 받아들여야 하고, 직원이 잘못 알고 있다면 설명을 통해 이해를 시켜야 합니다. 만약 사실확인이 어렵다면 공인노무사 등의 전문가나 고용노동부 질의를 통해 사실을 정확히 파악한 후에 대처해야 합니다.

대부분의 법적 문제가 그렇듯이 임금 관련 분쟁 역시 초기대응이 중요합니다. 감정적 대응을 자제하고 정확한 사실관계를 파악해서 내부적으로 당사자 간에 원만한 해결을 시도하는 방법이 최선입니다. 필자의 경험상으로도 법보다는 내부적으로 해결하는 방법이 시간적·경제적·심리적으로 더 효율적이라고 판단됩니다.

2. 고용노동부 임금체불 사건 진행절차

임금 관련 분쟁상황이 당사자 간에 원만히 해결되지 않거나, 직원이 곧바로 고용노동부에 사건을 접수 또는 법원에 소송을 제기하면 노동사건이 됩니다. 다만 대부분의 임금 관련 사건은 대상금액이 소액이기 때문에 소송보다는 고용노동부의 임금체불 사건 처리절차에 따라 해결되고 있습니다.

임금체불 사건은 사업장 관할 고용노동(지)청에서 담당합니다. 임금을 못 받았거나 적게 받았다고 생각하는 직원이 고용노동(지)청에 '진정'이나 '고소'를 하면 고용노동(지)청에서는 사업주에게 '출석요구서'를 보냅니다. 출석요구에 따라 고용노동(지)청에서는 해당 직원과 사업주를 조사해서 임금체불 여부와 체불액을 결정합니다. 이후 사업주가 고용노동(지)청 조사를 통해 결정된 사항을 이행하면 사건이 종결되지만, 이행하지 않는 경우 검찰로 송치되거나 재판으로 이어지게 됩니다.

임금체불 사건은 대부분 규모가 크지 않는 기업에서 발생하고, 직원 입장에서도 여러 사정을 알아보고 사건을 진행하는 경우가 많기 때문에 임금체불액의 전부 또는 일부가 인정되는 경우가 많습니다.

고용노동(지)청의 조사나 법원의 판단으로 임금체불이 인정되면 회사는 미지급된 임금을 정해진 기한 내에 해당 직원에게 지급해야 합니다. 진정을 접수한 직원이 처벌을 원하면 벌금형에 처해지며, 심한 경우 구속이 될 수도 있습니다. 따라서 사건이 진행되는 동안에도 극단적인 감정적 다툼은 피해야 하며, 가능하면 사건 진행 중이라도 직원과 합의를 통해 사건이 원만히 종결될 수 있도록 노력할 필요도 있습니다.

※임금체불은 반의사불벌죄에 해당됩니다. 반의사불벌죄란 피해자가 처벌을 희망하지 않는다는 의사를 명백히 한 때에는 처벌할 수 없는 죄를 말합니다. 따라서 직원이 사업주의 처벌을 희망하지 않는다는 의사표시를 하거나, 처벌을 희망하는 의사표시를 철회하면 체불 사업주에 대해 처벌을 하지 않습니다. 이때 일단 직원이 처벌을 희망하지 않는다는 의사표시를 했다면, 그 이후에는 해당 의사표시를 번복할 수 없습니다. 일반적으로 임금체불액이 지급되거나, 당사자 간 합의가 이루어지는 경우에는 해당 직원이 '사건취하서'와 함께 '처벌을 원하지 않는다는 확인서'를 작성하여 담당 근로감독관에게 제출하게 됩니다.

창업기업을 위한 TIP

임금체불 사건은 애초에 발생하지 않도록 하는 것이 최선입니다. 따라서 창업기업의 경우 사업 초기부터 합법적 임금지급 시스템을 운용할 필요가 있으며, 법적으로 부족한 부분이 있어서 직원과의 마찰이 발생하면 전문가의 도움을 받아 개선해나가는 노력을 기울여야 합니다.

3. 고용노동부 사업장 점검

고용노동부에서는 정기감독, 수시감독, 특별감독을 통해 사업장에 대한 노동법 준수 여부를 점검하고 있습니다. 감독사업장에 선정되면 근로감독관이 사업장에 방문해서 노동 관련 서류점검과 임직원 인터뷰를 통해 법 준수 여부를 점검하고, 이에 따라 시정사항이 발견되는 경우 시정조치를 요구하게 됩니다. 또한 법 위반사항에 대해서는 관련법에 따라 과태료 및 벌금을 부과하고, 임금체불이 있으면 임금지급 명령을 합니다. 이에 따라 회사가 해당 사항에 대한 이행을 증명하는 서류(미지급 임금에 대한 입금증, 새로운 근로계약서, 취업규칙 접수증, 성희롱 예방교육 일지 등)를 제출하면 근로감독이 마무리됩니다.

고용노동부의 사업장 점검은 특별한 경우를 제외하고는 사전에 점검 일자를 해당 회사에 통지(협의를 통해 연기 가능)하기 때문에 내부적으로 미리 준비할 시간적 여유는 있습니다. 따라서 고용노동부에서 점검통지를 받게 되면 필요한 점검서류를 최대한 준비해야 하며, 자체적으로 준비하기 어려운 경우에는 자문 노무사의 도움을 받는 것이 좋습니다.

● 사업장 점검 시 주요 준비사항(괄호 안은 적용대상 상시근로자 수) ●

1. 근로자 관련 서류 : 전 직원 근로계약서, 근로자명부 등(전체)
2. 임금 관련 서류: 임금대장 및 퇴직금 관련 자료, 최저임금 준수 여부 점검(전체), 시간외근무수당 계산자료(5인 이상)
3. 휴가 관련 서류 : 연차휴가 지급대장 및 연차휴가수당 지급서류(5인 이상)

---

4. 규정 : 취업규칙(10인 이상), 노사협의회 규정(30인 이상)
5. 교육 : 직장 내 성희롱 예방교육 일지(전체)

4. 정부의 인건비 지원사업 활용

정부에서는 창업활성화와 고용창출을 위해 다양한 지원사업을 운영하고 있습니다. 특히 취업이 어려운 청년이나 중장년층, 사회적 취약계층을 채용하는 회사에게는 인건비를 지원하고 있습니다. 악화되는 고용상황을 고려할 때 당분간 인건비 지원사업은 지속적으로 확장될 것으로 예상됩니다. 사업 초기에 성장을 이끌 핵심인재를 확보하고 유지해야 하는 창업기업 입장에서는 특히 이러한 정부의 인건비 지원사업을 적극적으로 활용할 필요가 있습니다.

주로 고용노동부, 중소기업청 등의 정부기관과 지자체에서 진행하고 있는 이러한 인건비 지원사업들의 종류나 지원요건은 매년 변경될 수 있습니다(주로 연초에 사업내용이나 변경내용을 확인할 수 있음). 인건비 지원사업은 '사업장에서 신청'을 해야 혜택을 받을 수 있으므로 이러한 사업의 요건과 변경사항 등에 관심을 갖고 수시로 확인해야 합니다. 이와 관련한 주요 사업으로는 청년추가고용장려금과 청년내일채움공제 사업이 있으며, 고용노동부에서 매년 발간하는 〈고용장려금 지원제도〉 안내책자나 관련 사이트(www.ei.go.kr/ei/html/ems)를 통해 해당 사업의 구체적인 내용을 확인할 수 있습니다.

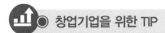

창업기업을 위한 TIP

창업기업의 경우 청년실업 증가로 인해 청년채용기업에 대한 지원이 강화되고 있다는 사실을 감안하여 해당 사업을 적극적으로 활용함으로써 인재확보 및 유지에 도움을 받을 필요가 있습니다. 이와 관련하여 인건비 지원사업 진행을 외부기관에 의뢰하고 수수료를 지급(전체 지원금의 일정 비율)하는 경우가 많은데, 꼭 그럴 필요가 없습니다. 정부의 인건비 지원사업 절차가 간소화되었고, 지원금 매뉴얼도 잘 작성되어 있으므로 궁금한 사항은 고용노동부 등 사업담당자에게 문의하면서 직접 진행해도 크게 어렵지 않습니다.

창업기업을 위한 TIP

대표가 원하는 복지 VS 직원이 원하는 복지

최근에는 입사희망자들이 임금수준과 함께 회사의 복지제도를 취업이나 이직에 영향을 미치는 주요 요인으로 생각하고 있습니다. 이러한 점에서 몇 가지 사례를 통해 회사의 복리후생제도의 현실에 대해 짚어보도록 하겠습니다.

1. 금연수당 지급사례

A 사 대표는 직원들의 흡연을 극도로 싫어했습니다. 무엇보다 직원들이 흡연 때문에 업무에 집중하지 못한다고 생각하여 금연수당을 도입했습니다. 기존 흡연자가 금연을 시작해서 일정 기간 유지하면 월 20만 원의 수당을 지급하기로 한 것입니다.

2. 매년 전 직원 해외여행 포상사례

B 사의 대표는 직장생활을 할 때 회사에서 해외여행을 보내주는 포상을 부러워했습니다. 이에 회사를 창업한 후 매년 전 직원과 함께 해외여행을 가는 제도를 만들어 운용하면서 행복해 했습니다.

필자가 실제로 A 사와 B 사의 직원들과 상담해본 결과 금연수당과 해외여행이라는 복지제도에 불만을 갖는 경우가 적지 않았습니다. 왜 그럴까요?
A 사의 경우 애초에 담배를 피지 않는 비흡연자들이 자신들은 금연수당을 받을 기회

조차 없어서 역차별을 받게 되었다는 불만이 많았습니다. 특히 여직원들의 불만이 많았습니다.

B 사의 경우 직급이 낮은 직원들의 불만이 많았는데, 해외여행을 여행이 아닌 업무의 연장으로 인식하기 때문이었습니다.

이러한 불만에 따라 A 사는 금연수당을 폐지하고 금연 성공자에게 간단한 선물을 지급하는 방식으로 대체했고, B 사는 전 임직원 해외여행을 3년에 한 번만 가기로 하고 해외여행을 가지 않는 2년 동안은 그에 상응하는 다른 복지제도를 선택(개인 및 부서 해외여행, 자기개발, 건강검진 등)할 수 있도록 했습니다.

이런 사례처럼 조직문화 진단을 위해 직원들과 상담하다보면 회사 복지제도에 대한 불만이 의외로 많습니다. 대표 입장에서는 돈은 돈대로 쓰고 효과는 없이 불만만 많아지는 꼴이지요. 특히 복지혜택이 전 직원에게 공평하게 제공되지 않거나, 대표의 선호에 따라 복지제도가 결정되는 경우에 효과가 크게 떨어집니다. 따라서 복지제도 운영에 따른 비용대비 효과를 높이려면 제도의 형식과 수준을 직원들의 의견을 충분히 수렴하여 결정할 필요가 있습니다. 또한 한 번 만든 제도를 그대로 계속 운영하기보다는 주기적으로 문제점을 개선해나가야 할 필요도 있습니다.

이와 관련해 현재 근로복지공단에서는 근로복지넷(www.workdream.net)이라는 사이트를 통해 중소기업 복지제도 운영에 도움을 주고 있습니다. 창업기업으로서 복지제도를 도입하거나 확대하고자 하는 기업에서는 해당 사이트를 통해 무료로 도움을 받을 수 있으므로 적극적으로 활용해볼 필요가 있습니다.

7장

·

징계 및 규정관리

너무 온건한 법은 거의 준수되지 않으며,
지나치게 엄격한 법은 거의 시행되지 못한다.

— 벤자민 프랭클린 —

01

징계관리

1. 징계의 원칙 및 종류

회사는 근무태도가 불량하거나 직장질서를 문란하게 하는 등 직원의 잘못된 행동에 대해 징계를 할 수 있으며, 징계처분과 관련한 재량권을 갖고 있습니다. 여기서는 이와 같은 회사의 징계관리와 관련한 전반적인 사항들을 살펴보겠습니다.

1) 징계의 원칙

(1) 공평하게 적용되어야 합니다

동일한 행동에 대해서는 동일한 징계처분을 해야 합니다. 즉, 같은 잘못을 했는데 선호하는 직원은 징계하지 않거나 징계수준을 낮추고, 싫어하는 직원은 가혹하게 처벌하는 일이 있어서는 안 됩니다.

(2) 징계사유가 규정되어 있어야 합니다

징계는 직원에게 매우 불이익한 사안이므로 회사가 상황에 따라 징계사유와 징계종류를 임의로 결정할 수 없으며, 관련 규정을 마련하여 그 규정에 따라 처리해야 합니다.

(3) 이중징계는 금지됩니다

하나의 징계사유에 대해서는 한 번만 징계할 수 있습니다. 동일한 사유에 대해 이중으로 처벌하거나, 과거 행위에 대해 소급해서 다시 처벌하는 방식은 인정되지 않습니다.

(4) 징계절차를 준수해야 합니다

회사는 반드시 정해진 징계절차를 준수해야 하며, 이를 준수하지 않으면 징계사유와 상관없이 해당 징계는 무효가 됩니다.

2) 징계의 종류

징계의 종류는 회사규정으로 자유롭게 정할 수 있습니다. 일반적으로 회사에서 규정하고 있는 주요한 징계의 종류는 다음과 같습니다.

(1) 견책

직원의 잘못된 행동이나 업무에 대해 경위를 파악하고, 장래에 같은 상황이 반복되지 않도록 경고하는 조치를 말합니다. 통상적으로 '시말서' 또는 '경위서(364쪽 서식 참조)'를 제출하는 방식이 활용됩니다. 다만 시말서의 경우 다음과 같이 양심의 자유를 침해하는 반성문 형태는 위법하다는 판례가 있다는 사실에 유의해야 합니다. 따라서 견책이 필요한 경우에는 경위서의 형태로 잘못된 행동에 대한 경위와 재발방지 약속을 받아두는 것이 좋습니다.

관련 판례

시말서 관련 판례 : 대법 2009두6605
취업규칙에서 사용자가 사고나 비위행위 등을 저지른 근로자에게 시말서를 제출하도록 명령할 수 있다고 규정하는 경우, 그 시말서가 단순히 사건의 경위를 보고하는 데 그치지 않고 더 나아가 근로관계에서 발생한 사고 등에 관하여 자신의 잘못을 반성하고 사죄한다는 내용이 포함된 사죄문 또는 반성문을 의미하는 것이라면, 이는 헌법이 보장하는 내심의 윤리적 판단에 대한 강제로서 양심의 자유를 침해하는 것이므로, 그러한 취업규칙 규정은 헌법에 위반되어 근로기준법 제96조 제1항에 따라 효력이 없고, 그에 근거한 사용자의 시말서 제출명령은 업무상 정당한 명령으로 볼 수 없다.

---

(2) 감봉(감급)

직원의 임금 일정액을 일정 기간 공제(예 : 월 5만 원씩 6개월간 감봉)하는 조치를 말합니다. 다만 감봉은 무제한 허용되지 않고, 일정 기준을 초과할 수 없습니다(320쪽 내용 참조).

(3) 정직

직원의 신분은 유지하되 일정 기간 출근을 정지시키는 조치를 말합니다. 정직기간 동안에는 임금이 지급되지 않기 때문에 중징계에 해당합니다.

(4) 징계해고

직원의 행위가 중대하여 더 이상 근무관계를 유지하기 어렵다고 판단될 때 하는 해고처분 조치를 말합니다. 다만 실질적으로 징계해고지만 권고사직의 형태로 처리되는 경우가 많습니다. 이를 포함한 해고와 관련된 사항은 '8장 퇴직관리'에서 자세히 다루겠습니다.

2. 징계의 정당성 판단기준

앞서 설명했듯이 징계결정은 회사가 자유롭게 할 수 있으나, 관련 법규정에 따라 징계에 대한 정당성을 갖춰야 합니다. 즉, 징계의 사유, 양정(징계의 수준을 결정하는 것), 절차가 모두 정당성을 갖춰야 정당한 징계처분으로 인정됩니다.

관련 법조항

근로기준법 제23조(해고 등의 제한)
① 사용자는 근로자에게 정당한 이유 없이 해고, 휴직, 정직, 전직, 감봉, 그 밖의 징벌(懲罰)(이하 '부당해고 등'이라 한다)을 하지 못한다.

누구나 사람 쓰기 전에는 그럴싸한 계획이 있다

1) 징계의 사유 및 양정의 정당성

　직원에게 징계조치를 하려면 징계사유가 존재해야 하며, 징계사유에 적합한 징계처분을 해야 합니다. 물론 회사가 아무런 이유 없이 직원을 징계하는 경우는 없겠지만, 그렇더라도 실무상 사안별로 적정한 징계양정을 하는 것이 중요합니다. 따라서 직원에 대한 징계조치는 비위행위의 동기와 경위, 행위의 반복성, 회사에 미치는 영향, 과거의 근무태도 등을 종합적으로 검토하여 판단해야 합니다. 동일한 사안에도 법원의 판단이 달라지는 사례가 있는 만큼 최대한 신중하게 징계의 수준(양정)을 결정하되, 판단이 어려운 경우 전문가의 조언을 참고하여 법적 분쟁을 예방할 필요가 있습니다.

관련 판례

징계의 정당성이 인정된 판례

1. 연차휴가 신청을 반려하였음에도 무단으로 결근하고, 회사 측의 연락을 일절 받지 않은 점 등을 감안하면 24일의 정직처분은 타당하다.(서울행법 2017구합8170)
2. 겸직금지 위반, 휴일수당 허위청구의 징계사유로 해고한 것은 정당하다.(서울행법 2017구합60970)
3. 병가기간 및 무단결근 기간 중에 개인사업을 영위하고, 야간에 동료 운전기사를 불러내어 폭행하여 중대한 상해를 입힘으로써 형사처벌을 받았고, 승무 전 음주측정 요구에 응하지 않은 시내버스 운전기사를 해고한 것은 정당하다.(서울행법 2015구합68499)
4. 역량향상 교육 미수료로 견책의 징계를 받고도 그 내용인 시말서 제출을

거부하여 감급처분을 한 것은 정당하다.(서울고법 2015나2022593)

5. 부하직원에게 성희롱, 금품요구 등을 한 항공사 사무장에 대한 파면처분은 정당하다.(서울남부지법 2013가합18562)

6. 금융 관련 업무를 총괄하면서 금융기관의 자산건전성을 확보하기 위한 최소한의 내부심사 규정조차 지키지 아니하고 배임으로 평가될 수 있는 행위를 반복하여 파면처분한 것은 정당하다.(대법 2015두46550)

징계의 정당성이 인정되지 않은 판례

1. 일부 무단결근 등의 징계사유가 인정되더라도 다른 근로자들과의 형평성에 반한 징계해고는 부당하다.(서울행법 2000구2913)

2. 업무협의 및 근무태도 미흡을 사유로 근로계약을 해지한 데에 객관적으로 합리적인 이유가 있다고 보기 어려워 부당해고에 해당한다.(서울행법 2014구합18572)

3. 부하직원의 잦은 지각을 관리·감독하지 못했다는 사유로 한 해고처분은 양정이 과하여 부당하다.(서울행법 2009구합29653)

4. 대기시간 중에 사업장 내에서 사설 스포츠토토를 한 행위를 징계사유로 한 해고는 징계재량권을 일탈·남용한 것으로서 부당해고에 해당한다.(서울행법 2013구합2198)

5. 교통사고 발생경위서 지연제출을 사유로 정직 2개월에 처한 징계처분은 징계양정의 재량권을 일탈·남용한 것으로 위법하다.(서울행법 2014구합17135)

6. 평가요소의 적정성을 인정할 만한 자료도 없고 근무성적이 부진하지 않음에도 징계해고한 것은 부당해고에 해당한다.(서울행법 2003구합23769)

2) 징계절차의 정당성

회사 내부적으로 징계사유에 대한 소명기회 부여, 징계위원회 구성

누구나 사람 쓰기 전에는 그럴싸한 계획이 있다

및 결정, 재심결정 등의 징계절차가 규정되어 있으면 반드시 이를 준수해야 합니다. 실제로 징계의 사유와 양정은 정당성을 갖췄음에도 불구하고 징계절차를 준수하지 않아서 부당징계 결정을 받는 사례가 많습니다. 다만 징계절차를 반드시 규정해야 하는 것은 아닙니다. 즉, 징계위원회 개최 등 별도로 정한 징계절차가 없는 경우에는 직원에게 충분한 소명기회를 부여하는 것으로 징계절차를 대신할 수 있습니다.

관련 판례

징계절차가 없는 경우의 판단기준 : 대법 85다375, 85다카1591
일반적으로 근로자를 징계해고함에 있어 취업규칙 등에 징계에 관한 절차가 정하여져 있으면 반증이 없는 한 그 절차는 정의가 요구하는 것으로서 징계의 유효조건이라고 할 것이나, 취업규칙 등의 징계에 관한 규정에 징계혐의자의 출석 및 진술의 기회부여 등에 관한 절차가 규정되어 있지 아니하다면 그와 같은 절차를 밟지 아니하고 해고하였다 하여 이를 들어 그 징계를 무효라고는 할 수 없다.

징계결정 시 소명기회 부여 : 대법 91다14406
근로자를 징계함에 있어서는 사전에 징계대상자에게 이를 통지하여 변명할 기회를 주어야 하는 것이 원칙이다.

---

3. 징계관리 시 유의사항

1) 징계규정 마련

직원을 징계하려면 징계 관련 규정이 있어야 합니다. 취업규칙(상시근로자 수 10인 이상 사업장은 의무적으로 작성)이 있다면 취업규칙 내에 징계 관련 사항을 포함시켜야 하고, 취업규칙이 없다면 간단히 징계 관련 규정이나 지침 등을 별도로 마련해야 합니다. 징계규정에는 징계의 종류, 징계사유, 양정 및 절차에 대한 내용을 포함해야 합니다.

> **📊◉ 창업기업을 위한 TIP**
>
> 직원 수가 많지 않은 창업기업의 경우 인사위원회 또는 징계위원회 등을 구성하기가 현실적으로 어려운 경우가 많습니다. 하지만 앞서 살펴본 대로 징계위원회 등을 반드시 설치해야 하는 것은 아니므로 직원이 많지 않은 시기에는 인사관리의 효율성 측면에서 징계절차를 단순하게 규정하고 운용하는 것이 효율적입니다.

2) 징계절차상 필수조치

회사 내부적으로 징계절차가 규정되어 있지 않더라도 최소한 직원에게 '충분한 소명기회'를 부여해야 합니다. 또한 향후 법적 분쟁을 대비하기 위해 징계결정 사항을 해당 직원에게 '서면(365쪽 서식 참조)'으로 통지해야 합니다.

● 징계절차 규정 작성사례

제○○조(징계절차 및 결정)
① 징계권은 회사의 대표가 행하는 것을 원칙으로 하며, 이 경우 징계대상
직원에게 진술 또는 서면으로 소명할 기회를 부여한다.
② 회사는 징계대상자의 근무성적, 공적, 과거 징계사항, 징계사유, 소명자
료 등을 참작하여 공정성과 객관성의 원칙에 따라 징계를 결정하여야 하며
징계결과는 서면으로 통보한다.

3) 징계조치는 단계적으로 합니다

징계의 목적은 비위직원에게 잘못된 태도와 행동에 대해 개선의 기회
를 주는 데 있습니다. 이것이 직원의 경미한 잘못이나 의도치 않은 행위
에 대해 정직이나 해고조치 등의 중징계를 했을 때 징계의 정당성을 인
정받기 어려운 이유이기도 합니다. 따라서 처음에는 견책을 하고, 그다
음은 감봉이나 정직처분을 하고, 최후에 징계해고 조치를 하는 식으로
징계수위를 단계적으로 높이는 것이 징계제도의 취지에도 맞고 법적 정
당성을 인정받기에도 무리가 없는 방식이라고 할 수 있습니다.

경 위 서

소 속		성 명	
부서 및 직위		생년월일	

상 세 내 용
※ 육하원칙에 따라 상세히 기재함

상기에 진술한 사항은 모두 사실임을 확인하며, 사실확인을 통한 회사의 결정에
성실히 따를 것을 확인합니다.

년   월   일

작성자   (서명)

(회사명) 대표 귀하

누구나 사람 쓰기 전에는 그럴싸한 계획이 있다

징계결정 통지서

부 서		직 위	
성 명		생년월일	
징계사항			
징계일자			
징계사유	〈징계근거 : 취업규칙 ○○조〉 ※ 구체적 사유 기재		

취업규칙 ○○조에 의거하여 위와 같이 징계결정을 통지합니다.

20 년 월 일

(회사명) 대표   (인)

02

규정관리

창업 초기에는 근로계약만으로도 직원관리를 하는 데 어려움이 없기 때문에 특별한 규정을 만들 필요가 없습니다. 하지만 직원이 증가하고 여러 가지 시스템들이 추가되면 전체 직원에게 적용될 규정을 마련할 필요가 있습니다. 이와 관련하여 회사에서는 필요에 따라 여러 가지 규정을 자유롭게 만들 수 있지만, 취업규칙과 노사협의회규정의 경우 일정 기준에 해당하는 회사에 대한 작성의무가 법적으로 규정되어 있습니다. 여기서는 규정관리의 핵심인 취업규칙에 대해 자세히 알아보고, 노사협의회규정에 대해서도 간략히 살펴보겠습니다.

1. 취업규칙의 개념 및 내용

취업규칙이란 직원이 준수해야 할 규칙과, 직장질서, 근무조건에 대한 사항을 정한 규정(규칙)을 말합니다. 회사사규, 규정, 내규, 지침 등 명칭과 상관없이 이런 모든 규정들이 취업규칙에 해당합니다. 즉, 인사규정, 복무규칙, 징계지침 등의 명칭으로 사용되는 회사의 모든 규정이 하나의 취업규칙에 해당합니다.

관련 법조항

근로기준법 제93조(취업규칙의 작성 · 신고)

상시 10명 이상의 근로자를 사용하는 사용자는 다음 각 호의 사항에 관한 취업규칙을 작성하여 고용노동부장관에게 신고하여야 한다. 이를 변경하는 경우에도 또한 같다.

1. 업무의 시작과 종료시각, 휴게시간, 휴일, 휴가 및 교대 근로에 관한 사항

2. 임금의 결정 · 계산 · 지급방법, 임금의 산정기간 · 지급시기 및 승급(昇給)에 관한 사항

3. 가족수당의 계산 · 지급방법에 관한 사항

4. 퇴직에 관한 사항

5. 근로자퇴직급여보장법 제4조에 따라 설정된 퇴직급여, 상여 및 최저임금에 관한 사항

6. 근로자의 식비, 작업용품 등의 부담에 관한 사항

7. 근로자를 위한 교육시설에 관한 사항

8. 출산전후휴가 · 육아휴직 등 근로자의 모성보호 및 일 · 가정 양립지원에 관한 사항

9. 안전과 보건에 관한 사항

9의2. 근로자의 성별 · 연령 또는 신체적 조건 등의 특성에 따른 사업장 환경의 개선에 관한 사항

10. 업무상과 업무 외의 재해부조(災害扶助)에 관한 사항

11. 직장 내 괴롭힘의 예방 및 발생 시 조치 등에 관한 사항

12. 표창과 제재에 관한 사항
13. 그 밖에 해당 사업 또는 사업장의 근로자 전체에 적용될 사항
→ 위반 시 500만 원 이하의 과태료

최근 직장 내 괴롭힘이 사회적 문제로 부각되어 근로기준법이 개정되었습니다. 이에 따라 취업규칙 작성 시 직장 내 괴롭힘의 예방 및 발생 시 조치에 관한 사항도 필수적으로 기재해야 합니다.

관련 법규에 따라 상시근로자 수 10인 이상 사업장에서는 의무적으로 취업규칙을 작성해서 고용노동부에 신고해야 합니다.

2. 취업규칙의 작성방법 및 신고·변경절차

1) 취업규칙 작성방법

창업기업의 경우 자체적으로 취업규칙을 만들기가 현실적으로 어렵기 때문에 고용노동부에서 제공하는 표준취업규칙을 사업장에 맞게 수정하여 사용하거나, 전문가의 자문을 받아 취업규칙을 작성하는 것이 좋습니다. 표준취업규칙은 고용노동부 사이트(www.moel.go.kr)를 통해 구할 수 있으며, 최근 법령이 반영된 최신자료를 찾아 활용하는 것이 좋습니다.

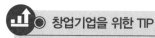

창업기업을 위한 TIP

창업 후 상시근로자 수가 10인 미만일 때는 취업규칙 작성 및 신고의무가 없습니다. 다만 회사의 필요에 따라 취업규칙을 만든다면 근로기준법 제93조에서 규정하고 있는 내용을 포함시켜야 합니다. 하지만 이런 경우에도 상시근로자 수가 10인 미만일 때는 관할 고용노동(지)청에 취업규칙을 반드시 신고할 의무는 없습니다.

2) 취업규칙 신고 및 변경절차

취업규칙을 처음 작성하면 '직원들의 의견을 들어' 취업규칙 내용을 확정해야 하며, 이미 만들어진 취업규칙을 변경하는 경우에는 '직원들의 동의'를 받아야 합니다. 다만 의견청취 및 직원동의 기준은 전체 직원이 아닌 '과반수 이상'의 직원이 됩니다.

실무상으로는 의견청취 및 동의절차를 '취업규칙 제정(개정) 동의서 (374쪽 서식 참조)' 작성으로 처리합니다. 다만 동의서를 작성할 때는 전체 직원에게 취업규칙 작성 또는 변경의 취지를 설명하고 의견을 듣는 절차를 거쳐야 하며, 단순히 동의서에 직원 개인별 사인만 받는 형식은 인정되지 않습니다.

직원들의 의견청취 및 동의절차를 거친 후에는 제정 또는 변경된 취업규칙을 사업장 관할 고용노동(지)청에 신고해야 합니다. 고용노동(지)청에서는 접수된 취업규칙의 내용과 더불어 직원들의 의견을 반영했는지 여부를 확인하고, 개선이 필요한 사항에 대해서는 '보정요구'를 하게 됩니다.

근로기준법 제94조(규칙의 작성, 변경절차)

① 사용자는 취업규칙의 작성 또는 변경에 관하여 해당 사업 또는 사업장에 근로자의 과반수로 조직된 노동조합이 있는 경우에는 그 노동조합, 근로자의 과반수로 조직된 노동조합이 없는 경우에는 근로자의 과반수의 의견을 들어야 한다. 다만 취업규칙을 근로자에게 불리하게 변경하는 경우에는 그 동의를 받아야 한다.

② 사용자는 제93조에 따라 취업규칙을 신고할 때에는 제1항의 의견을 적은 서면을 첨부하여야 한다.

→ 위반 시 500만 원 이하의 벌금

3. 취업규칙 관리 시 유의사항

1) 취업규칙의 열람 및 비치

취업규칙은 직원들이 언제나 열람할 수 있도록 적절한 장소에 비치해야 합니다. 또한 새로 직원이 입사하면 근로계약서 작성뿐 아니라 취업규칙도 열람하게 해야 합니다.

근로기준법 제14조(법령 요지 등의 게시)

① 사용자는 이 법과 이 법에 따른 대통령령의 요지(要旨)와 취업규칙을 근

로자가 자유롭게 열람할 수 있는 장소에 항상 게시하거나 갖추어두어 근로자에게 널리 알려야 한다.

→ 위반 시 500만 원 이하의 과태료

2) 단순하게 관리하기

"회사 내부규정이 있으면 좀 볼 수 있을까요?"

필자가 창업기업에서 상담하면서 규정검토를 위해 위와 같이 요청하면 담당직원이 규정을 잔뜩 가져오는 경우가 있습니다. 그런데 규정내용을 검토하다보면 담당직원조차 특정 규정이 있는지 모르는 경우가 많고, 직원들 역시 어떤 규정이 어느 경우에 적용되는지를 모르는 경우가 허다합니다. 이처럼 직원들의 의견청취나 동의가 없는 규정들은 취업규칙으로서 효력이 없으므로 모두 폐기해야 합니다. 그런 다음 현실적으로 필요한 규정들을 통합하여 새롭게 취업규칙을 만든 후 직원들의 의견이나 동의를 받아 취업규칙으로서의 효력을 갖춰야 합니다. 또한 앞서 설명했듯이 상시근로자 수 10인 이상 회사에서는 위와 같은 방식으로 만든 취업규칙을 관할 고용노동(지)청에 신고해야 합니다.

창업기업을 위한 TIP

창업기업의 경우 처음 취업규칙을 만들 때 가급적 단순하게 작성·운용할 필요가 있습니다. 규정이 많을수록 좋다고 생각할 수 있으나, 불필요한 규정이 많을 경우 관리하기 어려울 뿐 아니라 인사규정과 징계규정 등의 세부조항들이 서로 충돌하는 상황이 발생하기도 합니다. 무엇보다 규정이 많으면 직원들이 이해하기 어려워 효과와 운용의 효율이 떨어지게 됩니다.

3) 주기적인 관리의 필요성

필자는 창업기업에서 상담할 때 인사 시스템의 합법성 여부를 확인하기 위해 기본적으로 취업규칙, 근로계약서, 임금대장 등의 인사서류를 검토합니다. 그런데 해당 서류들을 검토하다보면 근로계약서, 임금대장, 취업규칙 등에서 동일한 사항을 서로 다르게 규정하고 있는 경우가 있습니다. 이런 상황은 대부분 인사제도나 근무조건을 변경할 때 관련 자료들을 일괄적으로 수정하지 않는 데서 발생합니다. 따라서 변경사항이 있는 경우에는 근로계약서, 임금대장, 취업규칙 등에 규정된 관련 내용을 종합적으로 점검하여 변경내용을 통일해서 수정해야만 법적 문제가 발생하지 않습니다.

더구나 최근에는 노동법 개정이 많아 규정관리의 필요성이 더욱 커지고 있는 만큼, 주기적으로 개정법률을 확인하고 규정을 관리함으로써 기존 제도와 조화를 이루는 합법적 직원관리가 필요합니다.

4. 노사협의회 운영 및 규정

근로자참여 및 협력증진에 관한 법률에 따라 상시근로자 수 30인 이상 사업장은 노사협의회를 설치하여 운영하도록 규정하고 있으며, 위반 시 1,000만 원 이하의 벌금을 부과하고 있습니다. 노사협의회를 설치하여 운영하기 위해서는 노사협의회규정을 작성해야 하며, 취업규칙과 마찬가지로 관할 고용노동(지)청에 신고해야 합니다. 또한 노사협의회 규정을 변경하는 경우에도 고용노동(지)청에 변경신고를 해야 합니다.

근로자참여 및 협력증진에 관한 법률 제18조(협의회규정)
① 협의회는 그 조직과 운영에 관한 규정(이하 '협의회규정'이라 한다)을 제정하고 협의회를 설치한 날부터 15일 이내에 고용노동부장관에게 제출하여야 한다. 이를 변경한 경우에도 또한 같다.
→ 위반 시 200만 원 이하의 과태료

노사협의회규정에는 노사협의회 구성 및 운영방법, 협의회의 임무와 고충처리에 대한 내용이 포함되어 있어야 합니다.

다만 노사협의회규정의 경우 취업규칙과 달리 고용노동부에 신고할 때 직원들의 의견청취 및 동의절차를 거칠 필요 없이 신고서와 노사협의회규정만 제출하면 됩니다.

참고로 고용노동부 사이트에서 '노사협의회규정' 또는 '노사협의회운영매뉴얼'을 검색하면 노사협의회규정 작성 및 운영방법에 대한 다양한 자료를 얻을 수 있습니다.

취업규칙 제정(개정)에 대한 동의서

근로기준법 제93조 및 제94조 규정에 의하여 당사의 취업규칙을 제정(개정)함에 있어 아래 직원들은 명기된 각 조항에 이의가 없으며 미비한 사항은 노동관계법령의 규정을 적용하기로 하고 이애 동의서를 제출합니다.

20   년   월   일

연번	성명	의견 및 동의여부	서명 또는 날인
1			
2			
3			
4			
5			
6			
7			
8			
9			
10			
11			
12			
13			
14			
15			
16			

※ 동의여부는 ○, X로 표기하여 주십시오.

8장

·

퇴직관리

중요한 것은 당신이 어떻게 시작했는가가 아니라
어떻게 끝내는가이다.

— 앤드류 매튜스 —

01

퇴직사유별 관리방안

 근로관계 종료에 따라 직원이 퇴직하는 경우는 크게 3가지로 구분됩니다. 첫째는 사업의 종료 또는 직원 사망으로 인해 당사자가 소멸되는 경우이고, 둘째는 정년퇴직 및 계약기간 만료로 정해진 기한이 도래하여 근로관계가 종료되는 경우입니다. 셋째는 당사자 의지에 따라 근로관계가 끝나는 경우로, 직원 스스로 결정하는 임의사직이나 회사의 일방적 결정인 해고, 당사자 간 합의에 의한 합의해지가 여기에 해당합니다.

 이 중에서 임의사직 및 합의해지로 인한 퇴직이 현실적으로 가장 많이 발생하고 있습니다. 여기에서는 퇴직사유별 주요 내용을 먼저 살펴보고, 현재 당사자 간 분쟁이 증가하고 있는 해고에 대해 별도로 자세히 알아보겠습니다.

1. 정년관리

1) 정년은 최소한 60세 이상으로 정해야 합니다

정년제도란 직원이 일정한 나이에 도달하면 직원의 의사나 능력과 상관없이 근로계약을 종료시키는 제도를 말합니다. 정년이 정해져 있지 않으면 이론적으로 직원이 사망할 때까지 근로관계가 유지되므로 조직구조나 업무특성 등 회사의 상황을 고려하여 정년이 되는 연령을 적정하게 설정할 필요가 있습니다. 다만 법규정에 따라 정년은 60세 미만으로 설정할 수 없으며, 회사 내부적으로 정년을 60세 미만으로 정하더라도 60세 이상 정년규정이 강제적용됩니다.

관련 법조항

고용상 연령차별금지 및 고령자고용촉진에 관한 법률 제19조(정년)
① 사업주는 근로자의 정년을 60세 이상으로 정하여야 한다.
② 사업주가 제1항에도 불구하고 근로자의 정년을 60세 미만으로 정한 경우에는 정년을 60세로 정한 것으로 본다.

---

2) 정년은 회사의 규정(취업규칙 등)으로 정해야 합니다

정년에 대한 명확한 규정 없이 관행이나 상황에 따라 정년을 이유로 퇴직을 강요할 수 없으며, 이로 인해 직원이 퇴직하면 '부당해고'가 됩니다. 반대로 정년에 도달하면 해고가 아닌 '당연 퇴직'이 됩니다. 따라서 법적 분쟁을 예방하기 위해서는 다음과 같이 취업규칙에 명확히 정년연령을 규정해야 하며, 취업규칙이 없다면 근로계약서나 별도의 서류를 통해 규정하고 직원들의 동의를 받아야 합니다.

● **정년규정 작성사례**

> ① 직원의 정년은 주민등록상 만 60세에 도달한 날이 속한 당월 말일로 한다.
> ② 회사는 업무의 특성과 직원의 업무수행능력에 따라 정년이 경과한 직원을 촉탁직 또는 계약직으로 채용할 수 있으며, 이 경우 새로운 근로계약을 체결한다.

3) 정년 후 재고용 시 유의사항

회사에 꼭 필요한 직원이 정년을 이유로 무조건 퇴직한다면 본인과 회사 모두에게 손실일 수밖에 없습니다. 이처럼 정년 이후에도 필요한 직원이 있다면 근로관계를 계속 유지할 수 있습니다. 다만 이런 경우에는 '정년퇴직 처리 후 재고용방식'을 활용하는 것이 좋습니다. 그렇지 않고 특별한 절차 없이 정년이 지난 직원을 계속해서 고용하는 경우 정년기한 자체가 없어지기 때문에 이후 정년을 이후로 퇴직처리를 할 수 없게 됩니다. 따라서 정년퇴직 처리 후 '촉탁직'이나 '계약직' 형태로 재계약하는 방식을 취해야만 인사관리상 유연성을 높일 수 있습니다. 이런 경우 퇴직금 및 연차휴가일수 산정은 새로운 계약시점부터 다시 계산하게 됩니다.

창업기업을 위한 TIP

정년퇴직자의 경우 2년 이상 계속해서 계약직 근로계약을 하더라도 정규직으로 전환할 필요가 없으므로(124쪽 내용 참조), 필요한 경우 계약직 계약을 계속 연장해서 장기간 근무하게 할 수 있습니다.

2. 계약기간 종료

계약직 근로계약을 체결하고 계약기간이 만료되면 근로계약은 자동 종료됩니다. 계약종료는 해고가 아니므로 해고와 관련된 해고예고조치나 해고에 대한 서면통지의무 절차(390~392쪽 내용 참조)가 필요하지 않습니다. 하지만 계약직직원에게 미리 이직 등을 준비할 시간을 주는 차원에서 사전에 재계약 여부를 통지해주는 것이 바람직합니다.

한편, 2년을 초과하여 계약직 계약을 유지하는 경우 정규직으로 전환

된다는 사실에 주의해야 합니다(122쪽 내용 참조). 또한 다음 중앙노동위원회 판정처럼 계약직직원들에게 근로계약 갱신에 대한 기대가 형성되어 있는 경우, 즉 소위 '갱신기대권'을 갖는 경우에는 정규직으로 전환되지 않거나 재계약 거절 시 부당해고가 될 수 있다는 사실에도 주의할 필요가 있습니다.

관련 중노위 판정

갱신기대권 관련 중앙노동위원회 판정 : 중노위 중앙2018부해168
기간을 정하여 근로계약을 체결한 근로자의 경우 기간이 만료됨으로써 근로자로서의 신분관계는 당연히 종료되는 것이 원칙이다. 그러나 근로계약, 취업규칙, 단체협약 등에서 기간만료에도 불구하고 일정한 요건이 충족되면 근로계약이 갱신된다는 취지의 규정을 두고 있거나, 그러한 규정이 없더라도 근로관계를 둘러싼 여러 사정을 종합하여 볼 때 근로계약 당사자 사이에 일정한 요건이 충족되면 근로계약이 갱신된다는 신뢰관계가 형성되어 있는 경우에는 근로자에게 근로계약이 갱신될 수 있으리라는 정당한 기대권이 인정된다.

최근 고령자 증가, 취업난 등으로 계약직직원의 계약종료(재계약 거절)에 따른 부당해고 사건이 증가하고 있는 만큼, 계약직 관리에 더욱 신경 쓸 필요가 있습니다.

3. 임의사직

사직이란 직원의 일방적 의사표시로 근로계약을 해지하는 것을 말합니다. 사직의 경우 근로기준법상 특별한 규정이 없기 때문에 취업규칙이나 근로계약 등을 통해 근로계약 당사자 간에 정한 사항을 따르게 됩니다.

사직은 직원이 사직의사를 표시하고 회사가 이를 받아들이면 합의에 의해 근로관계가 종료(합의해지)되는 절차로 진행됩니다. 이때 직원이 사직의사를 표시한 후 회사가 승인하기 전에 사직의사를 철회하는 것은 가능하지만, 회사가 사직을 승인한 후에는 철회할 수 없습니다.

갑작스러운 직원의 사직통보를 회사가 거부하는 경우도 있습니다. 하지만 헌법상 직업선택의 자유가 보장되어 있고, 근로기준법에서도 강제근로를 금지하고 있기 때문에 현실적으로 회사가 퇴직을 거부하기는 어렵습니다. 이러한 현실을 고려하여 직원의 갑작스러운 퇴직으로 인한 업무공백을 막기 위한 방편으로써 다음과 같이 사직의사를 미리 알리게 하는 규정을 둘 수 있습니다.

● **사직의 의사표시 관련 규정 작성사례**

> 사직을 원하는 경우 퇴직일 이전 30일 전에 사용자에게 통보하여 승인을 받아야 하며, 직원은 진행 중이거나 진행예정인 업무에 대하여 해당 업무가 완료될 수 있도록 적극적으로 협조하여야 한다.

이러한 규정을 만드는 데 있어서 업무공백을 최소화하기 위해 사전통지기간을 60일, 90일 등 장기간으로 정하는 사례가 있지만, 이러한 규정은 퇴직하려는 직원에게 불이익한 조치에 해당되어 인정받기 어렵습니다. 따라서 가급적 사전통지기간은 '30일'을 넘지 않는 것이 좋습니다.

그렇다면 만약 직원이 퇴직의사를 표시했으나 회사가 수용하지 않으면 어떻게 될까요? 그런 경우에도 해당 직원이 퇴직의사를 통지한 날로부터 1개월이 경과하면 자동으로 퇴직의 효력이 발생합니다. 다만 회사에서 월급이나 연봉 등 일정 기간 단위로 임금을 지급하는 경우에는 직원의 퇴직의사를 알게 된 당월 이후 1임금지급기를 경과한 뒤에 퇴직의 효력이 발생합니다. 예를 들어 임금산정기간이 매월 1일부터 말일까지인 회사에서 근무하는 직원이 6월 8일에 갑자기 퇴사하는 경우, 6월이 지나고(당기) 도래하는 1임금지급기인 7월(1임금지급기)이 경과한 8월 1일에 퇴직의 효력이 발생하게 됩니다.

관련 법조항

민법 제660조(기간의 약정이 없는 고용의 해지통고)
① 고용기간의 약정이 없는 때에는 당사자는 언제든지 계약해지의 통고를 할 수 있다.
② 전항의 경우에는 상대방이 해지의 통고를 받은 날로부터 1월이 경과하면 해지의 효력이 생긴다.
③ 기간으로 보수를 정한 때에는 상대방이 해지의 통고를 받은 당기 후의 일기를 경과함으로써 해지의 효력이 생긴다.

그럼 직원이 사전에 정해져 있는 사전통지기간을 어기고 그 기간 이전에 퇴직하면 회사에서는 어떤 조치를 취할 수 있을까요? 이런 경우 회사는 약정된 사전통지기간이 경과할 때까지 퇴직처리를 미룰 수 있습니다. 즉, 이 기간 동안 해당 직원은 무단결근으로 처리되어 퇴직금이 줄어드는 불이익이 생길 수 있으며, 4대 보험 상실신고도 해당 기간 이후에 처리되기 때문에 취업에 곤란을 겪을 수 있습니다. 또한 직원의 갑작스러운 퇴사로 인해 회사에 손해가 발생하는 경우 회사는 민사상 손해배상 청구를 할 수 있습니다.

창업기업을 위한 TIP

직원이 많지 않은 창업기업의 경우 직원의 갑작스러운 퇴사로 인한 업무공백의 영향이 클 수밖에 없습니다. 따라서 일단 30일 전에 사직의사를 통보해야 하는 규정을 정해두고, 원활한 업무 인계인수를 위해 해당 직원과 합의하여 퇴직일자를 최대한 조정하는 것이 가장 현실적인 대처방법입니다.

4. 권고사직

권고사직은 사업주가 퇴직을 권유하고 직원이 해당 권고를 받아들이는 형식으로 이루어지는 합의해지 방식의 퇴직입니다. 권고사직은 해고와 다르기 때문에 해고예고, 해고에 대한 서면통지(390~392쪽 내용 참조) 등의 절차가 필요없습니다.

문제는 권고사직 형식으로 퇴직한 직원이 실제로는 해고로 인정되는 경우가 많다는 데 있습니다. 권고사직과 해고의 차이는 '직원이 퇴직을 스스로 받아들였느냐'에 있는데, 실제 상황에서 이를 판단하기 쉽지 않기 때문입니다.

관련 판례

권고사직을 해고로 본 판례 : 부산지법 2005가합23585
권고사직의 형식에 의하여 퇴직하였다고 하더라도 사용자의 일방적인 지시에 의하여 퇴직의 의사 없이 근로자가 사직서를 제출한 경우 실질상 해고로 보아야 한다.

권고사직일까? 해고일까?

Y 사의 Q 대표는 최근 영업지원팀의 J 대리 때문에 고민이 많습니다. J 대리는 업무능력이 떨어지는 데다 업무상 실수가 잦고, 팀원들과의 관계도 원만하지 않아서 평소 마찰이 심했기 때문입니다. Q 대표는 오랜 고민 끝에 결국 J 대리를 불러 권고사직을 권유하기로 했습니다.

Q 대표 : 업무상 실수로 회사에 끼친 피해가 심하고, 직원들도
　　　　　자네와 함께 일하기 힘들다고 하니 나로서는 어떻게
　　　　　해야 할지 모르겠네.
J 대리 : 죄송합니다.

Q 대표 : 그런 일이 한두 번이면 그냥 넘어갈 수도 있겠지만, 계속해서 반복되니 이제는 그냥 넘길 수가 없을 것 같네.

J 대리 : …

Q 대표 : 그럼 회사의 결정을 받아들인 것으로 알고 처리하겠네.

J 대리 : …

이런 대화를 통해 Q 대표는 J 대리가 권고사직을 받아들인 것으로 이해하고 그달 말에 퇴직처리를 했습니다. 그런데 J 대리는 그렇게 퇴직하고 나서 한 달 후 지방노동위원회에 부당해고 구제신청을 했습니다.

위 사례에서 Y 사는 J 대리가 권고사직에 합의했다고 판단하여 퇴직처리를 했고, J 대리는 합의한 적이 없다고 생각했기 때문에 부당해고 구제신청을 했습니다.

이런 사례처럼 실제 사업현장에서는 권고사직인지 해고인지가 애매한 사안에 대한 노동분쟁이 자주 발생하고 있습니다. 특히 이런 경우에 권고사직에 대한 확실한 합의가 이루어지지 않았거나, 해고절차(서면통지 등)가 지켜지지 않았다고 판단되어 부당해고로 인정되는 경우가 많기 때문에 권고사직 처리 시에 주의가 필요합니다.

실무상으로는 권고사직에 대한 당사자 간 합의가 이루어졌다면 반드시 '사직서(388쪽 서식 참조)'를 통해 '합의에 의한 권고사직'임을 분명히 해 두는 것이 중요합니다.

많은 회사에서 근로계약서 작성에 비해 사직서 작성에는 소홀한 경우가 많은데, 사직서 작성만으로도 해고와 관련한 많은 분쟁을 예방할 수 있다는 사실에 유의할 필요가 있습니다. 근로계약서 작성으로 근로계약이 시작된다면, '사직서'를 통해 근로계약이 마무리된다고 생각하는 것이 바람직합니다.

참고로 회사가 권고사직을 통해 직원을 퇴직시킬 때는 보통 퇴직금과는 별도로 위로금을 지급하는 경우가 많습니다. 이때 법으로 정해진 위로금 금액은 없으며, 일반적으로는 1~3개월 급여 정도의 금액을 책정하는 경우가 많습니다.

사 직 서

소 속		성 명	
직 위		생년월일	
사직일		업무인수자	(서명)

1. 본인은 (＿＿＿＿＿＿＿＿＿＿＿＿＿＿) 사유로 상기 사직일에 사직하고자
하오니 허락하여 주시기 바랍니다.
2. 본인은 퇴직에 따른 업무 인계를 업무인수자에게 철저히 하고, 최종 퇴사 시
까지 책임과 의무를 다하겠습니다.
3. 퇴직에 따라 반환해야할 물품은 퇴직일에 모두 반환하겠습니다.
　〔반환물품 내역 : ＿＿＿＿＿＿＿＿＿＿＿＿＿＿＿＿＿＿〕
4. 재직 중 업무상 고의 또는 중대한 과실로 인해 회사에 손해를 끼친 경우 근로
계약 및 관련규정에 따라 퇴직 후에라도 민·형사상, 행정상 책임을 질 수 있음
을 인식하고 있습니다.
5. 본 사직서는 본인의 자유의사로 작성되었음을 확인하며, 이와 관련하여 이후
이의제기 하지 않겠습니다.

년　　월　　일

제출인　　　　(서명 또는 인)

(회사명) 대표 귀하

누구나 사람 쓰기 전에는 그럴싸한 계획이 있다

02

해고관리

해고란 사용자의 일방적 의사표시에 의해 근로관계를 소멸시키는 법률행위를 말합니다. 이와 관련해 근로기준법에서는 계속해서 일할 의사가 있음에도 회사의 일방적인 조치로 회사를 그만두게 된 데 따른 직원의 심리적·경제적 타격을 고려하여 '정당한 이유' 없는 해고를 금지하고 있습니다.

일단 해고 관련 분쟁이 발생하면 해고이유와 해고발생 상황에 대한 당사자 간 시각차가 커서 원만히 해결되기가 쉽지 않습니다. 특히 해고에 대한 정당성은 회사 입장이 아닌 법률적으로 판단하기 때문에 입증하기가 상당히 어렵습니다. 또한 설사 해고의 정당성을 인정받더라도 '상처뿐인 영광'인 경우가 대부분입니다.

이런 현실을 감안하여 가급적 해고조치는 하지 않는 것이 바람직하며, 해고조치를 할 수밖에 없는 상황이라면 해고의 정당성을 신중히 판단한 후에 진행해야 합니다. 여기에서는 해고와 관련된 주요 사항들에 대해 살펴보겠습니다.

1. 해고예고

1) 해고예고 적용

해고예고 규정은 상시근로자 수와 상관없이 모든 사업장에 적용되며, 해고의 정당성 여부와 상관없이 30일 전에 직원에게 예고해야 합니다. 특히 30일에서 하루라도 부족하면 해고예고로 인정받지 못한다는 점에 주의해야 합니다.

관련 법조항 및 행정해석

근로기준법 제26조(해고의 예고)
사용자는 근로자를 해고(경영상 이유에 의한 해고를 포함한다)하려면 적어도 30일 전에 예고를 하여야 하고, 30일 전에 예고를 하지 아니하였을 때에는 30일분 이상의 통상임금을 지급하여야 한다. 다만 다음 각 호의 어느 하나에 해당하는 경우에는 그러하지 아니하다.
1. 근로자가 계속 근로한 기간이 3개월 미만인 경우
2. 천재·사변, 그 밖의 부득이한 사유로 사업을 계속하는 것이 불가능한 경우
3. 근로자가 고의로 사업에 막대한 지장을 초래하거나 재산상 손해를 끼친 경우로서 고용노동부령으로 정하는 사유에 해당하는 경우
→ 위반 시 2년 이하의 징역 또는 2,000만 원 이하의 벌금

해고예고 관련 행정해석 : 근기 68207-1346

> 해고예고기간 30일은 역일에 의한 30일이며, 예고 당일은 기간계산에 포
> 함되지 않고, 30일에서 일부라도 부족하면 효력이 없다.

해고예고 규정은 해고 후 직원들이 이직 등을 준비할 시간을 주기 위한 취지에서 만들어졌으며, 폐업 시에도 동일한 의미에서 해고예고는 해야 합니다. 반면에 근로계약기간 만료에 따른 계약해지, 정년퇴직, 자발적인 퇴사는 해고에 해당하지 않으므로 해고예고 규정이 적용되지 않습니다.

2) 해고예고수당

해고예고를 하지 않는 경우 30일분의 통상임금을 지급해야 합니다. 많은 회사에서 '해고할 때 한 달분 월급을 주면 되는 거 아닌가?'라고 생각하는 경우가 많은데, 이런 한 달분 월급의 개념이 대부분 해고예고수당을 의미합니다. 해고예고기간을 부여할지 해고예고수당을 지급할지 여부는 회사가 상황에 따라 선택할 수 있습니다. 다만 해고예고 규정의 취지를 감안하여 해고하는 직원에게 일정 준비시간을 부여하는 것이 바람직합니다.

3) 해고예고 규정의 예외

최근 법 개정에 따라 수습적용 여부와 상관없이 '재직기간이 3개월' 미만인 경우에는 해고예고가 적용되지 않습니다. 또한 직원이 고의로

사업에 막대한 지장을 초래하거나, 재산상 손해를 끼친 경우에도 적용되지 않습니다.

4) 해고예고와 해고의 정당성과의 관계

사업현장에서 가장 잘못 이해하는 사항이 '해고예고수당을 지급하면 해고가 가능하다'라고 생각하는 것입니다. 하지만 해고예고는 해고에 대한 '절차'이지 해고조치의 '정당성' 여부와는 상관이 없습니다. 해고예고 기간을 준수하고, 해고의 정당성을 갖추었다면 해고에 의해 직원에게 의무적으로 지급해야 하는 금품은 없습니다.

반대로 해고예고가 없었고, 정당성도 갖추지 못한 부당해고인 경우에는 해고예고수당을 지급해야 할 뿐 아니라 부당해고에 대한 책임도 져야 합니다. 따라서 부득이하게 직원을 해고처분해야 하더라도 해고예고(또는 해고예고수당 지급)와 해고의 정당성 여부는 구분해서 판단해야 합니다.

2. 해고의 종류

1) 일반해고

일반해고는 통상해고라고도 하며 징계해고, 경영상 해고 이외의 해고를 말합니다. 개인적인 부상이나 질병, 건강악화 등으로 근로제공에 필요한 능력 또는 적격성이 현저히 떨어져서 정상적인 업무수행이 어려운 경우가 일반해고 사유에 해당합니다. 간혹 업무능력이 떨어지는 직원을 해고하려는 경우가 있는데, 특별한 경우를 제외하고는 업무능력을 사유로 한 해고는 정당성을 인정받기 어렵습니다. 따라서 업무능력을 사유로 한 해고처분은 매우 신중히 판단할 필요가 있습니다.

실제 사업현장에서는 일반해고가 필요한 경우 일반적으로 해고형식보다는 권고사직이나 합의해지 등의 형태로 당사자 간 협의를 통해 근로관계를 종료하고 있습니다.

2) 징계해고

징계해고는 절차가 까다롭고 정당성을 입증하기가 어려운 해고형식에 해당합니다. 실제로 해고분쟁의 대부분이 징계해고의 정당성 다툼이라고 할 수 있습니다. 따라서 회사 입장에서 징계해고 처리 여부는 매우 신중히 판단할 필요가 있습니다. 징계해고에 대한 자세한 사항은 앞서 설명한 내용을 참고하기 바랍니다(355쪽 내용 참조).

3) 정리해고

정리해고는 회사가 산업 및 기술변화 등에 적응하지 못해 경영상황이 악화됨에 따라 직원을 해고하는 조치를 말합니다. 징계해고는 징계대상자만을 대상으로 하기 때문에 해고에 따른 영향이 상대적으로 적을 수 있지만, 정리해고의 경우 다수의 직원을 대상으로 하는 해고로서 그 영향이 상당히 크기 때문에 정당성을 인정받기 위한 조건이 매우 까다롭습니다.

근로기준법 제24조(경영상 이유에 의한 해고의 제한)

① 사용자가 경영상 이유에 의하여 근로자를 해고하려면 긴박한 경영상의 필요가 있어야 한다. 이 경우 경영악화를 방지하기 위한 사업의 양도·인수·합병은 긴박한 경영상의 필요가 있는 것으로 본다.

② 제1항의 경우에 사용자는 해고를 피하기 위한 노력을 다하여야 하며, 합리적이고 공정한 해고의 기준을 정하고 이에 따라 그 대상자를 선정하여야 한다. 이 경우 남녀의 성을 이유로 차별하여서는 아니 된다.

③ 사용자는 제2항에 따른 해고를 피하기 위한 방법과 해고의 기준 등에 관하여 그 사업 또는 사업장에 근로자의 과반수로 조직된 노동조합이 있는 경우에는 그 노동조합(근로자의 과반수로 조직된 노동조합이 없는 경우에는 근로자의 과반수를 대표하는 자를 말한다. 이하 '근로자대표'라 한다)에 해고를 하려는 날의 50일 전까지 통보하고 성실하게 협의하여야 한다.

④ 사용자는 제1항에 따라 대통령령으로 정하는 일정한 규모 이상의 인원을 해고하려면 대통령령으로 정하는 바에 따라 고용노동부장관에게 신고하여야 한다.

⑤ 사용자가 제1항부터 제3항까지의 규정에 따른 요건을 갖추어 근로자를 해고한 경우에는 제23조 제1항에 따른 정당한 이유가 있는 해고를 한 것으로 본다.

경영상 어려움을 겪는 회사 입장에서는 '회사의 경영상황이 어려운데 어떻게 고용을 유지하느냐?'라고 생각할 수 있지만, 현실적으로 현행법 체계상 정리해고 요건을 갖춰서 정당한 해고로 인정받기는 매우 어렵습니다. 특히 직원이 많지 않고 인사 시스템도 잘 갖춰져 있지 않은 창업기업의 경우 더욱 정리해고 요건을 모두 갖춰서 정당성을 확보하기가 어려울 수밖에 없습니다. 따라서 정리해고는 최후의 수단으로 생각하고, 임직원의 임금삭감이나 반납, 무급순환휴직 등 직원들과 고통을 분담하는 조치를 우선 활용해보는 것이 바람직합니다. 또한 이와 병행하여 인원을 감축하는 대신 고용인원 유지 기업을 대상으로 하는 정부의 고용유지지원금을 활용하여 경영위기를 극복해나갈 필요가 있습니다.

3. 해고의 절차

해고통지는 서면으로 해고사유와 해고시기를 명기하여 통지해야 효력이 있습니다. 즉, 단순히 구두·문자·이메일에 의한 통지는 효력이 없으며, 서면으로 통지하더라도 반드시 해고사유와 해고시기가 명확히 기재되어 있어야 합니다. 이와 같이 서면으로 통지하지 않거나 서면에 해고사유와 해고시기 중 하나라도 빠지면 해고의 사유와 관계없이 해고 절차 위반으로 판단하여 정당한 해고로 인정받지 못합니다. 실제 해고 분쟁에서도 해고의 정당한 사유가 있음에도 불구하고 해고의 서면통지가 없었다는 이유로 부당해고 판정을 받는 사례가 많습니다. 특히 징계 해고의 경우 정해진 징계절차를 반드시 거친 후에 징계해고 서면통지를 해야 한다는 점에 주의해야 합니다.

한편, 해고예고 통지를 할 때 서면(402쪽 서식 참조)으로써 해고사유와 해고시기를 명시하여 전달하면 해고통지로서 인정됩니다. 따라서 실무적으로 해고예고를 할 때 해고 서면통지 형식으로 해고예고 통보를 하는 것이 효율적입니다.

근로기준법 제27조(해고사유 등의 서면통지)
① 사용자는 근로자를 해고하려면 해고사유와 해고시기를 서면으로 통지하여야 한다.
② 근로자에 대한 해고는 제1항에 따라 서면으로 통지하여야 효력이 있다.
③ 사용자가 제26조에 따른 해고의 예고를 해고사유와 해고시기를 명시하여 서면으로 한 경우에는 제1항에 따른 통지를 한 것으로 본다.

4. 해고금지 사유

해고사유가 아무리 정당하더라도 산업재해로 치료 중인 직원과 출산휴가 중인 직원은 해당 기간과 그 후 30일간은 절대 해고할 수 없습니다. 또한 육아휴직 중인 직원 역시 휴가기간 동안 해고가 금지됩니다.

근로기준법 제23조(해고 등의 제한)
② 사용자는 근로자가 업무상 부상 또는 질병의 요양을 위하여 휴업한 기간과 그 후 30일 동안 또는 산전(産前)·산후(産後)의 여성이 이 법에 따라 휴업한 기간과 그 후 30일 동안은 해고하지 못한다. 다만 사용자가 제84조에 따라 일시보상을 하였을 경우 또는 사업을 계속할 수 없게 된 경우에는 그러하지 아니하다.

남녀고용평등과 일 · 가정 양립지원에 관한 법률 제19조(육아휴직)
③ 사업주는 육아휴직을 이유로 해고나 그 밖의 불리한 처우를 하여서는
아니 되며, 육아휴직기간에는 그 근로자를 해고하지 못한다. 다만 사업을
계속할 수 없는 경우에는 그러하지 아니하다.
→ 위반 시 3년 이하의 징역 또는 3,000만 원 이하의 벌금

 창업기업을 위한 TIP

최근 모성보호의 중요성이 강조되면서 임신 · 출산 · 육아와 관련된 여성직원은 특별
히 보호해야 한다는 인식이 강해짐에 따라 해당 직원이 가지고 있는 법적 권리를 제
한하는 조치(출산 전후 휴가 및 육아휴직 미부여 등)에 대해서는 엄격한 처벌이 이루
어지고 있습니다. 다만 꼭 이런 법적인 문제가 아니더라도 우수한 여성인재를 유치하
고 유지한다는 측면에서 해고금지뿐만 아니라 여러 모성보호 조치들을 철저히 준수
할 필요가 있습니다.

5. 해고분쟁 처리절차

1) 해고는 마지막 선택이어야 합니다

회사 입장에서는 상식을 뛰어넘는 돌출행동을 반복하는 직원, 거래처
에 가서 회사를 비난하는 직원, 업무능력이 떨어지는데도 유능한 척 꾸
며서 입사한 직원, 직원들과 매일 다투는 직원조차도 해고가 쉽지 않다
는 현실이 이해되지 않을 수 있습니다. 하지만 해고는 직원 입장에서 경

제적·심리적으로 가장 큰 피해를 주는 조치이기 때문에 함부로 남용해서는 안 됩니다. 해고처분에 신중해야 하는 이유는 다음과 같이 크게 2가지로 볼 수 있습니다.

첫째, 해고는 직원과 회사 모두에게 큰 악영향을 미치게 됩니다. 일단 직원 입장에서는 해고를 회사나 대표에게서 스스로를 부정당한 것으로 인식함으로써 심리적으로 큰 충격을 받게 됩니다. 실제로 필자가 해고를 당한 직원들과 상담해보면 경제적인 이유보다 심리적 충격이나 배신감 등으로 더 힘들어하는 경우가 많았습니다. 또한 회사 입장에서도 경제적·시간적 손실이 생길 수 있습니다. 해고가 해고분쟁으로 이어지는 경우가 많을 뿐 아니라, 단순히 해고분쟁으로 끝나지 않고 다양한 법률적 문제(민·형사소송, 세무조사, 소방·위생 등 사업 관련 공공기관 제보 등)로 확대되는 경우가 많기 때문입니다.

둘째, 실무상 해고의 '정당한 이유', 즉 정당성 입증이 쉽지 않습니다. 특히 해고분쟁 시 회사가 생각하는 해고의 정당한 이유와 법률적 판단이 다를 수 있어서 유리한 판정을 받기가 어렵습니다. 앞서 언급했듯이 인사 시스템이 제대로 구축되어 있지 않은 창업기업의 경우 해고의 정당성과 해고절차 준수 여부를 완벽히 입증하기가 더더욱 어려울 수밖에 없습니다.

이런 이유들을 감안하면 회사 입장에서는 특별한 경우가 아니라면 해고조치에 앞서 감봉이나 정직 등의 개선기회를 부여하고, 그래도 잘못된 행위가 반복될 때 해고조치를 취하는 것이 추후 해고의 정당성을 입증하는 데 유리합니다.

만일 부득이하게 해고할 수밖에 없다면 해고의 서면통지 등 사전해고 절차를 철저히 준수해야 하고, 혹시 발생할지 모를 해고분쟁에 대비해 해고사유의 정당성을 입증할 만한 자료를 확보하는 등의 준비가 필요합니다. 이와 함께 직원에 대한 해고조치 여부는 공인노무사 등의 자문을 받아 결정하는 것이 바람직합니다. 또한 당사자와 합의하여 해고가 아닌 권고사직 형태로 처리될 수 있도록 노력할 필요도 있습니다.

2) 해고사건 진행절차

해고예고수당 미지급에 대한 판단은 관할 고용노동(지)청에서 하지만, 해고의 정당성에 대한 판단은 '노동위원회'에서 합니다. 상시근로자 5인 이상인 사업장에서 근무하는 직원이 해고가 부당하다고 생각하면 노동위원회에 부당해고 구제신청을 할 수 있습니다. 다만 상시근로자 수 5인 미만인 사업장에서 근무했거나, 해고 후 3개월이 지난 경우에는 부당해고 구제신청을 할 수 없습니다.

관련 법조항

근로기준법 제28조(부당해고 등의 구제신청)
① 사용자가 근로자에게 부당해고 등을 하면 근로자는 노동위원회에 구제를 신청할 수 있다.
② 제1항에 따른 구제신청은 부당해고 등이 있었던 날부터 3개월 이내에 하여야 한다.

부당해고 구제신청이 접수되면 각 지방노동위원회에서 초심을 진행하고, 직원이나 사업주가 초심결정에 불복하는 경우 세종 시에 있는 '중앙노동위원회'에서 재심을 진행합니다. 재심결정에도 이의가 있으면 법원을 통해 소송을 진행하게 됩니다. 참고로 창업기업의 해고사건은 대부분 초심이나 재심과정에서 당사자 간 합의나 판정으로 종결됩니다.

해고사건은 노동위원회에서 진행하지만 절차가 일반소송과 유사하기 때문에 일반적으로 회사에서는 공인노무사에게 사건처리를 위임하고 있습니다.

3) 부당해고 판정 시 조치사항

부당해고로 인정되면 해고기간 동안의 임금을 모두 지급해야 합니다. 즉, 해고결정부터 부당해고사건 진행기간(통상 2개월) 및 복직시기까지의 임금상당액으로서, 2개월에서 최대 5개월까지의 임금을 지급해야 합니다. 해고분쟁이 재심까지 이어져서 부당해고로 인정되면 해당 직원이 복직했을 때 지급해야 할 임금이 재심진행 기간만큼 추가됩니다.

부당해고로 인정되면 임금지급 외에 원직복직 조치도 필요합니다. 즉, 해당 직원과 관련된 모든 것을 해고 이전 상태로 돌려놓아야 합니다. 다만 해당 직원이 원직복직을 원하지 않는 경우에는 임금상당액만 지급하고 사건이 종결됩니다.

근로기준법 제30조(구제명령 등)

③ 노동위원회는 제1항에 따른 구제명령(해고에 대한 구제명령만을 말한다)을 할 때에 근로자가 원직복직(原職復職)을 원하지 아니하면 원직복직을 명하는 대신 근로자가 해고기간 동안 근로를 제공하였더라면 받을 수 있었던 임금상당액 이상의 금품을 근로자에게 지급하도록 명할 수 있다.

회사가 위와 같은 노동위원회 결정을 이행하지 않으면 이행강제금이 부과됩니다.

한편, 회사가 초심판정에서 정당한 해고로 인정받더라도 해고직원이 해당 판정에 불복하여 재심절차, 행정소송으로 이어질 수 있습니다. 따라서 회사 입장에서 해고사건의 신속한 해결을 원한다면 노동위원회 부당해고 사건 진행 중이라도 당사자 간 합의를 통해 사건을 종결하는 방법을 고려해볼 필요가 있습니다.

해고 서면 통지서

부서명		직위	
성명		생년월일	
해고일자			
해고사유			
내용	위 사유에 의해 명시된 일자에 해고를 통보하오니 본 해고 통지 수령 이후 회사의 지급품 반납 및 업무 인수인계에 만전을 기해주시기 바랍니다.		

취업규칙 ○○조에 의거하여 위와 같이 해고결정을 서면통지 합니다.

20   년   월   일

(회사명) 대표   (인)

누구나 사람 쓰기 전에는 그럴싸한 계획이 있다

03

퇴직관리 시 유의사항

1. 퇴직 이후 관리사항

1) 금품청산 및 4대 보험 상실신고

직원이 퇴직한 경우에는 퇴직일로부터 14일 내에 잔여임금과 퇴직금, 출장비 등의 실비정산금 등 일체의 금품을 지급해야 하며, 부득이한 경우 금품청산 연장동의서 작성을 통해 기한을 연장할 수 있습니다 (323쪽 내용 참조). 이와 함께 퇴직일로부터 14일 내에 해당 직원에 대한 4대 보험 상실신고를 해야 합니다.

관련 법조항

근로기준법 제36조(금품청산)
사용자는 근로자가 사망 또는 퇴직한 경우에는 그 지급사유가 발생한 때부

터 14일 이내에 임금, 보상금, 그 밖에 일체의 금품을 지급하여야 한다. 다만 특별한 사정이 있을 경우에는 당사자 사이의 합의에 의하여 기일을 연장할 수 있다.

→ 위반 시 3년 이하의 징역 또는 3,000만 원 이하의 벌금

2) 경력증빙서류 발급

근무하던 직원이 퇴직한 후에 경력증명서 발급을 요청하면 발급해주어야 하며, 퇴직 후 3년간 발급의무가 있습니다. 이때 실무적으로 경력증명서에는 '직원이 요구한 사항'만을 기입하여 발급해야 한다는 데 주의해야 합니다. 이는 경력증명서에 퇴직직원이 원하지 않는 내용(예 : 징계해고로 인한 퇴직사유)이 기재됨으로써 재취업에 방해를 받지 않도록 하기 위한 규정에 해당합니다.

관련 법조항

근로기준법 제39조(사용증명서)
① 사용자는 근로자가 퇴직한 후라도 사용기간, 업무종류, 지위와 임금, 그 밖에 필요한 사항에 관한 증명서를 청구하면 사실대로 적은 증명서를 즉시 내주어야 한다.
② 제1항의 증명서에는 근로자가 요구한 사항만을 적어야 한다.

→ 위반 시 500만 원 이하의 과태료

2. 연봉계약기간 VS 근로계약기간

연봉계약은 '임금'과 관련된 계약으로서, 1년 동안 지급할 연봉을 정하는 계약을 말합니다. 간혹 연봉계약이 일반적으로 1년 단위로 갱신된다는 점에서 근로계약과 동일하게 인식함으로써 연봉계약 종료 후 재계약을 하지 않으면 정당하게 직원을 해고할 수 있다고 생각하는 경우가 있습니다. 하지만 연봉계약에서의 기간은 해당 연봉을 적용하는 기간이 1년이라는 의미일 뿐, 1년 단위로 근로계약을 체결했다는 의미가 아닙니다. 만약 애초에 그런 의미를 의도했다면 계약직 근로계약을 체결했어야 합니다.

따라서 근로계약을 하면서 연봉을 1년으로 결정했다는 이유로 근로계약을 종료하면 부당해고가 될 수 있으므로, 계약직 계약과 정규직(연봉) 계약을 정확히 구분하여 관리할 필요가 있습니다.

● **연봉계약기간 규정 작성사례**

> 연봉계약기간은 20 년 월 일 ~ 20 년 월 일로 하되, 연봉계약기간 만료 30일 전까지 별도의 연봉계약 갱신이 없는 경우 동일한 조건으로 재계약한 것으로 본다. 다만 연봉의 적용시점 이후에 연봉계약이 체결되는 경우 그 적용시점으로 소급하여 연봉을 지급한다.

연봉계약과 마찬가지로 수습직원에 대한 근로계약 관리에도 주의를 기울여야 합니다. 앞서 살펴보았듯이 단지 수습이 종료되었다는 이유만으로 함부로 수습직원과의 근로계약을 해지하면 부당해고로 인정될 수 있습니다(120쪽 내용 참조).

3. 경영악화와 해고의 관계

경영악화로 인한 일부 사업부 폐지, 신사업 실패로 인한 신사업 매각 등 회사의 경영상황 악화에 따라 직원들의 자리가 없어지는 경우가 있습니다. 이런 경우에도 곧바로 직원들을 일방적으로 퇴사처리하면 정당성 없는 부당해고로 인정될 가능성이 높습니다. 이와 관련해 '경영상 이유에 의한 해고'나 '정리해고'를 고려할 수 있으나, 앞서 설명했듯이 이 또한 까다로운 조건이 있습니다(393쪽 내용 참조).

따라서 어쩔 수 없이 직원감축을 해야 할 상황이라면 직원들과의 협의를 거쳐 직원들 스스로 회사를 떠날 수 있도록 기회를 제공(일정액의 위로금 지급, 실업급여 처리 등)하거나, 협의가 되지 않고 회사에 남고 싶어 하는 직원이 있다면 순환무급휴직, 근로시간 단축 등 다양한 조치를 통해 고용을 유지하는 것이 좋습니다.

'일할 자리가 없는데 고용을 유지하라는 것이 말이 되느냐?'라고 억울해 할 수 있지만, 현행 노동법상 기업의 경영사정 때문에 직원들을 함부로 해고하는 조치는 금지하고 있다는 사실을 감안하여 해고조치가 해고분쟁으로 이어지지 않도록 관리할 필요가 있습니다.

4. 퇴직직원에 대한 손해배상 청구

회사가 퇴직한 직원에게 손해배상을 요구하려면 법원에 민사소송을 제기해야 합니다. 문제는 소송을 통해 손해배상이 인정되려면 해당 직원의 고의나 중대한 과실로 인해 회사에 손해가 발생했다는 사실과 실제로 그 손해가 얼마나 발생했는지를 입증해야 하는데, 현실적으로 이를 입증하기가 쉽지 않다는 데 있습니다.

이러한 현실로 인해 설사 퇴직직원에게서 손해의 일부를 배상받더라도 소송으로 인한 시간적·금전적·심리적 소모 등을 고려했을 때 득보다 실이 많은 경우가 대부분입니다. 따라서 손해배상을 청구하기 전에 해당 직원과의 협의를 통해 손해에 대한 일부 부담액을 결정하는 등의 원만한 해결책을 찾는 것이 여러 가지 측면에서 효과적일 수 있습니다.

특히 회사가 손해발생을 이유로 퇴직직원의 동의 없이 지급해야 할 퇴직금품(잔여임금 및 퇴직금 등)을 지급하지 않거나 일부를 상계하여 지급하면 임금체불에 해당되어 처벌될 수 있습니다. 따라서 퇴직직원의 과실 등으로 회사에 손해가 발생했더라도 일단 해당 직원에게 퇴직금품을 전액 지급하고 나서 손해배상을 별도로 청구하거나, 해당 직원과 합의하에 공제처리해야 합니다(298쪽 내용 참조).